Inserção Ecológica

Sílvia Helena Koller
Normanda Araujo de Morais
Simone dos Santos Paludo

Inserção Ecológica

UM MÉTODO DE ESTUDO DO DESENVOLVIMENTO HUMANO

Pearson
Casa do Psicólogo®

1ª Edição: *2016*
Produção editorial e Capa: *Casa de Ideias*

Dados Internacionais de Catalogação na Publicação (CIP)
Angélica Ilacqua CRB-8/7057

Inserção ecológica: um método de estudo do desenvolvimento humano / Sílvia Helena Koller, Simone dos Santos Paludo e Normanda Araujo de Morais. – São Paulo : Casa do Psicólogo, 2016.
328 p.

Bibliografia
ISBN 978-85-8040-649-8

1. Desenvolvimento humano – Estudo 2. Ecologia humana 3. Psicologia humanística 4. Crianças – Fatores de risco 5. Adolescentes – Fatores de risco I. Koller, Sílvia Helena II. Paludo, Simone dos Santos III. Morais, Normanda Araujo de

16-0218 CDD 150.19501

Índices para catálogo sistemático:

1. Desenvolvimento humano

Impresso no Brasil
Printed in Brazil

As opiniões expressas neste livro, bem como seu conteúdo, são de responsabilidade de seus autores, não necessariamente correspondendo ao ponto de vista da editora.

Casapsi Livraria e Editora Ltda.
Av. Francisco Matarazzo, 1500 – Cj. 51
Edifício New York – Centro Empresarial Água Branca
Barra Funda – São Paulo/SP – CEP 05001-100
Tel. Fax: (11) 3672-1240
www.pearsonclinical.com.br

Dedicatória

A Urie Bronfenbrenner, com quem tivemos a chance de conviver e discutir as sementes da Inserção Ecológica como um método de estudo do desenvolvimento humano. Seguimos fazendo a nossa parte conforme prometido... Gratidão!

Prefácio

Jonathan Tudge

Ser convidado para escrever o prefácio deste livro foi para mim, realmente, um grande prazer. De alguma forma, este convite capta duas distintas facetas de minha vida. Em 1981, fui aos Estados Unidos para fazer o meu curso de Doutorado com Urie Bronfenbrenner e comecei a publicar sobre a sua teoria lá, em meados de 1990 (Tudge, Gray, & Hogan, 1997) e, logo em seguida, também no Brasil (Tudge, Doucet, Odero, Tammewesi, Lee, Meltras, & Kulakova, 1999, 2000; Tudge, 2008). Meus trabalhos sobre a teoria de Bronfenbrenner iniciaram-se praticamente ao mesmo tempo em que conheci Sílvia Koller, em 1995, quando dei uma palestra no Programa de Pós-Graduação em Psicologia da Universidade Federal do Rio Grande do Sul (UFRGS). Durante os anos seguintes, também ministrei uma disciplina e fiz várias apresentações sobre a teoria de Bronfenbrenner neste mesmo Progama de Pós-Graduação. Este convite, então, conecta precisamente esses dois aspectos de minha vida.

Ainda que a teoria de Bronfenbrenner, em um ou outro de seus estágios de desenvolvimento, tenha sido muito citada por diversos pesquisadores, surpreendentemente pouco foi escrito sobre a própria teoria, sua evolução ou acerca dos métodos que deveriam ser utilizados para testá-la (Rosa & Tudge, 2013; Tudge, 2013). Assim, foi com grande satisfação que eu li os vários capítulos deste livro. O capítulo dois consiste em adaptação de artigos que haviam sido publicados originalmente, em 2003, na revista *Psicologia: Reflexão e Crítica*. Escrito por Cecconello e Koller, o texto descreve muito bem a teoria bioecológica de Bronfenbrenner. Os demais capítulos do livro apresentam investigações que utilizaram o método – Inserção Ecológica – que a dra. Koller, seus colaboradores e estudantes inventaram a fim de colocar a teoria de Bronfenbrenner em prática. Os estudos foram realizados em várias regiões do Brasil, desde a cidade de Rio Grande, no estado do Rio Grande do Sul, até uma comunidade ribeirinha próxima a Belém, no Pará, e também em Angola.

Conforme Eschiletti-Prati e seus colaboradores (2008) ressaltam, ocorreram diversas mudanças na teoria de Bronfenbrenner desde os anos 1970, quando ele iniciou a desenvolvê-la, até a sua morte, em 2005. De fato, três períodos distintos podem ser identificados (Rosa & Tudge, 2013) e os pesquisadores que desejam utilizar essa teoria deveriam considerar a sua versão "madura" ou explicitar a fase a que pertencem os conceitos nos quais se fundamentam. Caso contrário, é provável que se incorra em uma falta de coerência teórica (Tudge, Mokrova, Hatfield, & Karnik, 2009). Assim, é muito útil a descrição detalhada que Cecconello e Koller fazem sobre a teoria bioecológica "madura", enfocando o modelo Processo-Pessoa-Contexto-Tempo (PPCT). As autoras baseiam-se amplamente nos escritos de Bronfenbrenner dos anos 1990, o que é essencial, visto que ele descreveu sua teoria (a qual ele algumas vezes denomina "modelo") como bioecológica em 1993 e discutiu o modelo PPCT a partir de 1994. Para os leitores, é muito importante que Cecconello e Koller recorreram extensivamente às fontes originais. É fundamental que se leiam as palavras do próprio autor, pois é sempre perigoso contar com "autoridades" para a compreensão de uma teoria.

Embora esse modelo, à primeira vista, possa parecer muito complexo, ele não é de difícil compreensão. Os processos proximais (os "motores do desenvolvimento") são as atividades cotidianas nas quais os indivíduos em desenvolvimento estão engajados. Estas atividades, conforme Eschiletti-Prati e colaboradores especificam, precisam ser o foco de atenção dos pesquisadores que buscam aplicar a teoria bioecológica. Os processos proximais variam de acordo com as características dos indivíduos envolvidos (a "pessoa" do modelo PPCT), com o contexto e precisam ser estudados no tempo. Como Cecconello e Koller assinalam, Bronfenbrenner descreveu três tipos de características pessoais e quatro "sistemas" do contexto. Todavia, ele deixou claro, principalmente ao discutir pesquisas de outros autores, que se pode testar o modelo PPCT examinando como os processos proximais são influenciados por diferenças em uma única característica pessoal e investigando uma variação contextual. Em diversas de suas últimas publicações (por exemplo, Bronfenbrenner, 1999; Bronfenbrenner & Ceci, 1994; Bronfenbrenner & Morris, 1998; 2006) ao descrever a teoria bioecológica e o modelo PPCT, ele usou o estudo de Drillien (1994) para ilustrar a maneira como diferenças no peso da criança ao nascer (a característica pessoal enfocada) e diferenças de classe social da família (o sistema do contexto examinado) influenciam conjuntamente os processos proximais mãe-criança, conduzindo a desempenhos diferentes das crianças dois anos mais tarde. Em síntese, apesar de sua aparente complexidade, é viável aplicar essa teoria em pesquisas (ver Tudge *et al.*, 2009).

A maior parte dos autores deste livro usa a teoria de Bronfenbrenner como seu ponto de partida, mas detém-se especialmente no método – Inserção Ecológica – o cerne deste volume. Este método implica conduzir uma pesquisa no contexto, estando a equipe de pesquisadores "inserida" no ambiente durante um período de tempo suficiente para compreender os problemas e questões dos indivíduos que estão sendo estudados. O aspecto mais importante do método é o fato de que os pesquisadores são explicitamente considerados como parte do sistema, um sistema que abarca todas as pessoas envolvidas (pesquisadores, membros da comunidade e participantes do estudo) e o próprio contexto.

Como os autores de dois diferentes capítulos ressaltaram, esse método é similar às abordagens etnográficas que envolvem observação participante (Bucher-Maluschke) e teoria sistêmica (Pontes *et al.*). Cecconello e colaboradores, porém, em sua proposição do método de inserção-ecológica consideram que a principal diferença entre a Inserção Ecológica e as abordagens etnográficas é a atenção dada aos processos proximais, à pessoa, ao contexto e ao tempo. Isto significa que essas autoras estabelecem uma relação entre o método de Inserção Ecológica e a teoria ecológica de Bronfenbrenner. O aspecto mais criativo dessa relação consiste em considerar as interações entre a equipe de pesquisa e os outros indivíduos no contexto como processos proximais. Eschiletti-Prati e colaboradores baseiam-se nos escritos de Bronfenbrenner sobre validade ecológica dos anos 1970 como um conceito útil e argumentam, corretamente – penso eu –, que embora Bronfenbrenner nunca tenha retomado esse conceito em seus últimos escritos, ele merece maior atenção. O conceito refere-se ao fato de que deve haver congruência entre aquilo que os participantes experienciam em seu contexto (seja em casa ou no laboratório) e o que os pesquisadores *supõem* que os participantes estão experienciando. Uma excelente maneira de assegurar esta congruência constitui, justamente, a utilização do método de Inserção Ecológica: os membros da equipe de pesquisa passam um bom tempo no contexto, entrevistando os membros da comunidade e os participantes do estudo, escrevem notas de campo e compartilham suas percepções uns com os outros. O objetivo do método é, evidentemente, compreender o contexto e os indivíduos dentro desse cenário da melhor forma possível. Cabe destacar, ainda, que o método assume explicitamente que a equipe de pesquisa está influenciando e sendo influenciada pela comunidade e seus habitantes, embora o próprio Bronfenbrenner nunca tenha escrito sobre essa mútua influência como parte dos processos proximais.

Os autores dos capítulos da segunda parte deste livro descrevem muito bem o método de Inserção Ecológica que Koller e seus colaboradores desenvolveram, e mostram como estes aplicam tal método em suas pesquisas. Todos observam que o método requer bastante tempo dos pesquisadores. Morais e colaboradores, por exemplo, apresentam a maneira como a equipe de pesquisa passou sete meses (duas visitas por semana, em média) com crianças e adolescentes em situação de risco e os educadores de dois abrigos, em Porto Alegre. Rosa e seus colegas relatam como ocorreu a Inserção Ecológica de seu grupo de pesquisa, também ao longo de sete meses, envolvendo 30 visitas a uma instituição de acolhimento para crianças, no Espírito Santo. Siqueira e Dell'Aglio descrevem os nove meses nos quais sua equipe de pesquisa acompanhou cinco adolescentes que, após um período de institucionalização em um abrigo, foram viver com suas famílias.

Tanto Silva e colaboradores quanto Mendes descrevem o trabalho que suas respectivas equipes de pesquisa realizaram em uma comunidade ribeirinha na ilha do Marajó, próximo a Belém. Esses estudos parecem seguir mais de perto o método etnográfico (visto que a etnografia é o método originalmente relacionado à antropologia cultural). Silva e colaboradores foram à ilha de dois em dois meses e, cada vez, passavam 10 dias nessa comunidade. Mendes observou crianças dessa mesma comunidade e encontrou com seus professores durante três anos. Como os melhores estudos etnográficos, a Inserção Ecológica requer esse tipo de investimento de tempo, uma vez que os pesquisadores visam entender a comunidade, bem como estabelecer relações com as famílias, crianças, adolescentes e os profissionais que lá trabalham.

A dificuldade do método de Inserção Ecológica não se restringe ao necessário dispêndio de tempo. Em todos os estudos apresentados neste livro, os pesquisadores buscaram fazer a diferença na vida de crianças e adolescentes em situação de vulnerabilidade, tais como: viver na rua, abuso físico e sexual, uso de drogas, prostituição, além da falta de acesso a diversos tipos de recurso. Construir uma relação de confiança não é fácil e, como Vega e Paludo descobriram, talvez não seja possível. Durante cinco meses, as pesquisadoras dessa equipe tentaram conhecer a comunidade e conversar com o Conselho Tutelar e os profissionais no Centro de Referência Especializada em Assistência Social, a fim de entender e ajudar adolescentes que estavam sendo sexualmente explorados na cidade de Rio Grande (RS). A equipe conseguiu apenas cinco entrevistas com os adolescentes e, algumas vezes, os seus membros sentiram que estavam correndo perigo. Um tipo diferente de obstáculo foi relatado por Sacco e Koller, quando a primeira autora buscou realizar um grupo focal com seis crianças em Angola. Como as crianças têm aula ao ar livre, quando a pesquisadora tentou reunir um pequeno grupo sob uma árvore, eles imediatamente foram rodeados por outras crianças.

Para ilustrar que o método de Inserção Ecológica pode ser empregado de diversas maneiras, Souza e colaboradores descrevem o uso do método na criação de um programa de educação em direitos humanos com adolescentes. Esses autores consideram que processos proximais entre o grupo de pesquisa e 72 adolescentes de Porto Alegre, com os quais os pesquisadores encontraram duas vezes por mês, durante cinco meses, criaram um novo microssistema.

Krum e Bandeira descrevem outro interessante uso do método. Uma das pesquisadoras, inicialmente, estabeleceu contato com um líder muito respeitado da polícia militar de uma pequena cidade, há cerca de 300 km ao norte de Porto Alegre, que havia sido atingida por um furacão. Esse contato inicial facilitou a realização de duas sessões de um grupo focal e de 10 entrevistas individuais com os habitantes dessa localidade.

Um aspecto fundamental do método, o qual certamente merece atenção, é a forma meticulosa como notas de campo são escritas por todos os pesquisadores da equipe e discutidas entre todos os seus integrantes, a fim de compreender melhor o contexto, levantar questões que precisam ser discutidas, revelar vieses que necessitam ser confrontados etc. As notas de campo devem incluir, por exemplo, impressões sobre o contexto, dúvidas e questões sobre os primeiros encontros com membros da comunidade, sentimentos sobre esses encontros ou acerca das primeiras entrevistas, além de observações informais. No capítulo de Aquino Morais e colaboradores, há uma explicação clara e detalhada sobre a importância das notas de campo e uma descrição de como usá-las de forma apropriada, o que pode ser muito útil, especialmente para treinar jovens pesquisadores que queiram aplicar o método de Inserção Ecológica.

Em síntese, os autores deste livro compartilham generosamente vários anos de trabalho, discutindo as origens do método de Inserção Ecológica, mostrando como ele pode ser aplicado em pesquisa e assinalando diversos problemas que podem ser encontrados, quando se busca entender e ajudar crianças e adolescentes que vivem em situação de vulnerabilidade social. Assim, este livro merece ser amplamente lido.

Jonathan Tudge,
Porto Alegre, 13 de dezembro de 2013.

Referências

Bronfenbrenner, U. (1999). Environments in developmental perspective: Theoretical and operational models. In S. L. Friedman & T. D. Wachs (Eds.), *Measuring environment across the life span: Emerging methods and concepts* (pp. 3-28). Washington, DC: American Psychological Association Press.

Bronfenbrenner, U., & Ceci, S. (1994). Nature-nurture reconceptualized in developmental perspective: A bioecological model. *Psychological Review, 101*(4), 568-586.

Bronfenbrenner, U., & Morris, P. A. (1998). The ecology of developmental processes. In W. Damon (Series Ed.) & R. M. Lerner (Vol. Ed.), *Handbook of child psychology: Vol. 1. Theoretical models of human development* (5th ed., pp. 993-1028). New York: John Wiley.

Bronfenbrenner, U., & Morris, P. A. (2006). The bioecological model of human development. In W. Damon (Series Ed.) & R. M. Lerner (Vol. Ed.), *Handbook of child psychology: Vol. 1. Theoretical models of human development* (6th ed., pp. 793-828). New York: John Wiley.

Drillien, C. M. (1994). *Growth and development of the prematurely born infant*. Edinburgh: E. & S. Livingston.

Eschiletti-Prati, L., Paula Couto, M. C. P. De, Moura, A., Poletto, M., & Koller, S. H. (2008). Revisando a inserção ecológica: uma proposta de sistematização. *Psicologia: Reflexão e Crítica*, 21, 160-169

Rosa, E. M., & Tudge, J. R. H. (2013). Urie Bronfenbrenner's theory of human development: Its evolution from ecology to bioecology. *Journal of Family Theory and Review, 5*(6), 243-258.

Tudge, J. R. H. (2008). A teoria de Urie Bronfenbrenner: Uma teoria contextualista? In L. V. C. Moreira & A. M. A. Carvalho (Eds.), *Família e educação: olhares da psicologia* (pp. 209-231). São Paulo: Paulinas.

Tudge, J. R. H. (2013). Urie Bronfenbrenner. In Heather Montgomery (Ed.), *Oxford bibliographies on line: Childhood studies*. New York: Oxford University Press. DOI: 10.1093/OBO/9780199791231-0112

Tudge, J. R. H., Doucet, F., Odero, D., Tammeveski, P., Lee, S., Meltsas, M., & Kulakova, N. (1999). Desenvolvimento infantil em contexto cultural: o impacto do engajamento de pré-escolares em atividades do cotidiano familiar. *Interfaces: Revista de Psicologia 2(1),* 23-32.

Tudge, J. R. H., Gray, J., & Hogan, D. (1997). Ecological perspectives in human development: A comparison of Gibson and Bronfenbrenner. In J. Tudge, M. Shanahan, & J. Valsiner (Eds.), *Comparisons in human development: Understanding time and context* (pp. 72-105). New York: Cambridge University Press.

Tudge, J. R. H., Hayes, S., Doucet, F., Odero, D., Kulakova, N., Tammeveski, P., Meltsas, M., & Lee, S. (2000). Parents' participation in cultural practices with their preschoolers: A cross-cultural study of everyday activities. *Psicologia: Teoria e Pesquisa, 16(1),* 1-11.

Tudge, J. R. H., Mokrova, I., Hatfield, B. E., & Karnik, R. (2009). The uses and misuses of Bronfenbrenner's bioecological theory of human development. *Journal of Family Theory and Review, 1*(4), 198-210.

Sumário

PARTE 1

INSERÇÃO ECOLÓGICA

1

Inserção Ecológica:
subsídio à produção do conhecimento

Júlia Sursis Nobre Ferro Bucher-Maluschke

A pesquisa psicológica tem como meta a busca pela compreensão dos fenômenos humanos, tanto no plano intrapessoal ou subjetivo quanto no âmbito interpessoal ou interacional. Atingir esta meta torna-se o grande desafio para os pesquisadores. Porém, como captar uma parte da realidade que escapa a sua percepção imediata?

Na Grécia antiga, os filósofos pré-socráticos já tinham consciência da complexidade da apreensão da realidade. Algumas de suas observações que chegaram até hoje atestam essa capacidade para discernir as dificuldades inerentes à busca do saber (Battaner & Florido, 2000).

Enquanto Heráclito enfatizou o caráter mutável da realidade "Tu não podes descer duas vezes no mesmo rio, porque novas águas correm sobre ti" (como citado por Souza, 1996, p. 25), Parmênides distingue a via da verdade e a via da opinião. A distinção fundamental entre os dois caminhos para ele é que na via da verdade o ser humano se deixa conduzir apenas pela razão, enquanto na segunda as informações dos sentidos não chegam à descoberta da verdade *(aletheia)* e à certeza, permanecendo no nível instável das opiniões. Nessa acepção, afirma que os sentidos induzem à ilusão e são as palavras que determinam a realidade, uma vez que elas são enganadoras. Com Sócrates, surge a mudança do foco da procura do conhecimento para o ser humano, enfatizando para os seus discípulos a necessidade de conhecer a si mesmo. Essas observações tão antigas permanecem presentes e se mantêm como desafios para os pesquisadores. Desta época até atualmente, muitos têm sido os esforços para se compreender a realidade e os comportamentos humanos. Na qualidade de pesquisadores, duas indagações podem ser identificadas como ponto de partida: 1) como é possível captar a verdade ou os sistemas de verdades possíveis?; e 2) de que maneira foi gerado esse sistema descrito?

É nesse âmbito que será abordada a Inserção Ecológica como possibilidade de se chegar à produção de conhecimento o mais próximo possível da realidade. Para tanto, estão identificados alguns pressupostos ao tema da Inserção Ecológica.

É expressivo o empenho de cientistas sociais, psicólogos, antropólogos, dentre outros para chegar o mais perto de uma compreensão das dimensões sociais, psicossociais, subjetivas e intersubjetivas ou relacionais inerentes à vivência dos seres humanos. Um dos desafios diz respeito ao vocabulário utilizado na área da investigação científica. Por exemplo, metodologia e método muitas vezes são confundidos, segundo as formas das descrições daqueles que desenvolvem pesquisas.

Potter (1996) diferencia a metodologia do método, distinguindo-os da seguinte forma:

> [...] metodologias são perspectivas sobre a investigação, elas estabelecem uma visão para o que a pesquisa é e como ela deve ser conduzido. Elas são a conexão entre axiomas e métodos, os métodos são ferramentas – técnicas de coleta de data, técnicas de análise e técnicas de escrita. Por se tratar de uma ferramenta, um método particular pode muitas vezes ser utilizado por diversas metodologias diferentes (tanto qualitativa como quantitativa). Portanto, as metodologias estão em um nível mais abstrato (ou geral) do que

> os métodos. Metodologia é como uma estratégia – ou plano – para alcançar algum objetivo, métodos são as táticas que podem ser utilizadas para atender os objetivos da metodologia. Em essência, as metodologias de fornecer os *bluepoints* que prescrevem como as ferramentas devem ser usadas. Estas regras podem ser rastreadas para os axiomas-crenças sobre como a pesquisa de valores deviam ser conduzidas (p. 50).

Essa distinção é importante por esclarecer dois aspectos em constante interação, mas que não são sinônimos. Na metodologia é estabelecida a conexão entre axiomas e métodos; portanto, estes enquanto ferramentas para coletas de dados, técnicas de análise e de escrita, podem incluir a Inserção Ecológica como metodologia na medida em que estabelece o que é uma pesquisa e como ela deve ser conduzida fazendo uma conexão entre pressupostos e critérios baseados na teoria bioecológica desenvolvida por Bronfenbrenner (1979/1996; Bronfenbrenner & Morris, 1998). Enquanto metodologia, os pesquisadores desenvolvem uma validação ecológica pautada no estabelecimento de processos proximais, ao operacionalizar os pressupostos teóricos na coleta e análise de dados em pesquisas que estão sendo desenvolvidas no Brasil (Cecconello & Koller, 2003). Neste contexto, a Inserção Ecológica na condição de metodologia fornece também elementos que esclarecem como as ferramentas devem ser utilizadas, tanto na pesquisa qualitativa quanto na pesquisa quantitativa. Durante anos, nas ciências humanas, a pesquisa quantitativa se desenvolveu nos parâmetros das ciências naturais. Só bem mais recentemente é que as pesquisas denominadas qualitativas tiveram mais aceitação no âmbito acadêmico. Convém lembrar que a investigação qualitativa se inicia com o desenvolvimento dos estudos de caso. Atkinson (1998) apresenta a história de vida, ou história oral, como "uma forma narrativa que se transforma em um método de pesquisa qualitativa quando visa a captar, obter informações da essência subjetiva de uma vida inteira da pessoa" (p. 3).

O estudo de caso é realizado na psicologia clínica (Bucher-Maluschke, 2010), mas foi Freud quem deu início a esse método de investigação, tendo por meio dela contribuído para o desenvolvimento da teoria psicanalítica. Entre os vários estudos de casos realizados por ele destacam-se o estudo sobre "Leonardo da Vinci e uma lembrança de sua Infância", publicado em 1910, assim como a publicação das "Notas Psicanalíticas sobre um relato autobiográfico de um caso de Paranoia", em 1911. Seus estudos foram marcos importantes para o desenvolvimento da Psicanálise. Desde então, outros estudos de caso foram realizados, tanto por meio de narrativas dos indivíduos quanto de documentos primários. Allport (1942) desenvolveu ensaios sobre o desenvolvimento dos indivíduos com base nesse método de investigação. Erikson (1958, 1969) analisou a vida de Lutero e de Gandhi, respectivamente. Anos depois, Helm Stierlin (1975) publicou um estudo sobre Adolf Hitler na perspectiva de sua família. Esses são alguns dos exemplos de estudos utilizando a história de vida das pessoas, que incidem no desenvolvimento de conceitos importantes para o desenvolvimento de outras pesquisas, como ocorre com os conceitos de ciclo vital do indivíduo, ciclo vital da família e a criação de outras técnicas de investigação, como a do genograma familiar.

Como uma forma de investigação científica, houve uma sistematização dos estudos de caso e a identificação de algumas fontes para se chegar à obtenção de dados, de informações. Yin (2005) apresenta seis fontes de evidências nos estudos de caso que podem ser singulares e múltiplos: documentos, registros em arquivos, entrevistas, observação direta, observação participativa e artefatos físicos. Os artefatos físicos podem ser filmes, fotos e videotapes, técnicas projetivas, testes psicológicos, proxêmica (estudos dos aspectos culturais, comportamentais e sociológicos do espaço físico entre indivíduos), cinésica ou o estudo do movimento corporal não verbal da comunicação, etnografia de rua, de comunidade e histórias de vida.

Para Yin (2005), um estudo de caso "é uma investigação empírica que investiga um fenômeno contemporâneo dentro de um contexto da vida real, especialmente quando os limites entre o fenômeno e o contexto não estão claramente definidos" (p. 111). Ele distingue os estudos de caso dos experimentos em laboratório, no qual o contexto é "controlado" pelo ambiente do próprio local e somente algumas variáveis são selecionadas no experimento.

Pesquisas quantitativas e qualitativas têm características próprias na coleta e análise de dados. Na busca por informações, Denzin e Lincoln (2006) apresentam as distinções entre os dois sistemas (quantitativo e qualitativo): "Os estudos quantitativos enfatizam o ato de medir e de analisar relações causais entre variáveis e não processos" (p. 23), enquanto os estudos qualitativos enfatizam "os processos e os significados que não são examinados ou medidos experimentalmente em termos de quantidade, volume, intensidade ou frequência" (p. 23). Convém observar que a Inserção Ecológica enquanto metodologia traz uma contribuição importante para a pesquisa quantitativa no que concerne a elaboração de instrumentos visando à obtenção de dados atinentes ao tema da investigação. Uma Inserção Ecológica é fundamental para que o instrumento esteja adequado à capacidade de compreensão daqueles que darão suas respostas fornecendo as informações reais. A elaboração de instrumentos com o objetivo de se obter dados quantificáveis pressupõe que as perguntas sejam adequadas para os sujeitos, objeto do estudo. Além disso, estudos qualitativos podem ser o melhor caminho para posteriores estudos quantitativos, os quais, tendo sido realizados com a metodologia da Inserção Ecológica, terão fornecido uma contribuição mais apropriada para a elaboração dos instrumentos quantificáveis.

Algumas questões da pesquisa qualitativa podem ser enumeradas e problematizadas. A distinção de objetivos e procedimentos leva a novas questões, as quais são grandes desafios da pesquisa qualitativa, a saber: 1) o que vem a ser um processo e como dele se aproximar?; e 2) o que são significados e como atingi-los e compreendê-los? No que concerne à compreensão do que é processo, Strauss e Corbin (2008) abordam o respectivo conceito utilizando a metáfora da música:

> Sabemos que música, seja ela jazz, popular ou clássica, é composta de uma série de notas, algumas mais rápidas, algumas mais lentas, umas mais altas, outras mais suaves, algumas vezes tocadas em um

> tom, outras vezes em outro, com um movimento constante de ida e volta entre as teclas. Mesmo as pausas têm um objetivo e fazem parte do som. É o toque dessas notas, com todas as suas variações e em sequências coordenadas, que dá à música seu sentido de movimento, ritmo, fluidez e continuidade (p. 162).

Strauss e Corbin (2008) concluem que o processo é como uma música na medida em que representa ritmo, formas mutantes e repetitivas, pausas, interrupções e movimentos variados que formam as sequências de ação e interação. Neste liame entre a música e o processo, captar os elementos constitutivos do processo para compreendê-lo e explicá-lo exige grande aprendizado, como veremos mais adiante.

No que tange os significados ou sentidos, por serem termos polissêmicos, ensejam certa confusão e, portanto, temos que ter clareza quanto à sua utilização pelos pesquisadores. Bunge (2002) define significação como objeto significado e acrescenta que significa alguma coisa para alguém na medida em que designa e denota algo. Acrescenta que "dois símbolos são equissignificantes se e somente se eles designam ou denotam o mesmo objeto, como é o caso de '3'e 'três'" (p. 352).

A investigação qualitativa na psicologia tem se ampliado. Ela é intensiva e a análise de seus resultados é uma interpretação dos sentidos da linguagem e das ações humanas. Os pesquisadores têm a árdua tarefa de decodificar uma linguagem, uma cultura, para então recodificar numa outra que é aquela com a qual vai explicar em forma de teoria. Essa recodificação em termos teóricos serão suas interpretações, que podem ser culturais, psicanalíticas, sistêmicas, psicodinâmicas, bioecológicas ou outra condizente com os parâmetros de teorização dos pesquisadores.

Becker (2007) distinguiu duas perguntas que podem ser feitas nas entrevistas, "como?" e "por quê?", que nortearão o tipo de informação que o pesquisador quer obter. A pergunta "por quê?", segundo Becker, provoca uma resposta defensiva, uma vez que demanda uma explicação. Já a indagação "como?" provoca uma resposta descritiva. Por exemplo, "como as coisas aconteceram" e não "por que as coisas aconteceram?".

A primeira pergunta sugere dar mais liberdade às pessoas, por ser menos restritiva e propor a contação de uma história.

A etnologia pós-moderna aporta relevante contribuição mediante estudos de campo realizados durante décadas. Inicialmente, os observadores se mantinham numa posição e num *status* exterior ao objeto estudado. Portanto, tais objetos (fossem grupos ou sociedades) eram vistos com o olhar do ocidental que os avaliava com suporte em seus próprios valores e crenças. Mais tarde, surgiu a observação participante, como um método de estudo etnológico, introduzido por Malinowski no início do século XX, após permanecer durante vários anos imerso nas sociedades da Melanésia (atual Papua-Nova Guiné). Whyte (1981), da Universidade de Chicago, corroborou a expressão "observação participante", estando, agora, diante de duas unidades de ideias – de observação e de participação.

A observação constitui um dos aspectos importantes como procedimento de investigação, porém, ela pode ser feita sob vários aspectos. O sujeito-pesquisador pode observar com base em suas crenças, sem conseguir ver seu objeto de estudo em si mesmo. Essa observação deveria se tornar um verdadeiro instrumento de descoberta, um método que, conduzido de maneira adequada, permitisse aceder a certas dimensões do psicossocial ou ao contexto ecológico do objeto investigado.

O vocábulo "participante" veio se juntar à observação acentuando que participação é um dos conceitos mais difíceis de circunscrever de maneira operacional. Inicialmente, é uma palavra utilizada hoje em muitas áreas. Participa-se de tudo e o sentido etimológico se perde. Neste sentido, observação participante cria muita ambiguidade, como demanda de investigação. É possível dizer que uma participação no contexto da pesquisa tem que ser considerada participação interativa. Trata-se, portanto, de uma experiência pessoal de alteridade psicossocial e cultural. O perigo da observação participante, se não for suficientemente compreendida pelos pesquisadores, é o de tornar um efeito Hawthorne, ou seja, aquele em que a presença dos observadores modifica a situação observada.

Outra contribuição importante para os estudos qualitativos foi-nos trazida pela Escola de Chicago, nos anos de 1920-1930, na qual foi criada a ideia de Ecologia Humana. Tratava-se de descrever o homem no seu contexto. A cidade aí passa a ser o laboratório da pesquisa. Desta maneira, o comportamento humano é analisado em relação ao meio industrial, geográfico e urbano. As comunidades são estudadas segundo os processos identificados por ecologia vegetal e animal, evidenciando a necessidade de uma Inserção Ecológica do pesquisador.

Whyte, em 1937, visitou os quarteirões de sua cidade observando as pessoas, conversando com elas, saindo do laboratório de pesquisa para o mundo real, o que o levou a desenvolver um grau de participação na relação pesquisador-objeto pesquisado, a sistematização da observação e o primeiro tratamento do material recolhido (Whyte, 1981). As experiências da Escola de Chicago deram um grande impulso à pesquisa qualitativa, fora de laboratórios ou de amostras predefinidas, e apontam para uma etnologia pós-moderna. Ao considerar a cidade um amplo e complexo "laboratório social", as pesquisas sociológicas foram marcadas pelo uso sistemático dos métodos empíricos (para coleta de dados e informações sobre as condições e os modos de vida urbanos). É nesse contexto que Ernest Watson Burgess e Roderick Duncan McKenzie elaboraram o conceito de "ecologia humana", que serviu de base para o estudo do comportamento humano, tendo como referência a posição dos indivíduos no meio social urbano.

Este desenvolvimento dos conceitos e da forma de o pesquisador ver o mundo vai se delineando para uma melhor compreensão do que é a Inserção Ecológica. O primeiro princípio a considerar na Inserção Ecológica é o da observação interativa.

Para ilustrá-la, pode-se citar o exemplo da pesquisa com as famílias sertanejas (Vidal, 2007). Esta visava estudar a estrutura e a dinâmica das famílias de agricultores no sertão nordestino. As primeiras entrevistas realizadas nas moradias das famílias, após uma aproximação realizada pelas lideranças naturais locais não obtiveram sucesso, na medida em que os entrevistados afirmavam categoricamente que não possuíam objetos e animais, como vacas e galinhas, ainda que os entrevistadores os estivessem vendo naquele local pertencente aos moradores. Ora eles diziam que eram coisas emprestadas, ora já tinham sido vendidas. Em outros casos, famílias se recusavam a receber os entrevistadores com razões descabidas, por exemplo: "volte outra hora porque não temos tempo agora", mesmo quando já havia sido combinado aquele horário. Essa preocupação das famílias em dar a impressão de que nada tinham ou que não podiam receber ninguém em suas casas, após ter sido anunciada a pesquisa pelas lideranças locais, levou à necessidade de se procurar uma explicação para tais comportamentos. A interpretação foi dada em seguida e merece ser discutida. Havia algum tempo, passaram pelo local os entrevistadores para o Censo do IBGE e espalhou-se na comunidade e pelos arredores a informação de que essas pessoas haviam sido enviadas pelo então presidente Lula para verificar o que eles possuíam e cortar os benefícios do Bolsa-Família. Este novo conhecimento trouxe uma reflexão no sentido de que, enquanto o pesquisador observa, o objeto da observação – no caso, as famílias ou o(a) chefe da família, também observa. O pesquisador chega com base nos elementos que ele traz consigo na busca por um conhecimento de algo que quer saber; aquele que é pesquisado no seu contexto, por sua vez, também tem curiosidade para com aquele que chega "O que ele quer? O que pretende? Como ele me vê e que uso fará do que vai saber daqui?".

Portanto, para que seja desenvolvida uma Inserção Ecológica de qualidade, é necessária uma preparação consistente que compreende várias etapas. A preparação que antecedeu a ida ao sertão para a Inserção Ecológica se definiu inicialmente com o aprendizado da observação. A ideia de que todos seriam observadores, uns mais, outros menos, foi discutida. Porém, como caracterizar, testar esse conhecimento, como treiná-lo? O primeiro exercício identificado foi a observação. Para isso, foram colocadas sobre uma mesa pedras de vários tamanhos, cores, tipos, texturas e formas. Então, após essa distribuição, foi solicitado aos alunos da equipe de pesquisa que observassem o que havia sobre a mesa e como descreviam, por escrito, o que viam, com a liberdade de verificar da melhor maneira possível e elaborar o relato sobre o observado. Os comportamentos relativos à observação apareciam de diferentes formas – uns se levantavam, olhavam, pegavam, cheiravam, lambiam e depois descreviam com detalhes. Outros faziam poesia, desenvolviam metáforas, interpretavam, alguns não se moviam de seus lugares e fantasiavam, outros se aproximam, usavam os cinco sentidos e depois descreviam e relacionavam. Após a leitura de sua descrição do observado, o grupo passou a discutir os resultados da observação e foi iniciada uma reflexão sobre a experiência do ato de observar – o quê, como e por quê. Isto foi chamado de primeira etapa de aprendizagem para a Inserção Ecológica, como procedimento de pesquisa.

Nesta situação, aprende-se a noção de – e o que vem a ser – o "campo" de investigação. No caso do exercício das pedras, campo é o espaço, ou seja, a mesa na qual foram colocadas as pedras. Porém, o campo pode ser qualquer lugar onde se encontram os sujeitos, ou os objetos de interesse em um estudo.

Como inserir-se ecologicamente neste campo? Então, inicia-se uma reflexão sobre um segundo pressuposto da inserção, ou seja, a enunciação, pois a relação com a palavra é fundamental. A narrativa – o discurso, o papel da palavra – é de suma importância. A psicanálise já postulou a importância da palavra na cura dos sujeitos que a ela se submetem.

Na pesquisa qualitativa, compreender e se fazer compreender pressupõe uma relação dialógica pautada em um processo de comunicação já definido pela Pragmática da Comunicação, desenvolvida por Watzlawick na Escola de Palo Alto (Watzlawick & Beavin, 1967). Pode-se obter, com efeito, um exemplo de "não inserção" nesta perspectiva. Quando foi iniciada uma avaliação de progresso de uma pesquisa sobre violência em comunidades carentes na periferia de Fortaleza, no primeiro momento, os entrevistadores retornaram com a informação de que não havia violência naquelas famílias. Este resultado causou espanto de todos os que viam crianças chegarem machucadas ou se ausentarem da escola, ou ainda relatos, feitos pelas crianças, de maus-tratos na família.

Após toda uma discussão sobre o ocorrido, foi possível perceber que o tema da violência necessitava de outra abordagem e as entrevistas mudaram o enfoque. No lugar de ser abordada a violência, os entrevistadores passaram a perguntar como eram as trocas de afeto, de carinho na família, até chegar, pouco a pouco, às questões de violência e identificar, desde então, qual era o significado da violência para aquelas pessoas. Para elas, a violência era redefinida por "corretivos", "dar um jeito no outro", e isto não era considerado violência, pois não iam para o hospital e ninguém acabava com a vida do outro. Nesse momento, a equipe estava diante de um fenômeno denominado banalização da violência, muito bem expresso na frase "um tapinha não dói", cantada em uma canção popular (Bucher-Maluschke, 2003; 2004).

A essa observação interativa que passa pela palavra e o sentido a ela atribuído, tanto por parte do observador quanto do observado, é apenas um meio de inserção ao contexto ecológico do grupo estudado, na medida em que o pesquisador inicia seu trabalho de tradução dos significados inerentes à palavra dita, ou aos silêncios (as não ditas) ou até às "mal ditas", interditas e gestos que as acompanham, tradução esta que permite desenvolver as estratégias daqueles que acolhem os pesquisadores ou os recusam. Desta maneira, eles estão se definindo em relação ao pesquisador.

O contexto, bem como o exemplo da pesquisa com as famílias sertanejas, conduzem à aprendizagem da enunciação que denominamos inserção conceitual – etapa fundamental para que a observação seja interativa, ou seja, os pesquisadores observam o que o sujeito ou o grupo de estudo está observando sobre a pesquisa e os pesquisadores. O contexto tem como princípio elucidar não somente os sistemas simbólicos e complexos, mas também elementos quase imperceptíveis de observação de crenças que acompanham os gestos, os mais cotidianos e quase invisíveis. Isto significa explorar metodicamente e em todas as direções os elementos que compõem a cena estudada.

Ritos, narrativas, crenças, mitos, classificação de objetos sejam eles naturais ou sociais, testemunham todos, igualmente, mas de modo diferente, o exercício do pensamento, da reflexão. O ato de interpretar não pode se fixar somente no primeiro dado, ou caso localizado, mas é necessário apoiar também outros dados confrontados com a comparação, produzindo o espaço e o tempo necessários à manifestação do sentido.

A demanda heurística pressuposta na Inserção Ecológica, ou seja, a tentativa de descobrir outras coisas em um campo de incertezas, procura identificar e redefinir as ideias normativas que os pesquisadores tinham anteriormente e passam a valorizar os fatos de outra maneira. A elaboração de modelos explicativos exige que se atinja os sentidos, a significação ou o significado do contexto, ou do que está inerente ao sujeito ou ao grupo pesquisado.

Hoje, é possível identificar em textos dissertativos, e até em teses, o uso da noção de *corpus* oriundo da linguística e da história quantitativa, porém, a Inserção Ecológica não se resume a obter um conjunto fechado de fatos para descrever e reduzir os achados a um modelo geral de funcionamento.

A proposta da Inserção Ecológica supõe elaboração progressiva ou processual dos contornos factuais, históricos, geográficos e culturais, os quais, na perspectiva da abordagem bioecológica de Bronfenbrenner, estão situados no interior do macro e do exossistema. Portanto, os pesquisadores estão diante da dimensão de um profundo e intenso dinamismo que se traduz pela complexidade provocadora de reflexão-ação-reflexão-ação... constantes. Isso pode ser chamado do movimento do saber diante, não mais do universo, mas do "pluriverso" em que vive o ser humano.

O campo de estudo torna-se este momento, no qual, com a percepção do desapercebido, há um trabalho de descoberta diante da evidência que cega. Daí se retiram algumas hipóteses, que uma exploração razoável vai, em seguida, colocar em prova, verificar, refinar e ampliar.

Os pesquisadores são atores do jogo psicossocial. Desde sua chegada, estão implicados, até independentemente de sua vontade, em uma rede de alianças e de oposições. São colocados em uma posição que os transformará no decorrer dos procedimentos de investigação no campo. Mas, por outro lado, têm uma prática que lhes é própria. Neste sentido, os pesquisadores na Inserção Ecológica são produzidos como atores mediante processos intensos que definiram como objeto de análise. Em exame procedido por Gardamer (1989) é visto que, de nenhuma maneira, uma situação pode ser considerada do exterior, pois os observadores são obrigatoriamente atores. Gardamer enfatiza que, quando o(a) autor(a), historicamente situado(a), e o(a) leitor(a) conseguem partilhar um significado, abrem a possibilidade de uma reinterpretação e de uma reavaliação constantes, à medida que diferentes significados vão sendo projetados para a obra em questão, estando diante da "fusão de horizontes", metáfora por ele utilizada. A distância que estrutura as atividades dos pesquisadores e da qual se descreveu a produção mediante a operação "fundadora" que é a Inserção Ecológica deve ser considerada como interna a uma comunicação cujos sujeitos são os atores, e da qual os pesquisadores fazem parte, sem que se torne apenas uma simples tradução baseada em uma posição exterior. A interpretação exige autorreflexão permanente e inter-reflexão com os supervisores.

A Inserção Ecológica enquanto metodologia e método foi inaugurada na psicologia a partir dos estudos desenvolvidos no CEP-Rua, grupo de pesquisa vinculado à Universidade Federal do Rio Grande do Sul. Cabe destacar uma pesquisa esclarecedora acerca da Inserção Ecológica que foi realizada com famílias em situação de risco em ambiente natural, enfocando a resiliência e vulnerabilidade em famílias que vivem em condições adversas (Cecconello, 2003; Cecconello & Koller, 2004). Outra pesquisa na qual a Inserção Ecológica vem sendo descrita detalhadamente em ambiente natural, especificamente no espaço da rua junto a jovens em "situação de rua" é a de Paludo e Koller (2004). A questão da validade ecológica é descrita no trabalho apresentado em 2003, por Cecconello e Koller, em seu estudo com famílias em situação de risco. Nele é apresentada a Inserção Ecológica na comunidade como uma metodologia e uma garantia para a "validade ecológica" desenvolvida por Bronfenbrenner (1979/1996). Outro estudo mais recente apresenta e aprofunda a Inserção Ecológica como proposta metodológica (Eschiletti-Prati *et al.*, 2008).

Saindo do CEP-Rua e entrando no "CEP-Rio", outro estudo em ambiente natural foi realizado em uma comunidade ribeirinha às margens do rio Amazonas pelo grupo de pesquisa vinculado ao Laboratório de Estudos do Desenvolvimento (LED) do Programa de Pós-Graduação da Universidade Federal do Pará. Foram investigados vários aspectos da vida ribeirinha, entre eles a estrutura e dinâmica das famílias, a escola e o ambiente social. Na perspectiva da Inserção Ecológica, o estudo destacou o papel do informante e a técnica das fotografias como estratégias muito importantes para o desenvolvimento dos processos proximais, fundamentais para o sucesso da pesquisa (Mendes *et al.*, 2008).

A ética dos pesquisadores também é um dos temas que integram a Inserção Ecológica. Com muita propriedade observam Cecconello e Koller (2004):

> [...] a metodologia de Inserção Ecológica deve ser utilizada com responsabilidade ética dos investigadores, uma vez que passam a integrar o cotidiano das pessoas envolvidas no processo de execução da pesquisa. A linha entre a Inserção Ecológica e o pertencimento daninho pode ser muito tênue se a equipe de pesquisa não tiver clareza de seu papel no processo vigente (p. 288).

Para finalizar este ensaio, duas imagens identificadas por Vicenzo Di Nicola (1998) podem ser citadas. A primeira é da Torre de Babel, estrutura erigida para atingir os céus e que o Senhor, para castigar a presunção dos homens, confundiu a língua dos seus construtores, impossibilitando-os de se comunicar. A segunda imagem é a da Pedra de Roseta, antiga pedra egípcia encontrada na cidade de Roseta, em 179, contendo uma inscrição em duas línguas e três escritas: hieróglifos egípcios em cima, caracteres demóticos no meio e grego no final. Foi arrimado no estudo desta pedra que Jean François Champollion desvendou o meio para traduzir os hieróglifos abrindo as portas para o conhecimento de toda uma civilização. Di Nicola conclui que, enquanto a Torre de Babel passou a ser um símbolo da incompreensão humana, sobretudo através das culturas, tornando-se a imagem do problema, a Pedra de Roseta passou a ser um símbolo de tradução e de acesso a outras culturas tornando-se a imagem da solução. Na qualidade de pesquisadores, existe a expectativa de que a aprendizagem da Inserção Ecológica possa dar subsídio para a solução de problemas metodológicos, tanto no âmbito das pesquisas qualitativas, quanto das pesquisas quantitativas.

Referências

Allport, G. (1942). *The use of personal documents in psychological science*. New York: Social Science Research Council.

Atkinson, R. (1998). *The life Story Interview*. Qualitative Research Methods, Series 44. Thousand Oaks, London, New Delhi: Sage Publications.

Battaner, A., & Florido, V (2000). *Fundaments of Cosmic Physics*, 21, 1.

Becker, H. S. (2007). *Segredos e truques da pesquisa*. Rio de Janeiro: Zahar.

Bronfenbrenner, U. (1996). *A ecologia do desenvolvimento humano: experimentos naturais e planejados* (M. A. V. Veronese, Trad.). Porto Alegre: Artes Médicas (Original publicado em 1979).

Bronfenbrenner, U. & Morris. P. A. (1998). The ecology of developmental processes. In W. Damon (Series Ed.) & R. M. Lerner (Volume Ed.), *Handbook of child psychology: Theoretical models of human development* (v.1, pp. 993-1.027). New York, NY: John Wiley & Sons.

Bucher-Maluschke, J. S. N. F. (2003). Manual de planejamento estratégico de avaliação do Projeto de Cooperação entre o Governo do Estado do Ceará e o Fundo das Nações Unidas para o Desenvolvimento – FUNUAP.
Fortaleza/Ceará. Projeto BRA 97/PO4. 48p.

Bucher-Maluschke, J. S. N. F. (2004). Projeto Intersetorial em Educação Sexual para a Cidadania. Projeto de Cooperação entre o Governo do Estado do Ceará e o Fundo das Nações Unidas para o Desenvolvimento – FUNUAP. Fortaleza/Ceará. Projeto BRA 97/PO4. 92p.

Bucher-Maluschke, J. S. N. F. (2010) A Terapia familiar a partir do modelo sistêmico bioecológico de Bronfenbrenner. IX Congresso Brasileiro de Terapia Familiar. Búzios, RJ.

Bunge, M. (2002). *Dicionário de filosofia*. São Paulo: Perspectiva.

Cecconello, A. M. (2003). Resiliência e vulnerabilidade em famílias em situação de risco. Tese de Doutorado Inédita. Curso de Pós-Graduação em Psicologia do Desenvolvimento. Universidade Federal do Rio Grande do Sul.

Cecconello, A. M., & Koller, S. H. (2003). Inserção Ecológica na Comunidade: uma proposta metodológica para o estudo de famílias em situação de risco. *Psicologia: Reflexão e Crítica, 16*(3), 515-524.

Cecconello, A. M., & Koller, S. H. (2004). Inserção Ecológica na Comunidade: uma proposta metodológica para o estudo de famílias em situação de risco. Em Koller, S. (Org.), *Ecologia do desenvolvimento humano: Pesquisa e intervenção no Brasil* (pp. 267-291). São Paulo: Casa do Psicólogo.

Denzin, N. K., & Lincoln, Y. S. e colaboradores (2006). *O Planejamento da Pesquisa Qualitativa*. Porto Alegre: Artmed.

Di Nicola, V. (1998). *Um estranho na família: cultura, famílias e terapia*. Porto Alegre: Artmed.

Erikson, E. (1958). *Young man Luther: a study in psychoanalysis and history*. Nova York: Norton.

Erikson, E. (1969). *Gandh's truth: On the origins os militant nonviolence*. New York: Norton.

Eschiletti-Prati, L. E., Couto, M. C. P. P., Moura, A., Poletto, M., & Koller, S. (2008). Revisando a Inserção Ecológica: uma proposta de sistematização. *Psicologia: Reflexão e Crítica, 21*,160-169.

Freud, S. (1910/1976). Leonardo da Vinci e uma lembrança de sua infância. In *Edição Standard Brasileira das Obras Psicológicas Completas de Sigmund Freud*, v. XV, Rio de Janeiro: Imago.

Freud, S. (1911/1976). Notas psicanalíticas sobre um relato autobiográfico de um caso de paranoia. In *Edição Standard Brasileira das Obras Psicológicas Completas de Sigmund Freud*, v. XII, Rio de Janeiro: Imago.

Gadamer, H. G. (1989). *Truth and Method*. Nova York: Crossroad.

Mendes, L. S. A., Pontes, F. A. R., Silva, S. S. C., Bucher-Maluschke, J. S. N. F., Reis, D. C., & Silva, S. D. B. (2008). Inserção Ecológica no Contexto de uma Comunidade Ribeirinha Amazônica. *Revista Interamericana de Psicologia, 42*(1), 1-10.

Paludo, S., & Koller, S. H. (2004). Inserção Ecológica no Espaço da Rua. In S. H. Koller (Org.). *Ecologia do desenvolvimento humano. Pesquisa e intervenção no Brasil* (pp. 219-244). São Paulo: Casa do Psicólogo.

Potter, W. J. (1996). *An Analysis of thinking and Research about Qualitative Methods*. Mahwah, New Jersey: Lawrence Erlbaum Associates, Publishers.

Souza, J. C. (Org.) *Os pré-socráticos: fragmentos, doxografia e comentários*. São Paulo: Nova Cultural, 1996. (Os Pensadores.)

Stirlin, H. (1975). *Adolf Hitler. Familienperspektiven*. Frankfurt/Main: Suhrkamp.

Strauss, A., & Corbin, J. (2008). *Pesquisa Qualitativa – Técnicas e procedimentos para o desenvolvimento de teoria fundamentada*. Porto Alegre: Artmed.

Vidal, A. A. (2007). Estrutura e dinâmica da família sertaneja. O caso das famílias agrucultoras da região do Maciço de Baturité/CE. Dissertação de mestrado em Psicologia, não publicada, Universidade de Fortaleza.

Watzlavick, P., & Beavin, J. H. (1967). *Pragmática da comunicação humana*. São Paulo: Cultrix.

Whyte, W. E.(1981). *Street corner society: the social structure of Italian slum* (3. ed.). Chicago: University of Chicago Press.

Yin, R. K. (2005). *Estudo de caso: planejamento e métodos*. Porto Alegre: Artmed e Bookman Companhia.

2

Inserção Ecológica na comunidade: uma proposta metodológica para o estudo de famílias em situação de risco

Alessandra Marques Cecconello
Sílvia Helena Koller[1, 2, 3]

Este capítulo visa descrever uma metodologia para pesquisas com famílias em ambiente natural: a Inserção Ecológica. Esta metodologia está fundamentada na Teoria dos Sistemas Ecológicos, que propõe o estudo do desenvolvimento humano por meio de um modelo científico, envolvendo a interação de quatro núcleos: o processo, a pessoa, o contexto e o tempo, denominado *modelo bioecológico*. De acordo com esta teoria, o modelo bioecológico se constitui em um referencial teórico-metodológico apropriado para a realização de pesquisas sobre o

---

1 Apoio CNPq.

2 As autoras agradecem à revista *Psicologia: Reflexão e Crítica* pela publicação em forma de artigo deste capítulo. [Cecconello, A., & Koller, S. H. (2003). Inserção ecológica na comunidade: uma proposta metodológica para o estudo de famílias em situação de risco. *Psicologia: Reflexão e Crítica, 16*(3), 515-524].

3 Este estudo faz parte da Tese de Doutorado em Psicologia do Desenvolvimento (UFRGS) da primeira autora, orientada pela segunda autora.

desenvolvimento no contexto. Neste capítulo, será descrita a operacionalização desse modelo em uma pesquisa qualitativa sobre resiliência e vulnerabilidade em famílias em situação de risco. A Inserção Ecológica envolveu o acompanhamento longitudinal de três famílias pobres, que vivem em uma comunidade violenta, e incluiu observações, conversas informais e entrevistas. A operacionalização do modelo bioecológico nesta pesquisa proporcionou a realização de um estudo com validade ecológica, pois permitiu incluir vários níveis de análise.

Estudos brasileiros sobre famílias têm sido realizados em diferentes referenciais teóricos a partir de diferentes metodologias (De Antoni, 2002; Falceto, 1997; Wagner, Ferreira & Rodrigues, 1998; Wagner, Halpern & Bornholdt, 1999; Wagner, Ribeiro, Arteche, & Bornholdt, 1999). No entanto, recentemente, algumas pesquisas com famílias em situação de risco têm optado por uma abordagem qualitativa dos processos familiares, visto que esta metodologia proporciona uma maior aproximação dos fenômenos investigados (Bastos, 2001; Cecconello, 2003; De Antoni, Medeiros, Hoppe, & Koller, 1999; Simionato-Tozo & Biasoli-Alves, 1998; Szymansky, 1992; Yunes, 2001). Esta proposta permite a compreensão do fenômeno em relação às variáveis vinculadas a ele direta ou indiretamente, possibilitando uma visão contextualizada deste. De acordo com Bronfenbrenner (1979/1996), a família é, ao mesmo tempo, a fonte mais rica e menos utilizada de experimentos naturais sobre o impacto evolutivo dos sistemas envolvendo mais de duas pessoas. Nas casas e nas famílias, não é necessário introduzir variações inventadas no tamanho do sistema, porque a sua própria natureza as fornece diariamente, no momento em que pais e irmãos, assim como parentes, vizinhos e amigos, vêm e vão a toda hora, proporcionando experimentos naturais prontos, com validade ecológica assegurada.

Muitos estudos têm sido realizados tomando como base teórico-metodológica a Teoria dos Sistemas Ecológicos do Desenvolvimento Humano de Urie Bronfenbrenner (Cecconello, 1999; De Antoni, 2000; Hoppe, 1998; Mayer, 1998). No entanto, a literatura brasileira em psicologia carece de um estudo que descreva detalhadamente uma proposta metodológica para que estes estudos apresentem rigor científico e garantam sua validade ecológica. Atendendo a esses objetivos, neste capítulo é descrita uma metodologia para pesquisas com famílias em situação de risco em ambiente natural: a Inserção Ecológica.

A Teoria dos Sistemas Ecológicos tem, na figura de Urie Bronfenbrenner, seu principal autor, um pesquisador ainda atuante no campo da Psicologia do Desenvolvimento. Há quatro décadas, Bronfenbrenner vem trabalhando em um modelo científico apropriado para estudar o desenvolvimento, fato que contribui para que esta teoria esteja em constante evolução (Bronfenbrenner, 1999). Duas fases distintas são destacadas pelo autor durante esta jornada: a primeira, que culmina com a publicação do livro *Ecology of Human Development*, em 1979, traduzido e publicado no Brasil em 1996 (Bronfenbrenner, 1979/1996), no qual Bronfenbrenner descreve o modelo ecológico, e a segunda, composta por uma série de trabalhos que desenvolvem criticamente o modelo original (Bronfenbrenner, 1999; Bronfenbrenner & Ceci, 1994; Bronfenbrenner & Evans, 2000; Bronfenbrenner & Morris, 1998). A principal crítica de Bronfenbrenner com relação ao modelo original é que este atribuía uma ênfase muito grande ao papel do ambiente durante o desenvolvimento, conferindo menor atenção aos processos individuais. Atualmente, o autor vem reformulando o modelo original, atribuindo ao processo uma posição central, de maior destaque. Assim, nesta nova versão, as diferentes formas de interação das pessoas não são mais tratadas simplesmente como uma função do ambiente, mas como uma função do processo, que é definido em termos da relação entre o ambiente e as características da pessoa em desenvolvimento (Bronfenbrenner, 1999). Neste novo modelo, ainda em evolução, Bronfenbrenner propõe uma recombinação dos principais componentes do modelo ecológico com novos elementos em relações mais dinâmicas e interativas, passando a ser denominado como modelo bioecológico (Bronfenbrenner & Ceci, 1994; Bronfenbrenner & Morris, 1998). Estes componentes serão descritos a seguir.

O modelo bioecológico propõe que o desenvolvimento humano seja estudado a partir da interação de quatro núcleos inter-relacionados: o processo, a pessoa, o contexto e o tempo (Bronfenbrenner & Morris,

1998). Neste modelo, o processo é destacado como o principal mecanismo responsável pelo desenvolvimento, que é visto por meio de processos de interação recíproca, progressivamente mais complexa de um ser humano ativo, biopsicologicamente em evolução, com as pessoas, objetos e símbolos presentes no seu ambiente imediato (Bronfenbrenner & Ceci, 1994). Estas formas de interação no ambiente imediato são denominadas, no modelo bioecológico, como processos proximais.

Bronfenbrenner (1999) sublinha a importância da presença simultânea de cinco aspectos na sua definição de processo proximal: 1) Para que o desenvolvimento ocorra, é necessário que a pessoa esteja engajada em uma atividade; 2) Para ser efetiva, a interação deve acontecer em uma base relativamente regular, através de períodos estendidos de tempo, não sendo possível ocorrer de modo efetivo durante atividades meramente ocasionais; 3) As atividades devem ser progressivamente mais complexas, por isso a necessidade de um período estável de tempo; 4) Para que os processos proximais sejam efetivos, deve haver reciprocidade nas relações interpessoais; e, 5) Por fim, para que a interação recíproca ocorra, os objetos e símbolos presentes no ambiente imediato devem estimular a atenção, exploração, manipulação e imaginação da pessoa em desenvolvimento (Bronfenbrenner, 1999).

De acordo com Bronfenbrenner e Ceci (1994), a forma, a força, o conteúdo e a direção dos processos proximais, que produzem o desenvolvimento, variam de maneira sistemática como uma função conjunta das características da pessoa em desenvolvimento, do ambiente (tanto imediato como mais remoto) onde eles ocorrem, da natureza dos resultados evolutivos, das mudanças e continuidades sociais que ocorrem ao longo do tempo, durante o período histórico em que a pessoa viveu.

Com relação à natureza dos resultados evolutivos, Bronfenbrenner e Morris (1998) afirmam que os processos proximais podem produzir dois tipos de efeitos: 1) competência, que se refere à aquisição e desenvolvimento de conhecimentos, habilidades e capacidade para conduzir e direcionar seu próprio comportamento através de situações e domínios evolutivos, tanto de modo isolado quanto por meio de uma combinação entre eles (intelectual, físico, socioemocional, motivacional e artístico); e, 2) disfunção, que se refere à manifestação recorrente de dificuldades em manter o controle e a integração do comportamento através de situações e diferentes domínios do desenvolvimento (Bronfenbrenner & Morris, 1998). Ambos resultados dependem da natureza do ambiente onde eles ocorrem. Quando há disfunção, o seu impacto no desenvolvimento da pessoa será maior em ambientes desfavoráveis ou desorganizados, pois nestes as manifestações de disfunção são mais frequentes e severas (Bronfenbrenner, 1999). Da mesma forma, quando ocorre competência, seu impacto no desenvolvimento da pessoa será maior em ambientes mais favoráveis ou estáveis, já que nesses ambientes as manifestações de competência ocorrem com mais frequência e intensidade (Bronfenbrenner, 1999).

O potencial genético para a predisposição a manifestações de competência e/ou disfunção ao longo do ciclo de vida é destacado por Bronfenbrenner e Ceci (1994) como tendo uma forte influência sobre o desenvolvimento. Estes autores consideram a herdabilidade um elemento-chave do modelo bioecológico, no qual os processos proximais são vistos como os mecanismos pelos quais o genótipo se transforma em fenótipo. Os autores postulam que os processos proximais adquirem conteúdo psicológico por meio de uma dinâmica de fusão entre padrões geneticamente determinados de comportamento e a natureza dos ambientes nos quais eles ocorrem. Esta fusão determina se é o potencial para a competência ou para disfunção que será manifestado. Condições e processos ambientais podem influenciar de modo substancial o grau de herdabilidade, assim, ela será maior quando os processos proximais forem mais efetivos, e, menor, quando estes forem mais frágeis.

O impacto das manifestações de competência ou disfunção no desenvolvimento das pessoas em relação a ambientes favoráveis ou desfavoráveis pode ser exemplificado no presente estudo. A condição de risco presente no cotidiano das famílias estudadas, determinada pela situação de pobreza e de violência no seu local de moradia, demonstra o potencial destas condições para interferir no desenvolvimento de seus membros. A falta de segurança física no ambiente, a presença de tráfico, roubos, assaltos e assassinatos, aliada à escassez de recursos financeiros das famílias e ao seu baixo nível de instrução, limita suas oportunidades de desenvolvimento, afetando a qualidade dos processos proximais estabelecidos entre seus membros. Nesse sentido, a disponibilidade dos pais para serem responsivos às necessidades emocionais de seus filhos pode ser perturbada pelo seu nível de estresse decorrente das dificuldades existentes no ambiente. Do mesmo modo, o baixo nível de instrução dos pais interfere na sua capacidade de transmitir aos filhos os conhecimentos e as habilidades necessárias para a resolução de problemas. Ambas dificuldades tendem a prejudicar a qualidade dos processos proximais estabelecidos entre pais e filhos, podendo levar à disfunção.

O segundo componente do modelo bioecológico é a pessoa. A pessoa é analisada a partir de suas características determinadas biopsicologicamente e por aquelas construídas na sua interação com o ambiente (Bronfenbrenner & Morris, 1998). No modelo bioecológico, as características da pessoa são vistas como produtos do desenvolvimento, pois constituem um dos elementos que influenciam a forma, a força, o conteúdo e a direção dos processos proximais e, ao mesmo tempo, são resultado da interação conjunta destes elementos – processo, pessoa, contexto e tempo (Bronfenbrenner, 1999). Assim, no modelo bioecológico, o desenvolvimento está relacionado com estabilidade e mudança nas características biopsicológicas da pessoa durante o seu ciclo de vida.

Bronfenbrenner e Morris (1998) distinguem três grupos de características pessoais atuantes no desenvolvimento, devido sua capacidade de influenciar os processos proximais: características de disposição, de recurso e de demanda. O primeiro grupo de características refere-se às disposições comportamentais ativas. No modelo bioecológico, as características mais prováveis de influenciar o desenvolvimento constituem disposições comportamentais ativas, que tanto podem colocar os processos proximais em movimento e sustentar sua operação, como interferir ativamente, pondo obstáculos ou mesmo impedindo que tais processos ocorram. Estas disposições são denominadas, respectivamente, características generativas e características inibidoras (Bronfenbrenner & Morris, 1998).

As características generativas envolvem orientações ativas, como curiosidade, tendência para engajar-se em atividades individuais ou com terceiros, resposta à iniciativa de outros e autoeficácia. Bronfenbrenner e Morris (1998) destacam três formas dinâmicas de orientação ativa no ciclo de vida: a primeira, e mais precoce manifestação destas forças dinâmicas, está relacionada com a responsividade seletiva aos aspectos do ambiente físico e social; a segunda está relacionada com a tendência para engajar-se em atividades progressivamente mais complexas, como elaborar, reestruturar e, até mesmo, criar novas feições para o seu ambiente; e, a terceira está relacionada com a capacidade da criança em conceitualizar suas experiências quando se torna mais velha, ou seja, elaborar crenças de controle sobre si mesma e sobre o ambiente. As características inibidoras, por outro lado, representam a dificuldade da pessoa em manter o controle sobre suas emoções e comportamentos. Elas incluem características como impulsividade, explosividade, apatia, desatenção, irresponsabilidade, insegurança e timidez excessiva (Bronfenbrenner & Morris, 1998).

O segundo grupo de características refere-se aos recursos bioecológicos. Estes não envolvem disposições seletivas para a ação, mas constituem deficiências ou dotes psicológicos que influenciam a capacidade da pessoa para engajar-se efetivamente nos processos proximais (Bronfenbrenner & Morris, 1998). As deficiências representam as condições que limitam ou inibem a integridade funcional do organismo, tais como, defeitos genéticos, baixo peso no nascimento, deficiência física ou mental. Os dotes estão relacionados com as capacidades, conhecimentos, habilidades e experiências que, pelo fato de evoluírem durante o curso de vida, ampliam os domínios nos quais os processos proximais podem operar de maneira construtiva.

Por fim, o terceiro grupo refere-se às características de demanda. Estas constituem atributos pessoais capazes de requerer ou impedir reações do ambiente social, inibindo ou favorecendo a operação dos processos proximais no crescimento psicológico (Bronfenbrenner & Morris, 1998). Estas características incluem aspectos como aparência física atrativa *versus* não atrativa e hiperatividade *versus* passividade.

As características demográficas como idade, gênero e etnia também influenciam os processos proximais e seus efeitos no desenvolvimento (Bronfenbrenner & Morris, 1998). De acordo com os autores, a combinação de todas estas características em cada pessoa produzirá diferenças na direção e força dos processos proximais e seus efeitos no desenvolvimento.

O terceiro componente do modelo bioecológico, o contexto, é analisado por meio da interação de quatro níveis ambientais, denominados microssistema, mesossistema, exossistema e macrossistema. De acordo com Bronfenbrenner (1979/1996), esses sistemas estão organizados como um encaixe de estruturas concêntricas, cada uma contendo a outra, compondo o que ele denomina de meio ambiente ecológico.

O microssistema é definido como um padrão de atividades, papéis e relações interpessoais experienciados pela pessoa em desenvolvimento nos ambientes que ela frequenta e estabelece relações face a face (Bronfenbrenner, 1979/1996). O termo "experienciado" é enfatizado para indicar a maneira como a pessoa percebe e confere um significado à influência do ambiente, que vai além de suas características objetivas. É no contexto dos microssistemas que operam os processos proximais, produzindo e sustentando o desenvolvimento, mas a sua eficácia em implementar o desenvolvimento depende da estrutura e do conteúdo destes (Bronfenbrenner & Morris, 1998). As interações dentro do microssistema ocorrem com os aspectos físicos, sociais e simbólicos do ambiente e são permeadas pelas características de disposição, recurso e de demanda das pessoas envolvidas.

O mesossistema consiste no conjunto de microssistemas que uma pessoa frequenta e nas inter-relações estabelecidas neles (Bronfenbrenner, 1979/1996). Ele é ampliado sempre que uma pessoa passa a frequentar um novo ambiente. Os processos que operam nos diferentes ambientes frequentados pela pessoa são interdependentes, influenciando-se mutuamente (Bronfenbrenner, 1986). Assim, a interação de uma pessoa em determinado lugar, por exemplo, no trabalho, é influenciada e também sofre influência de sua interação dentro de outro ambiente, como a família.

O exossistema envolve os ambientes que a pessoa não frequenta como um participante ativo, mas que desempenham uma influência indireta sobre o seu desenvolvimento (Bronfenbrenner, 1979/1996). Três exossistemas são identificados por Bronfenbrenner (1986) como muito importantes para o desenvolvimento da criança, devido a sua influência nos processos familiares: o trabalho dos pais, a rede de apoio social e a comunidade em que a família está inserida.

O macrossistema é composto pelo padrão global de ideologias, crenças, valores, religiões, formas de governo, culturas e subculturas presentes no cotidiano das pessoas que influenciam seu desenvolvimento (Bronfenbrenner, 1979/1996). Assim, a cultura na qual os pais foram educados, os valores e as crenças transmitidos por suas famílias de origem, bem como a sociedade atual onde eles vivem, interferem na maneira como eles educam seus filhos.

Finalmente, o quarto componente do modelo bioecológico – o tempo –, permite examinar a influência, para o desenvolvimento humano, de mudanças e continuidades que ocorrem ao longo do ciclo de vida (Bronfenbrenner, 1986). O tempo é analisado em três níveis do modelo bioecológico: microtempo, mesotempo e macrotempo (Bronfenbrenner & Morris, 1998). O microtempo refere-se à continuidade e à descontinuidade, observadas dentro dos episódios de processo proximal. O modelo bioecológico condiciona a efetividade dos processos proximais à ocorrência de uma interação recíproca, progressivamente mais complexa, em uma base de tempo relativamente regular, não podendo este funcionar de maneira efetiva em ambientes instáveis e imprevisíveis. Em um nível mais elevado, o mesotempo refere-se à periodicidade dos episódios de processo proximal por meio de intervalos de tempo maiores, como dias e semanas, pois os efeitos cumulativos destes processos produzem resultados significativos no desenvolvimento. O macrotempo focaliza as expectativas e eventos em mudança dentro da sociedade ampliada, tanto dentro quanto ao longo das gerações, e a maneira como estes eventos afetam e são afetados pelos processos e resultados do desenvolvimento humano dentro do ciclo de vida. Assim, a análise do tempo dentro destes três níveis deve focalizar a pessoa em relação aos acontecimentos presentes em sua vida, desde os mais próximos até os mais distantes – como grandes acontecimentos históricos, por exemplo. Bronfenbrenner e Morris (1998) ressaltam que as mudanças que ocorrem através do tempo, nas quatro propriedades do modelo bioecológico, não são apenas produtos, mas também produtores da mudança histórica.

O modelo bioecológico, por meio de sua proposta de interação dos seus principais componentes, constitui um referencial teórico adequado para a realização de pesquisas sobre o *desenvolvimento no contexto*, pois permite incluir vários níveis de análise, possibilitando examinar a influência do ambiente para o desenvolvimento das pessoas. Nesse sentido, Bronfenbrenner e Evans (2000) lançam um desafio científico para ser realizado no século XXI: desenvolver delineamentos de pesquisa apropriados para investigar os efeitos do caos atualmente vivenciado pelas sociedades e identificar fatores que possam minimizar seus efeitos. De acordo com os autores, esta metáfora refere-se ao aumento significativo dos fatores de risco presentes nas famílias e na sociedade como um todo, como a violência e a pobreza, que interferem no desenvolvimento e na adaptação das pessoas. Segundo o modelo bioecológico, o caos se faz presente nos vários sistemas ambientais. Sistemas caóticos são caracterizados por atividade frenética, falta de estrutura, imprevisibilidade nas atividades diárias e níveis exacerbados de estimulação ambiental. Esses aspectos podem interferir no desenvolvimento e manutenção dos processos proximais que levam à competência, como também podem produzir processos que geram disfunção. Por exemplo, famílias que vivenciam eventos de vida estressantes, como desemprego dos pais, doença crônica ou divórcio, podem apresentar disfunção nos processos proximais entre pais e filhos, gerando baixa responsividade parental às necessidades infantis (Bronfenbrenner & Evans, 2000). A parentagem não responsiva, em decorrência, está relacionada com angústia psicológica e outros resultados negativos em crianças. Deste modo, Bronfenbrenner e Evans acreditam que o caminho para a evolução da ciência do desenvolvimento neste novo milênio consiste em recriar a pesquisa em desenvolvimento social, adequando teorias e métodos à evolução da sociedade, desenvolvendo estratégias para lidar com os efeitos atuais das adversidades presentes na vida das pessoas. Assim, novos métodos de pesquisa precisam ser criados e formas mais rigorosas de investigação propostas para identificar e avaliar aspectos evolutivos relacionados ao contexto, tempo, processo e características das pessoas envolvidas nos fenômenos psicológicos a serem estudados.

De acordo com Bronfenbrenner (1979/1996), a análise da influência destes aspectos sobre o desenvolvimento humano só é possível quando se emprega um modelo teórico-metodológico que permite a sua observação. A proposta bioecológica de investigação por observação naturalística privilegia a Inserção Ecológica do pesquisador no ambiente a ser estudado. Neste sentido, formas de investigar este ambiente e os fenômenos nele presentes (processo, pessoa, contexto e tempo) requerem o estabelecimento de critérios rigorosos de coleta e análise de dados. Uma vez que estes resultados têm implicações importantes tanto para a ciência quanto para a política pública, é importante que o modelo teórico seja metodologicamente rigoroso, proporcionando a comprovação da validade e permitindo a emergência de resultados contrários às hipóteses originais do pesquisador, contribuindo, assim, para o avanço da ciência (Bronfenbrenner, 1979/1996).

Uma abordagem ecológica ao estudo do desenvolvimento humano requer uma reorientação da visão convencional da relação adequada entre a ciência e a política pública (Bronfenbrenner, 1979/1996). A posição tradicional é de que a política social, sempre que possível, deve basear-se no conhecimento científico. A linha de pensamento ecológica leva a uma tese contrária: para a evolução da pesquisa em desenvolvimento humano, a ciência básica precisa basear-se na política pública, mais do que a política pública deve basear-se na ciência básica. O conhecimento e a análise da política social são essenciais para o progresso da pesquisa evolutiva, pois alertam o investigador para aqueles aspectos do ambiente que são críticos para o desenvolvimento cognitivo, emocional e social da pessoa. Deste modo, o modelo teórico-metodológico deve, necessariamente, incluir um nível de macrossistema envolvendo padrões generalizados de ideologia e estrutura institucional, característicos de determinada cultura ou subcultura, conforme a proposta da abordagem ecológica do desenvolvimento (Bronfenbrenner, 1979/1996).

Ao analisar algumas pesquisas em Psicologia do Desenvolvimento, Bronfenbrenner (1979/1996) afirma que, de uma maneira geral, os métodos empregados por elas não atribuem a atenção necessária ao papel do ambiente sobre os processos evolutivos. A teoria científica afirma que o desenvolvimento ocorre a partir da interação da pessoa com o ambiente; contudo, a maior parte do trabalho empírico não confere ao ambiente uma ênfase adequada, negligenciando a interação dos dois. Deste modo, o que se encontra é uma acentuada assimetria entre a teoria e a prática, com estudos focalizando as propriedades da pessoa e, somente, uma breve caracterização do ambiente onde ela é encontrada (Bronfenbrenner, 1979/1996). Embora esta crítica tenha ocorrido na década de 1970, não houve até o presente momento uma mudança significativa nos estudos sobre desenvolvimento humano nesse sentido.

Algumas abordagens incluem investigações do ambiente, mas, segundo Bronfenbrenner (1979/1996), os métodos empregados por elas estão longe de atingir os requisitos de um modelo ecológico de pesquisa. Alguns experimentos na área da psicologia da aprendizagem social são planejados de maneira excelente, porém, ignoram aspectos importantes ao delimitar o conceito de ambiente a um único ambiente imediato contendo a pessoa: o microssistema. Além disso, não atentam ao comportamento da pessoa em mais de um ambiente ou à maneira pela qual as relações interambientais podem afetar o que acontece dentro deles, não reconhecendo que os eventos fora do ambiente imediato influenciam o comportamento e desenvolvimento da pessoa dentro daquele ambiente. Por outro lado, outros estudos, na área da antropologia, por exemplo, são excessivamente subjetivos, produzindo interpretações de influências causais altamente inferenciais. Desta forma, Bronfenbrenner ressalta que a metodologia de pesquisa em psicologia corre o risco de ficar presa entre "um rochedo e um lugar macio" (Bronfenbrenner, 1979/1996, p. 16). O rochedo é o rigor, e o lugar macio, a relevância. A ênfase no rigor conduziu experimentos bem planejados, mas geralmente de alcance limitado. Esta limitação deriva-se do fato de que muitos experimentos envolvem situações pouco familiares, artificiais e temporárias, e requerem comportamentos incomuns, difíceis de generalizar para outros ambientes. A impossibilidade de generalização dos resultados, a partir de estudos como estes, leva Bronfenbrenner a afirmar que "grande parte da psicologia do desenvolvimento, conforme existe atualmente, é a ciência do comportamento desconhecido da criança em situações desconhecidas com adultos desconhecidos pelos períodos de tempo mais breves possíveis" (Bronfenbrenner, 1979/1996, p. 16).

Por algum tempo, estudiosos mantiveram posições divergentes com relação a esta questão, colocando métodos experimentais e naturalistas em oposição, atendo-se a procurar razões científicas para defender a superioridade de um método sobre o outro (Bronfenbrenner, 1979/1996). Bronfenbrenner sustenta uma posição diferenciada, indo além da discussão destas divergências, ressaltando que o que carece nos procedimentos metodológicos é uma orientação ecológica. A incompatibilidade entre estas duas correntes metodológicas é rejeitada por ele, pois argumenta que o método experimental não só é inestimável para a verificação de hipóteses, como é igualmente aplicável a sua descoberta, sendo um instrumento poderoso para a pesquisa sobre o *desenvolvimento no contexto*. Da mesma forma, o autor afirma que métodos naturalistas, como descrição etnográfica, estudos de caso e observação naturalística são igualmente inestimáveis ao progresso científico.

A preocupação com a cientificidade dos métodos de pesquisa sobre o *desenvolvimento no contexto* levou Bronfenbrenner (1979/1996) a refletir sobre um construto extremamente importante para a pesquisa ecológica: a validade ecológica. O autor utiliza este termo para se referir à "extensão em que o meio ambiente experienciado pelos sujeitos em uma investigação científica tem as propriedades supostas ou presumidas pelo investigador" (Bronfenbrenner, 1979/1996, p. 24). Com este conceito, ressalta a importância de levar em consideração a maneira pela qual a situação de pesquisa foi percebida e interpretada pelos participantes do estudo, evitando a possibilidade de interpretações errôneas pelo pesquisador. Outro aspecto importante destacado por Bronfenbrenner para a pesquisa ecológica é a necessidade de inclusão do maior número possível de contrastes ecológicos (características de ambientes diversificados) e variáveis relacionadas ao fenômeno investigado, diferentemente do clássico experimento de laboratório, onde se focaliza uma única variável e se tenta controlar, por exclusão, todas as outras. A importância desse aspecto reside na possibilidade de generalização, para além da situação ecológica específica, evitando também possíveis erros de interpretação (Bronfenbrenner, 1979/1996).

A noção de validade ecológica apresentada por Bronfenbrenner (1979/1996) não atribui ao ambiente, no qual é realizada a pesquisa, uma conotação válida ou inválida. De acordo com o autor, dependendo do problema de pesquisa, o laboratório pode ser um ambiente totalmente apropriado para uma investigação, e certos ambientes da vida real podem ser altamente inadequados, ou vice-versa. Mais importante do que isto é atribuir ao experimento uma orientação ecológica, a partir de uma análise das características dos ambientes que influenciam na direção dos resultados (Bronfenbrenner, 1979/1996).

Com base nas limitações teórico-metodológicas mencionadas acima para estudar o fenômeno do *desenvolvimento no contexto* e com o objetivo de corrigir tais deficiências, Bronfenbrenner e seus colaboradores (Bronfenbrenner, 1979/1996; Bronfenbrenner, 1999; Bronfenbrenner & Ceci, 1994; Bronfenbrenner & Evans, 2000; Bronfenbrenner & Morris, 1998) sugerem a operacionalização do modelo bioecológico como uma proposta metodológica. No entanto, até o presente momento, os autores não descreveram uma metodologia específica para estudar o desenvolvimento, mas apontam, em vários artigos e capítulos de livros, alguns aspectos para serem considerados na pesquisa evolutiva.

Inicialmente, é necessária uma adequação entre a teoria e o método a ser utilizado. De acordo com Bronfenbrenner e Morris (1998), uma teoria, para ser boa, deve ser prática. Os autores afirmam que, em ciência, uma boa teoria é aquela que pode ser traduzida em delineamentos de pesquisa que correspondam às propriedades conceituais desta. Na falta de delineamentos de pesquisa, ou pior, na aplicação de delineamentos que falham em corresponder, ou até mesmo violam as propriedades conceituais da teoria, a ciência não pode progredir. Bronfenbrenner e seus colaboradores vêm trabalhando sistematicamente na reformulação do modelo bioecológico a fim de traduzi-lo em delineamentos que correspondam a sua estrutura teórica subjacente (Bronfenbrenner & Morris, 1998; Bronfenbrenner, 1999; Bronfenbrenner & Evans, 2000).

Outro aspecto destacado por Bronfenbrenner e Morris (1998) é a importância de fazer ciência de maneira a descobrir fatos, e não simplesmente verificá-los. Deste modo, a função de um delineamento de pesquisa não deve ser a de testar hipóteses para significância estatística, mas desenvolver hipóteses de poder e precisão suficientemente explanatórias para serem submetidas ao teste empírico. As características apropriadas para um delineamento de pesquisa na área do desenvolvimento neste caráter de descobrimento ainda não estão claramente definidas, pois, comparada com as ciências físicas e naturais, a ciência do desenvolvimento ainda está em sua fase inicial. Contudo, afirmam que o delineamento deve incluir formulações teóricas mais diferenciadas, de maneira progressiva, e análises de dados correspondentes, com os resultados determinando o próximo passo dentro destes. Assim, o delineamento deve gerar novas hipóteses, e não simplesmente confirmá-las ou refutá-las. Neste processo gerador, a importância das implicações derivadas do modelo teórico está em prover uma estrutura para expor os achados de pesquisa emergentes, de maneira a revelar, precisamente, o tipo de interdependência existente nos resultados. O interesse científico não deve centrar-se sobre os aspectos já identificados pela teoria, mas sobre aqueles que produzem novas formulações teóricas. De acordo com os autores, a estratégia para investigações evolutivas, em caráter de descobrimento, envolve um processo interativo de confrontações sucessivas entre a teoria e os dados, com o objetivo de formular hipóteses suscetíveis à avaliação científica no modo de verificação. Os autores reconhecem que não é fácil fazer pesquisa desta maneira, contudo, o modelo bioecológico representa, por meio de sua estrutura teórico-metodológica, um esforço para suprir esta necessidade científica.

No modelo bioecológico, um delineamento de pesquisa deve estar adequado à estrutura teórica subjacente e privilegiar o desenvolvimento de hipóteses para serem submetidas ao teste empírico (Bronfenbrenner & Morris, 1998). A teoria ecológica requer que um delineamento de pesquisa inclua os seus quatro componentes – o processo, a pessoa, o contexto e o tempo – demonstrando a interdependência deles. Deste modo, o pesquisador deve estar atento à interação dinâmica destes quatro elementos, pois os resultados evolutivos decorrentes do processo proximal variam em função das características da pessoa, do contexto, das mudanças e continuidades que ocorrem ao longo do tempo. Além disso, é necessário observar o fenômeno investigado do ponto de vista de todos os participantes envolvidos, pois o processo proximal é bidirecional, ou seja, as relações interpessoais que acontecem dentro dele são recíprocas. Da mesma forma, os autores ressaltam que as interações dos quatro componentes do modelo devem ter base teórica e que, se possível, sua direção e forma sejam especificadas em formato de hipóteses. Tal fato contribui para que as discrepâncias entre as expectativas teóricas e a realidade observada sejam facilmente reconhecidas e proporcionem uma base para o próximo passo na procura de novas hipóteses, que mereçam ser avaliadas, tanto em nível teórico quanto empírico (Bronfenbrenner & Morris, 1998).

Embora essas considerações sejam pertinentes ao modelo de investigação experimental, é necessário ressaltar que estudos não experimentais também podem ser planejados com base no modelo bioecológico. Estudos exploratórios e descritivos, planejados por delineamentos qualitativos que envolvam observações naturalísticas e entrevistas podem ter como base o modelo bioecológico de pesquisa. Nos estudos mais recentes deste modelo, o processo proximal ocupa uma posição central, cujos resultados dependem da interação com seus demais componentes. Nesse sentido, convém retomar um importante aspecto contido na sua definição: o processo proximal envolve uma "transferência de energia entre um ser humano em desenvolvimento e as pessoas, objetos e símbolos existentes no ambiente imediato" (Bronfenbrenner & Evans, 2000, p. 118). Esta transferência de energia pode ser tanto unidirecional quanto bidirecional, ou seja, da pessoa em desenvolvimento para aspectos do ambiente, destes aspectos para a pessoa em desenvolvimento, ou em ambas as direções, de forma separada ou simultaneamente. De acordo com Bronfenbrenner e Evans (2000), qualquer delineamento de pesquisa deve, necessariamente, focalizar estes processos, contemplando a transferência de energia que ocorre no ambiente imediato.

A partir desta definição é possível fazer algumas inferências. Em qualquer delineamento de pesquisa é prevista a interação do pesquisador com os participantes dela. Na pesquisa qualitativa, principalmente, pode-se dizer que a interação dos investigadores com os participantes gera uma transferência de energia, produzindo, assim, processos proximais em ambos. Por não ser efêmera nem ocasional, ocorrer em uma base estável através de períodos de tempo, é possível afirmar que a interação dos pesquisadores com os participantes, os objetos e os símbolos existentes no ambiente de pesquisa constituem processos proximais. Neste tipo de pesquisa, os investigadores fazem parte do processo proximal, assumindo um papel essencial como gerenciador desta energia. Assim, em determinados delineamentos, o processo proximal, além de constituir o foco da pesquisa, adquire uma função de viabilizar sua realização, revelando-se um procedimento pelo qual o pesquisador conduz a investigação.

A partir das considerações teórico-metodológicas feitas por Bronfenbrenner e seus colaboradores (Bronfenbrenner, 1979/1996; Bronfenbrenner, 1999; Bronfenbrenner & Ceci, 1994; Bronfenbrenner & Evans,

2000; Bronfenbrenner & Morris, 1998) com relação à pesquisa evolutiva, neste capítulo pretende-se propor uma metodologia para o estudo do *desenvolvimento no contexto*: a Inserção Ecológica. A metodologia de Inserção Ecológica foi utilizada em uma pesquisa qualitativa sobre resiliência e vulnerabilidade de famílias em situação de risco (Cecconello, 2003), condição determinada a partir da situação de pobreza das famílias e da violência existente na comunidade na qual elas vivem. Esta pesquisa teve como objetivo geral analisar os processos de resiliência e vulnerabilidade por meio de um estudo de casos múltiplos (Yin, 1994) com três famílias: uma nuclear, uma reconstituída e uma uniparental. Para isto, a equipe de pesquisa se propôs a uma inserção no ambiente ecológico no qual vivem as famílias, com o objetivo de conhecer sua realidade, investigando fatores de risco e proteção em nível intra e extrafamiliar, como práticas educativas, parentalidade, experiência dos pais em suas famílias de origem e apoio social. A Inserção Ecológica envolveu o acompanhamento destas famílias ao longo de quatro anos, e incluiu visitas frequentes, observações, conversas informais e entrevistas. A partir desta inserção da equipe de pesquisa no contexto ecológico das famílias, foi possível estabelecer hipóteses com relação aos processos de resiliência e vulnerabilidade, respondendo, assim, às questões de pesquisa do estudo.

A Inserção Ecológica envolveu a sistematização dos quatro aspectos da teoria ecológica pela equipe de pesquisa: o processo, a pessoa, o contexto e o tempo. O processo proximal, ocorrido por meio da interação de pesquisadores, participantes, objetos e símbolos presentes no ambiente imediato, constituiu-se na base de toda a investigação. Além da interação dos investigadores com as famílias e a comunidade, o processo também envolveu a triangulação de informações, percepções e sentimentos dentro da equipe, na qual as experiências individuais e os aspectos observados no ambiente foram compartilhados e discutidos de acordo com o significado atribuído a eles pelos integrantes, possibilitando uma análise dos processos proximais dentro da própria equipe. O processo proximal foi focalizado por meio de procedimentos como observação naturalística, conversas informais e entrevistas com as famílias. A presença deste na pesquisa foi observada a partir dos cinco critérios descritos por Bronfenbrenner (1999):

1) Para que o processo proximal ocorra, é necessário que a pessoa esteja engajada em uma atividade – nesta pesquisa, participantes e pesquisadores interagiam e se encontraram engajados na tarefa da entrevista.
2) Para ser efetiva, a interação deve acontecer em uma base relativamente regular, por períodos de tempo estendidos, não sendo possível ocorrer de maneira efetiva durante atividades meramente ocasionais – nesta pesquisa, foram realizadas visitas às casas dos participantes, para a execução das entrevistas mediante autorização destes, os quais pareciam estar sempre disponíveis ao engajamento nas entrevistas.
3) As atividades devem ser progressivamente mais complexas, por isso a necessidade de um período estável de tempo – na pesquisa, as visitas informais progrediram para as entrevistas, que por sua vez progrediram nos temas a serem abordados e sempre tiveram duração igual ou superior a uma hora.
4) Para que os processos proximais sejam efetivos, deve haver reciprocidade nas relações interpessoais – a interação da equipe de pesquisa com os participantes serviu de base para todo o processo, assim, as entrevistas ocorreram na forma de conversa, e a equipe esteve sempre disponível para responder às perguntas dos participantes e fornecer apoio, quando necessário.
5) Finalmente, para que a interação recíproca ocorra, os objetos e símbolos presentes no ambiente imediato devem estimular a atenção, exploração, manipulação e imaginação da pessoa em desenvolvimento – nesta pesquisa, os temas abordados nas entrevistas despertavam o interesse dos participantes, pois estavam relacionados a suas histórias de vida.

Ao longo de toda a investigação, diversos processos proximais aconteceram, tanto para os participantes da pesquisa, que, ao falarem sobre suas experiências de vida, tiveram a possibilidade de refletir e aprender com elas, como para a equipe de investigadores, que, ao interagir com as famílias e a comunidade onde vivem, conseguiu captar unidades de sentido importantes para responder às questões de pesquisa e desenvolver novas hipóteses teóricas. Esses processos proximais, contudo, só se tornaram possíveis em decorrência da Inserção Ecológica da equipe de pesquisa no ambiente onde vivem as famílias, ou seja, presença constante, significativa e estável. A equipe precisou tornar-se parte do ambiente para adquirir a condição de inserida ecologicamente no contexto da pesquisa.

A pessoa envolveu a presença física do pesquisador e de sua equipe na comunidade e dentro das famílias. O ambiente foi percebido e analisado, tanto a partir das características pessoais de cada participante da equipe, como a partir da percepção das famílias, sendo valorizada a experiência individual de cada pessoa dentro da comunidade.

O contexto foi analisado pela participação da equipe de pesquisa em alguns ambientes e a partir dos relatos das famílias sobre estes. Foi atribuída uma atenção especial à percepção das famílias sobre o ambiente em que vivem, pois, de acordo com Bronfenbrenner (1979/1996), é necessário examinar o ambiente conforme ele é percebido e experienciado pelas pessoas, não somente conforme ele poderia existir na realidade objetiva. Os quatro níveis ambientais foram incluídos na análise: o micro, o meso, o exo e o macrossistema. O micro e o mesossistema foram capturados e analisados por meio da vivência da equipe dentro das famílias, das escolas, das vilas, do bairro no qual está inserida a comunidade e dos relatos das famílias sobre estes e outros ambientes frequentados por elas, como centros de saúde, áreas de lazer e casas de familiares. O exossistema foi analisado pelos relatos das famílias sobre a sua percepção dos ambientes não frequentados por elas, mas que desempenham uma influência sobre suas vidas, como a Prefeitura. O macrossistema foi analisado por meio da percepção da equipe sobre os modos de vida das famílias, seus valores, crenças, da influência dos aspectos socioeconômicos e culturais e do relato das famílias sobre esses aspectos.

O tempo envolveu o acompanhamento longitudinal das famílias dentro da comunidade, o que permitiu analisar mudanças e continuidades ocorridas nos níveis do micro, meso e macrotempo. O microtempo permitiu analisar continuidade e descontinuidade dentro dos episódios de processo proximal através da interação pai/mãe/criança, conforme relatado pelas famílias. O mesotempo permitiu analisar a periodicidade dos episódios de processo proximal por meio de intervalos de tempo maiores, como dias e semanas, que foram inferidos a partir do relato das famílias de suas rotinas. O macrotempo permitiu focalizar as expectativas e eventos em mudança dentro da sociedade ampliada, como trocas de prefeito e governador, as mudanças ocorridas no ambiente físico, como a reforma da comunidade, e a história intergeracional das famílias, permeada por seus relatos.

A partir da Inserção Ecológica da equipe de pesquisa nesta comunidade, foi possível conduzir o estudo de casos múltiplos com as três famílias, descrever o ambiente onde elas vivem e captar unidades de sentido nos seus relatos para ilustrar os aspectos de risco e proteção existentes no local. Desta forma, foi possível analisar a influência desses aspectos para os processos de vulnerabilidade e resiliência familiar (ver Cecconello, 2003, para uma descrição completa).

A opção do estudo pela metodologia qualitativa de Inserção Ecológica na comunidade foi fundamental para a compreensão desses processos dentro das famílias. Esta metodologia induziu a equipe de pesquisa a colocar a si própria como instrumento de observação, seleção, análise e interpretação dos dados coletados. Conforme salienta Bastos (2001), na pesquisa qualitativa, o pesquisador, enquanto entrevistador e observador, é visto como o principal instrumento de pesquisa. Neste processo, a primazia às suas características pessoais, sua postura e atuação constituem o principal instrumento de instigação do discurso do entrevistado. Bastos enfatiza que esta perspectiva tem como objetivo principal construir uma familiarização, um certo nível de intimidade com a situação observada, a fim de que se possa ter acesso ao fenômeno a ser investigado, tal como ele ocorre em seu ambiente natural. Nesse sentido, a experiência de interação com as famílias e a comunidade no próprio contexto no qual estão inseridas possibilitou o conhecimento profundo dos fenômenos investigados. A Inserção Ecológica garantiu a validade ecológica do estudo com famílias em situação de risco em seu ambiente natural, pois foi valorizada a influência das características das pessoas entrevistadas, do contexto no qual estão inseridas, do tempo em que estão vivendo e dos processos proximais ocorridos entre elas mesmas e entre elas e a equipe de pesquisa.

De um modo especial, os processos proximais constituíram a base desta investigação, possibilitando não só a compreensão dos fenômenos investigados pela equipe, como o próprio desenvolvimento das famílias, a partir da intervenção proporcionada pela pesquisa. O acompanhamento das famílias ao longo dos quatro anos atuou como um tipo de intervenção. Cada encontro proporcionou, para os pais e a criança entrevistada, um espaço e um tempo no qual eles eram escutados, em que, além de responder à entrevista, eles podiam relatar suas experiências, dificuldades e sentimentos. Szymansky (2001) afirma que a entrevista, enquanto interação social, é sempre uma intervenção, uma vez que o ser humano nunca é neutro para outro, havendo sempre uma influência mútua entre as pessoas, ocasionada pela interpretação que se faz da situação. A relação entrevistador-entrevistado proporciona um espaço e um tempo para reflexão e troca de ideias, em que o profissional é capaz de fornecer informações e discutir alternativas para os problemas apresentados. Szymansky salienta, ainda, que o caráter de intervenção da entrevista é resultado de um processo de tomada de consciência desencadeado pela atuação do entrevistador, no sentido de explicitar sua compreensão do discurso do entrevistado. Nesse sentido, pode-se afirmar que a metodologia de Inserção Ecológica descrita neste capítulo cumpriu uma dupla função: além de possibilitar a realização de uma pesquisa no ambiente natural, com validade ecológica, proporcionou a ocorrência de um processo de interação social, atuando como intervenção. Deste modo, contribuiu para a resiliência das famílias.

O estudo desenvolvido permite considerar a Inserção Ecológica uma metodologia que mostra ser adequada para utilização em pesquisas científicas. A base desta afirmação consiste na evidência de que os achados foram obtidos com rigor metodológico e podem ser considerados válidos ecologicamente. É importante salientar que esta metodologia de Inserção Ecológica deve ser utilizada com responsabilidade ética dos investigadores, uma vez que passam a integrar o cotidiano das pessoas envolvidas no processo de execução da pesquisa. A linha entre a Inserção Ecológica e o pertencimento daninho pode ser muito tênue se a equipe de pesquisa não tiver clareza de sua função no processo vigente. Esta atitude permitirá que os demais participantes da pesquisa possam, também, ter definidas as fronteiras da intervenção e das possibilidades disponíveis. A Inserção Ecológica pode ser utilizada isoladamente, com objetivo de obter dados sobre crianças, adolescentes e famílias em qualquer nível socioeconômico ou condição de vida. Os dados obtidos podem servir não apenas para utilização na pesquisa, mas para embasar aconselhamento terapêutico, psicopedagógico, educacional ou clínico. Não devem, no entanto, ser utilizados como instrumento único para tomada de decisão sobre a vida das pessoas envolvidas, como, por exemplo, quando se faz necessária uma avaliação diagnóstica mais especializada. A utilização mais indicada, portanto, é como metodologia de pesquisa. Psicólogos e outros profissionais que a escolham para seu trabalho devem assumir um compromisso ético, garantindo a proteção aos direitos dos seus participantes.

Referências

Bastos, A. C. S. (2001). *Modos de partilhar: a criança e o cotidiano da família*. Taubaté: Cabral.

Bronfenbrenner, U. (1986). Ecology of the family as a context for human development: Research perspectives. *Developmental Psychology, 22*, 723-742.

Bronfenbrenner, U. (1996). *A ecologia do desenvolvimento humano: Experimentos naturais e planejados* (M. A. V. Veronese, Trad.) Porto Alegre: Artes Médicas. (Original publicado em 1979).

Bronfenbrenner, U. (1999). Environments in developmental perspective: Theoretical and operational models. In B. L. Friedmann & T. D. Wachs (Orgs.), *Conceptualization and assessment of environment across the life span* (pp. 3-30). Washington, DC: American Psychological Association.

Bronfenbrenner, U., & Ceci, S. J. (1994). Nature-nurture reconceptualized in developmental perspective: A bioecological model. *Psychological Review, 101*(4), 568-586.

Bronfenbrenner, U., & Evans, G. (2000). Developmental science in the 21st century: emerging questions, theoretical models, research designs and empirical findings. *Social Development, 9*, 115-125.

Bronfenbrenner, U., & Morris, P. (1998). The ecology of developmental processes. Em W. Damon (Org.), *Handbook of child psychology* (v.1, pp. 993-1.027). New York: John Wiley & Sons.

Cecconello, A. M. (1999). *Competência social, empatia e representação mental da relação de apego em famílias em situação de risco.* Dissertação de Mestrado não publicada. Curso de Pós-Graduação em Psicologia do Desenvolvimento. Universidade Federal do Rio Grande do Sul, Porto Alegre.

Cecconello, A. M. (2003). *Resiliência e vulnerabilidade em famílias em situação de risco.* Tese de Doutorado não publicada. Curso de Pós--Graduação em Psicologia do Desenvolvimento. Universidade Federal do Rio Grande do Sul. Porto Alegre.

De Antoni, C. (2000). *Vulnerabilidade e resiliência familiar na visão de adolescentes maltratadas.* Dissertação de Mestrado não publicada. Curso de Pós-Graduação em Psicologia do Desenvolvimento. Universidade Federal do Rio Grande do Sul, Porto Alegre.

De Antoni, C. (2002). *Coesão e hierarquia em famílias com história de abuso físico.* Projeto de Doutorado. Curso de Pós-Graduação em Psicologia do Desenvolvimento. Universidade Federal do Rio Grande do Sul, Porto Alegre.

De Antoni, C., Medeiros, F. B., Hoppe, M. M. W., & Koller, S. H. (1999). Uma família em situação de risco: resiliência e vulnerabilidade. *Interfaces, 2*(1), 81-85.

Falceto, O. G. (1997). *Famílias com desenvolvimento funcional e disfuncional: validação das escalas diagnósticas FACES III, Beavers--Timberlawn e Avaliação Global do Funcionamento Interacional (GARF).* Dissertação de Mestrado não publicada. Curso de Pós--Graduação em Medicina: Clínica Médica. Universidade Federal do Rio Grande do Sul, Porto Alegre.

Hoppe, M. M. W. (1998). *Rede de apoio social e afetivo em crianças em situação de risco.* Dissertação de Mestrado não publicada. Curso de Pós-Graduação em Psicologia do Desenvolvimento. Universidade Federal do Rio Grande do Sul, Porto Alegre.

Mayer, L. R. (1998). *Controle percebido e desempenho acadêmico em crianças de nível sócio-econômico baixo.* Dissertação de Mestrado não publicada. Curso de Pós-Graduação em Psicologia do Desenvolvimento. Universidade Federal do Rio Grande do Sul, Porto Alegre.

Simionato-Tozo, S. M. P., & Biasoli-Alves, Z. M. M. (1998). O cotidiano e as relações familiares em duas gerações. *Paidéia,* fev./ago., 137-150.

Szymansky, H. (1992). Trabalhando com famílias. *Cadernos de Ação.* CBIA, IEE-PUC/SP.

Szymansky, H. (2001). Entrevista reflexiva: um olhar psicológico para a entrevista em pesquisa. *Revista Psicologia da Educação, 11/12,* 193-215.

Wagner, A., Ferreira, V. dos S., & Rodrigues, M. I. M. (1998). Estratégias educativas: uma perspectiva entre pais e filhos. *Psicologia Argumento, 23*(16), 37-46.

Wagner, A., Halpern, S. C., & Bornholdt, E. A. (1999). Configuração e estrutura familiar: um estudo comparativo entre famílias originais e reconstituídas. *Psico, 2*(30), 63-74.

Wagner, A., Ribeiro, L. De S., Arteche, A. X., & Bornholdt, E. A. (1999). Configuração familiar e bem-estar psicológico de adolescentes. *Psicologia: Reflexão e Crítica, 1*(12), 147-156.

Yin, R. K. (1994). *Case study research: Design and methods*. London: Sage. (Sem data da publicação original).

Yunes, M. A. M. (2001). *A questão triplamente controvertida da resiliência em famílias de baixa renda*. Tese de Doutorado não publicada. Programa de Pós-Graduação em Psicologia da Educação. Pontifícia Universidade Católica de São Paulo, São Paulo.

PARTE 2

A INSERÇÃO ECOLÓGICA EM DIFERENTES CONTEXTOS

3

Inserção Ecológica na pesquisa sobre trajetórias de vida de adolescentes em situação de vulnerabilidade social:

identificando fatores de risco e proteção

Normanda Araujo de Morais
Sílvia Helena Koller
Marcela Raffaelli

O presente capítulo tem o intuito de apresentar como se deu a operacionalização da metodologia da Inserção Ecológica durante a pesquisa de doutoramento da primeira autora, sob orientação das duas coautoras. A tese tinha como objetivo caracterizar diferentes perfis de trajetórias de vida de crianças e adolescentes (11-18 anos) que viviam em situação de vulnerabilidade social (um grupo em situação de rua – G1 –, e um grupo que vivia com a família – G2). Para isso, foram realizados três estudos, sendo que o primeiro tinha um caráter quantitativo, ao passo que os dois outros eram qualitativos (Morais, 2009; Morais, Koller, & Raffaelli, 2010; 2012; Morais, Raffaelli, & Koller, 2012).

No Estudo I, G1 e G2 ($N = 98$) foram caracterizados quanto ao risco (eventos estressores), proteção (rede de apoio social e afetiva) e ajustamento (sintomas físicos, uso de drogas, comportamento sexual de risco, comportamento suicida, afeto positivo e afeto negativo) e a seguir foram realizadas análises comparativas entre os grupos. No Estudo II, realizaram-se estudos de caso múltiplos acerca dos perfis de quatro participantes que obtiveram os piores e melhores escores de ajustamento no Estudo I. Por fim, o Estudo III, realizado um ano após a coleta dos dados que originaram o Estudo I e II, apresentou a percepção que as técnicas da rede de assistência possuíam acerca de aspectos relevantes da trajetória de vida dos participantes do Estudo II.

Nos três estudos, porém, a Inserção Ecológica foi fundamental para orientar o processo de coleta e de análise dos dados. Como a ênfase deste capítulo é o procedimento metodológico da inserção e de como esta perpassou o processo de coleta e análise dos dados, não serão apresentados aqui os resultados dos respectivos estudos[1].

Por que escolher a Inserção Ecológica?

Visando preencher a lacuna de um método de pesquisa que estivesse baseado na Abordagem Bioecológica do Desenvolvimento Humano, proposta por Urie Bronfenbrenner (2005), Cecconello e Koller (2003) propuseram aquela que viria a ser a primeira sistematização da Inserção Ecológica. No referido artigo, a inserção foi descrita como um método que privilegia a inserção dos pesquisadores no ambiente de pesquisa, com o objetivo de estabelecer proximidade com o seu objeto de estudo e, assim, responder às questões de pesquisa. Além disso, por estar baseada na abordagem bioecológica, a Inserção Ecológica prevê a sistematização dos quatro núcleos propostos por Bronfenbrenner: processo, pessoa, contexto e tempo.

A pesquisa de Cecconello e Koller (2003) tinha como objetivo descrever processos de resiliência e vulnerabilidade vivenciados por famílias em situação de vulnerabilidade social. Nesse caso, a inserção envolveu o acompanhamento longitudinal de três famílias (uma nuclear, uma reconstituída e uma uniparental) e incluiu a realização de visitas

---

1 Para maior conhecimento sobre os resultados da pesquisa, ver Morais (2009), Morais, Koller e Raffaelli (2010; 2012) e Morais, Raffaelli e Koller (2012).

frequentes, observações e conversas informais (registradas no diário de campo), além da realização de entrevistas gravadas que foram posteriormente transcritas para análise. As autoras exemplificaram como os núcleos processo, pessoa, contexto e tempo foram sistematizados e levados em consideração não só no processo de planejamento e realização da pesquisa, como também no processo de análise de dados.

Ao final da pesquisa, Cecconello e Koller (2003) concluíram que a Inserção Ecológica é adequada para utilização em pesquisas científicas, uma vez que os achados foram obtidos com rigor metodológico e foram considerados válidos ecologicamente. Ou seja, as pesquisadoras tinham certeza de que a "interpretação" por elas realizada dos processos de resiliência/vulnerabilidade estava devidamente embasada na percepção e experiência cotidiana dos participantes. Por fim, além de possibilitar a realização de uma pesquisa no ambiente natural, com validade ecológica, a inserção proporcionou a ocorrência de um processo de interação social, atuando como intervenção, por meio dos aconselhamentos e/ou encaminhamentos realizados.

Posteriormente, Eschiletti-Prati, Couto, Moura, Poletto, e Koller (2008) propuseram uma revisão da Inserção Ecológica, com maior detalhamento. Dessa forma, as autoras retomaram os conceitos da abordagem bioecológica (processo, pessoa, contexto e tempo) e as contribuições anteriormente oferecidas por Cecconello e Koller (2003), mas foram além, sobretudo porque trouxeram outros exemplos de pesquisas que utilizaram a metodologia para propor uma operacionalização desta. Dessa forma, por meio da comparação dos estudos da própria Cecconello (2003), dos estudos de Neiva-Silva (2003), De Antoni (2005) e Morais (2005), Eschiletti-Prati *et al.* (2008) elencaram algumas características comuns que podem ser tomadas como base em outros estudos que pretendam se basear na metodologia da inserção. São eles:

1) Elaboração do diário de campo pelos membros da equipe de pesquisa a fim de analisar os processos proximais dos participantes e também dos membros da equipe de pesquisa.

2) Participação dos pesquisadores em atividades diversas junto aos participantes em momentos formais e informais de coleta de dados.
3) Período de vinculação com participantes e instituições.
4) Combinação e integração de diversas estratégias de coleta de dados – quantitativos e qualitativos (entrevistas, testes, escalas etc.).

Na pesquisa a que o presente capítulo faz referência (Morais, 2009), pode-se afirmar que as principais justificativas para se fazer uso da Inserção Ecológica foram:

- A busca de coerência entre método e abordagem teórica que serviu de base para o estudo:
  A literatura em metodologia de pesquisa tem mostrado a necessidade de coerência entre abordagem teórica e método a ser utilizado (Bronfenbrenner, 2005; Robson, 2002). Assim, uma vez que o estudo tinha como base a Abordagem Bioecológica, (estudo do desenvolvimento humano no contexto através da análise dos quatro núcleos – processo, pessoa, contexto e tempo), avaliou-se que a proposta da inserção era a mais coerente para viabilizar a realização deste, uma vez que – conforme exposto – a Inserção Ecológica constitui a primeira proposta de operacionalização dessa abordagem. Ainda, é importante dizer que a Inserção Ecológica é muito adequada aos estudos na área da psicopatologia do desenvolvimento (outra teoria que embasou a pesquisa), especificamente aqueles estudos que partem de uma concepção mais *processual* dos chamados fatores de risco e proteção. Nesses estudos, risco e proteção não são vistos *a priori*, mas a partir da percepção que os sujeitos têm a respeito destes, das características dos contextos em que vivem e, especialmente, dos processos desenvolvimentais estabelecidos por cada indivíduo ao longo do tempo com cada fator – de risco ou proteção (Assis, Pesce, & Avanci, 2006; Rutter, 1985, 1987, 2007; Sapienza & Pedromônico, 2005; Yunes & Szymasnki, 2001).

- Qualidade do dado coletado, qualidade da interação pesquisador-participante e concepção de pesquisa como uma possibilidade concreta de intervenção:
  Os aspectos supracitados foram pontos-chave para que a equipe de pesquisa optasse pela inserção. Eles dizem respeito a um modo de fazer pesquisa, o qual se compromete pela qualidade de vida e bem-estar dos participantes, mais que pela coleta do "dado em si". Em se tratando de uma população em situação de vulnerabilidade, essa necessidade é ainda mais um imperativo ético (para maior aprofundamento das questões éticas em pesquisas com participantes em situação de vulnerabilidade social, ver Neiva-Silva, Morais, & Koller, 2010).
  No caso da pesquisa de Morais (2009), a inserção consistiu em idas sistemáticas da pesquisadora e sua equipe de pesquisa[2] a três instituições por um período de sete meses. Em média, foram realizadas duas visitas por semana a cada instituição. Durante as visitas, a pesquisadora e sua equipe engajaram-se em atividades do cotidiano de cada espaço, procurando conhecer e fazer parte das instituições, ao mesmo tempo em que conseguiam a vinculação com adolescentes e educadores. Tal vinculação é considerada essencial à realização da Inserção Ecológica, uma vez que permite um maior conhecimento da realidade estudada pelos pesquisadores (garantindo validade ecológica aos dados coletados), e, sobretudo, porque pressupõe uma relação diferenciada entre pesquisadores e participantes do estudo. Entre estes passou a existir uma relação de reciprocidade, de forma que o processo de coleta de dados não ficou alheio ao cotidiano dos participantes, nem restrito a um único e fortuito minuto de encontro. Pesquisadores e participantes puderam, assim, ao longo do tempo e

[2] A equipe de pesquisa foi formada pela autora da tese (Morais, 2009) e quatro alunos da Graduação em Psicologia. Três desses alunos colaboraram com a coleta de dados do grupo de base-rua (G1) e uma aluna esteve envolvida com a coleta do grupo de base familiar (G2). Todos os alunos foram devidamente treinados teórica, ética e metodologicamente para o desenvolvimento da pesquisa.

das atividades que compartilhavam, conhecerem-se mais, trocar experiências de vida e significados culturais. Mais do que isso, a Inserção Ecológica permitiu, sobretudo em se tratando de populações em situações de vulnerabilidade social (tradicionalmente vítimas de diversos tipos de violação de direitos ao longo da vida), que a pesquisadora e sua equipe pudessem atuar em cada contexto como agente de proteção e como uma figura de apoio positiva para esses adolescentes e profissionais com quem interagia. De maneira concreta, a proteção e o apoio foram expressos através dos momentos de conversa e escuta dos adolescentes, partilha de diferentes conhecimentos (saúde, educação etc.), ou no caso dos profissionais, por meio dos constantes *feedbacks* (sobre adolescentes específicos, dinâmica da instituição etc.) que a inserção no contexto foi proporcionando. Com a maior vinculação entre a pesquisadora e os participantes, o procedimento de aplicação dos instrumentos pôde ter início. A respeito da importância da vinculação e da preocupação em não atrapalhar o cotidiano da instituição, tem-se esse exemplo de relato do diário de campo: Hoje é uma manhã chuvosa e de frio. Por isso, tem menos crianças e adolescentes na instituição. Conversei com as coordenadoras do SASE e do Trabalho Educativo[3] sobre a abordagem das crianças. Combinei de estar mais vezes na sala do SASE a fim de garantir uma maior vinculação. O pátio [momento de brincadeiras e prática de esportes] é na sexta a partir das 10h30min, mas a Vilma [educadora] disse que talvez essa não seja uma boa. Disse que eu poderia tirá-los nas atividades. Eu não quero que isso aconteça. Mas talvez o

[3] SASE – Serviço de Apoio Socioeducativo prevê o atendimento às crianças e aos adolescentes, de 7 a 12 anos incompletos, no turno inverso à escola. Durante esse período, os usuários recebem alimentação, apoio pedagógico e psicossocial, quando necessário são encaminhados aos serviços de saúde, realizam oficinas culturais, de expressão e atividades lúdicas para estimular o desenvolvimento.
Trabalho Educativo – oferecido a adolescentes de 12 a 18 anos incompletos. No grupo do Trabalho Educativo, por sua vez, atividades profissionalizantes, tais como culinária, informática e música são aliadas ao módulo básico, o qual inclui a discussão de temáticas diversas (higiene, cidadania, direitos, sexualidade etc.).

caminho seja garantir a vinculação mesmo com os meninos por um pouco mais de tempo (Diário de Campo, 26/04/2007).

Por fim, a Inserção Ecológica implica direta e indiretamente estratégias de intervenção e transformação dos contextos e realidades (objetivas e subjetivas) com as quais deparamos. As situações são as mais diversas, envolvendo desde momentos em que orientações são dadas pela equipe de pesquisa aos participantes (direitos, sexualidade etc.), passando por denúncias de casos de abuso e exploração sexual, a criação de uma atmosfera propícia à expressão de sentimentos e sofrimentos pessoais e/ou o uso de pesquisas para subsidiar programas diversos de intervenção, por meio de discussão dos dados de nossas pesquisas com os profissionais de diferentes instituições.

- Uso de multimétodos:

  Assim como proposto por Cecconello e Koller (2003) e Eschiletti-Prati *et al.* (2008), a inserção permite o uso de abordagens quantitativas e qualitativas. Ao contrário do que algumas pessoas possam supor, na Inserção Ecológica pode-se utilizar, também, estratégias quantitativas de coleta e análise de dados. Nesse sentido, não há nenhuma restrição aos estudos com muitos sujeitos e/ou que utilizem questionários e outros instrumentos de avaliação psicológica (testes, escalas, por exemplo). Aliás, recomenda-se fortemente que estratégias quantitativas e qualitativas sejam cada vez mais integradas no estudo de um fenômeno específico (Günter, 2006; Günter, Pinheiro, & Elali, 2008; Sommer & Sommer, 1991).

  Na pesquisa de Morais (2009), foram utilizados diversos instrumentos quantitativos no processo de coleta de dados (por exemplo: Inventário de Eventos Estressores, Escala de Afeto Positivo e Negativo e Mapa dos Cinco Campos). Em se tratando de uma população com baixo nível de escolaridade e algumas dificuldades de compreensão, optou-se pela aplicação das escalas pelo pesquisador e não pela autoaplicação. Assim, garantiu-se a qualidade do dado coletado e, principalmente, a maior vinculação entre pesquisador-participante.

Este último, quase sempre explicava sua resposta, justificando, por exemplo, o porquê de ter apontado o número 5, quando perguntado sobre o quanto determinado acontecimento (uso de drogas por algum membro da família) o deixou estressado.

Ao propor a realização de pesquisas com esses instrumentos (Inventário de Eventos Estressores, Mapa dos Cinco Campos e Escala de Afeto Positivo e Negativo) há uma contribuição para o desenvolvimento da área de pesquisa com crianças e adolescentes em situação de vulnerabilidade social, tanto aqueles que vivem com suas famílias quanto aqueles que vivem em situação de rua. Assim, a pesquisa de fatores de risco e proteção pode avançar, uma vez que se baseia em medidas padronizadas e validadas ao contexto brasileiro e também porque avança conceitualmente, ao se basear no teste de modelos teóricos (Raffaelli, Koller, & Morais, 2007).

Além da relevância teórica e conceitual (instrumentos utilizados, resultados encontrados), merece destaque a receptividade dos participantes aos referidos instrumentos. Ao longo do processo de coleta de dados, os participantes de ambos os grupos mostraram-se envolvidos com a aplicação dos instrumentos, o que ficou evidenciado nos comentários positivos ao final da aplicação e pelo grau de envolvimento que manifestavam durante a aplicação. Os instrumentos favoreceram, assim, a expressão de sentimentos e relatos de vida, que talvez demorassem mais tempo para serem expressos, caso apenas a entrevista tivesse sido utilizada.

Influência da Inserção Ecológica na definição e redefinição do processo de pesquisa

Inicialmente, durante a elaboração do projeto de pesquisa de Morais (2009), o objetivo era atingir o maior número possível de crianças e adolescentes em situação de rua, os quais tivessem diferentes tipos de vinculação com a rua (rua-trabalho; rua-lazer; rua-moradia). Para isso, buscar-se-ia realizar a coleta em duas instituições da rede de atendimento especializada em infância e adolescência em situação de rua da cidade de Porto Alegre. Ambas as instituições (abrigo diurno e albergue noturno) estavam localizadas na região central da cidade e se caracterizavam por oferecer alimentação, cuidados de higiene, lugar para pernoitar e atividades lúdico-pedagógicas (videogame, oficina de teatro, televisão, pintura etc.) e esportivas. Com base em experiências de pesquisas anteriores (Morais, 2005; Santana, 2003), realizadas também por meio da Inserção Ecológica, sabia-se que tais instituições representavam pontos fortes de referência para as crianças e adolescentes em situação de rua que buscavam algum tipo de apoio na região central da cidade, fato que embasou a escolha por estas. No entanto, verificou-se que as instituições do centro da cidade estavam meio esvaziadas, fato que era observado pela equipe de pesquisa e pelos educadores da rede, que constantemente se perguntavam sobre o motivo de tal esvaziamento.

Nesse ponto, então, a pesquisa foi redirecionada, com a nova definição dos seus caminhos de coleta de dados. E a principal justificativa para essa redefinição foi dada pela Inserção Ecológica. Os dirigentes e educadores sociais explicavam o esvaziamento dos serviços, dizendo que os adolescentes estariam ficando cada vez mais em suas comunidades e envolvendo-se com o tráfico. Outra hipótese era a de que muitos desses adolescentes que chegariam ao centro estariam sendo atendidos pelas equipes do Ação-Rua[4] nas suas comunidades de origem. Nesse momento, então, a equipe de pesquisa decidiu "voltar" para essas comunidades.

---

4 O Ação-Rua é um programa de atendimento a crianças e adolescentes em situação de rua em Porto Alegre, que existe desde 2007. O Programa prevê a descentralização do atendimento dessa população por meio de 11 núcleos regionais. Cada núcleo, por sua vez, é formado por um coordenador, dois técnicos (geralmente psicólogos e assistentes sociais) e quatro educadores sociais. Suas atividades consistem nas abordagens de rua, discussões de caso e acompanhamento das crianças/adolescentes e suas famílias, através, sobretudo, dos encaminhamentos à rede de assistência. De acordo com o Projeto elaborado pela equipe do Programa Ação-Rua, este deve atuar "ampliando e articulando os serviços da rede já existente e incluindo a criança/adolescente e sua família na rede socioassistencial do Município, visando à garantia de direitos e inclusão social" (Programa Ação-Rua, 2006, p. 7).

Na conversa com os educadores e com base no conhecimento da rede de atendimento da cidade, identificou-se uma ONG[5], localizada em um bairro da periferia da cidade de Porto Alegre, caracterizado por altos índices de pobreza, violência e tráfico e por concentrar um grande número de crianças e adolescentes em situação de rua. Estas, embora não tivessem uma vinculação de moradia com a rua, passavam alguma parte do seu dia nas ruas do bairro, pedindo esmola, trabalhando e/ou brincando. Assim, buscou-se essa ONG com o objetivo de atingir crianças e adolescentes com perfis variados de vinculação com a rua. Tal instituição era responsável por atender crianças e adolescentes em situação de vulnerabilidade social, inclusive algumas que tinham histórico de rua e que eram encaminhadas para acompanhamento pelas equipes do Ação-Rua.

Mais uma vez, porém, a Inserção Ecológica veio redefinir os caminhos da coleta. Aconteceu que durante a inserção na ONG, começou-se a avaliar os aspectos positivos e negativos de tentar "recrutar" somente os casos com vinculação com a rua. Temia-se que isso gerasse um mal-estar nas crianças e adolescentes ao perceber que alguns seriam convidados a participar e outros não. O diário de campo expressa bem essa preocupação:

> Na conversa que tive com a Deise (coordenadora do Ação-Rua) ela marcou os nomes do Miguel, da Amanda e Simone como crianças atendidas pelo Ação-Rua e encaminhados para o SASE daquela instituição. Fico me perguntando (continuo a me perguntar) sobre a melhor forma de chamá-los para participar da pesquisa, já que não serão todos. Como não contribuir para a rotulação ou discriminação? (Diário de Campo, 23/04/2007).

[5] A ONG oferecia atividades socioeducativas em turno inverso ao da escola para crianças e adolescentes da comunidade. Para crianças de 7 a 12 anos incompletos era oferecido o Serviço de Apoio Socioeducativo (SASE), ao passo que para os adolescentes (de 12 a 18 anos) era oferecido o Trabalho Educativo, ambos definidos anteriormente no texto.

Assim, optou-se por ampliar a coleta e, consequentemente, o escopo da pesquisa para a situação de vulnerabilidade social como um todo, definindo-se dois grupos de participantes: um de base familiar e outro em situação de rua. Embora tenha-se proposto a coleta de dados na ONG para as crianças e adolescentes do SASE e Trabalho Educativo, os pesquisadores selecionaram os casos que tinham algum tipo de vinculação com a rua (Grupo 1 – situação de rua) e o grupo que enxergava a família como base de seu desenvolvimento (Grupo 2 – base familiar).

No processo de redefinição de objetivos do estudo, foram fundamentais a observação da realidade pesquisada (permitida pela inserção), assim como o aprofundamento teórico, o qual permitiu maior clareza conceitual (do que era ou não mais adequado fazer) e uma análise exploratória bastante intensa dos dados. No entanto, a cada passo do processo de pesquisa, três preocupações estiveram sempre presentes: 1) a atenção pela qualidade do relacionamento entre equipe de pesquisa, participantes e instituições; 2) o cuidado com a clareza teórica, através do uso adequado de conceitos, delineamentos e métodos de análise de dados que fossem coerentes uns com os outros; e 3) o desejo de propor um avanço no que diz respeito ao conhecimento produzido na área da infância e adolescência em situação de rua.

Aos poucos, a tese foi ganhando um novo objetivo, a coleta de dados foi caminhando (os pequenos encontros "transformadores" no cotidiano das instituições foram acontecendo) e a análise dos dados foi permitindo uma nova construção. Se antes o objetivo era pesquisar apenas as crianças e adolescentes em situação de rua, depois se percebeu que fazia sentido (teórico, prático, político, ético e metodológico) investir na coleta de dados com crianças e adolescentes que, mesmo vivendo com suas famílias, viviam nas suas comunidades e famílias de origem, situações de vulnerabilidade ao seu desenvolvimento. E assim se fez!

Com a redefinição do estudo I, os estudos II e III também sofreram modificações. Assim, no estudo II, foram realizados estudos de casos múltiplos acerca dos perfis dos quatro participantes que obtiveram os piores e melhores escores de ajustamento no estudo I (de cada subgrupo).

Mais uma vez, os dados da inserção, trazidos pelos instrumentos quantitativos e pelo diário de campo, foram fundamentais para a descrição de cada caso. É importante mencionar que os casos foram descritos pelas informações contidas nos instrumentos e diário de campo, elaborado para o estudo I. Nenhuma coleta adicional foi feita.

O estudo III, realizado um ano após a coleta dos dados que originaram os estudos I e II, apresentou a percepção de que as técnicas da rede de assistência possuíam acerca de aspectos relevantes da trajetória de vida dos participantes do estudo II. Também aqui a Inserção Ecológica guiou a equipe de pesquisa no processo de elaboração do instrumento de pesquisa (questões do roteiro de entrevista), na escolha dos participantes (técnicos que eram referência para cada adolescente) e interpretação dos dados coletados.

Aspectos relevantes para a operacionalização da Inserção Ecológica

A seguir, tem-se uma descrição mais detalhada da operacionalização da Inserção Ecológica, a partir das diferentes etapas desta, as quais antecedem a ida a campo e somente se encerram na devolução final dos achados de pesquisa. A descrição representa uma tentativa de sistematização de informações importantes à inserção, e surge especialmente da demanda das equipes de pesquisa, formadas por alunos da graduação e que têm acompanhado mestrandos e doutorandos na realização dos seus estudos no Centro de Estudos Psicológicos CEP-Rua.

1. Coleta de dados

Antes da ida a campo

- Treinamento ético, teórico e metodológico da equipe de pesquisa. Garantia de que toda a equipe de pesquisa tem conhecimento profundo a respeito da teoria da Abordagem Bioecológica, das demais teorias que embasam o projeto de pesquisa, assim como dos aspectos necessários à inserção. No caso dessa pesquisa, a ida a campo só foi possível depois de meses de treinamento prévio da equipe de pesquisa, o qual foi viabilizado pela realização de reuniões semanais, de estudo e preparação para a ida a campo.

Ao iniciar

- Apresentação clara dos objetivos e da proposta de pesquisa à equipe da instituição. Estabelecimento do "contrato psicológico" com definição clara de início e final da permanência da equipe de pesquisa.
- Assinatura do Termo de Concordância pelo responsável da Instituição.
- Solicitação de autorização para fotografias e filmagens, quando necessário[6].
- Estabelecer sempre a metodologia de trabalho (dias, horários de coleta, por exemplo) junto à equipe da instituição. E cumprir os horários e dias combinados.
- Saber identificar na instituição os lugares e pessoas-chave a quem a equipe precisa estar vinculada.
- De preferência, garantir uma boa circulação pelos espaços da instituição em que se está inserido (tanto quanto for permitido e necessário), de modo a escutar os vários discursos.

Embora muitas vezes esquecido, essa é uma parte essencial da inserção, uma vez que consiste no primeiro contato do pesquisador com a equipe da instituição. Por isso, é essencial que o contrato com a instituição seja bem acordado entre as partes, com muita clareza e objetividade. Na presente pesquisa, esse processo foi viabilizado pelos contatos anteriores que a equipe de pesquisa já mantinha com as referidas instituições. No entanto, esse fato só aumentava nossa responsabilidade e compromisso de prezar por todo o reconhecimento que a Universidade e o grupo de pesquisa que representávamos havia conquistado anteriormente.

[6] A presente pesquisa não utilizou esses recursos.

Durante

a) Vinculação

- Na Inserção Ecológica, há um aspecto indispensável à realização da pesquisa e à relação entre pesquisador-participante: a vinculação entre estes.
- A fim de garantir a vinculação, é preciso fazer parte da instituição e/ou do local de coleta de dados, do cotidiano do participante. Por isso são necessárias visitas regulares e participação nas atividades (formais e informais) da instituição.
- É preciso garantir que haja entre pesquisador e participante uma vinculação mínima à realização da pesquisa (convite à realização da entrevista, questionário, aplicação de escalas etc.).
- Assinatura do Termo de Consentimento Livre e Esclarecido pelos participantes.
- Em uma situação de pesquisa, quase sempre é criada uma demanda que até então não existia, ou pelo menos aquelas pessoas não estavam conscientes de que existia. Por isso, não se pode ter pressa e "atropelar" o processo de vinculação, tanto por respeito ao participante, quanto pela qualidade dos dados.
- A questão do "*timing*" (tempo "ótimo" para o convite e efetiva participação na pesquisa) não é uma questão cronológica (mais ou menos tempo, um mês, dois meses, por exemplo), mas uma questão de vinculação e de "reciprocidade" na relação entre pesquisador e participante. E, obviamente, a vinculação também é "cultural dependente", o que implica que o pesquisador precisa estar muito atento às formas pelas quais os diferentes grupos em diferentes culturas estabelecem e expressam os vínculos de proximidade e confiança.
- O cotidiano da instituição e a vida dos participantes costumam ser muito dinâmicos. Por isso, é recomendável acompanhar os participantes em diferentes espaços por eles(as) frequentados (transição ecológica). De fato, isso permite uma análise mais fiel do seu desenvolvimento, assim como garante uma melhor vinculação.

As características positivas que a equipe de pesquisa foi estabelecendo com os participantes e equipe da instituição foram, sem dúvida alguma, um aspecto importantíssimo de todo o processo de coleta de dados. Muitos foram os *feedbacks* positivos dados por alguns participantes aos membros da equipe de pesquisa (convites para participar de jogos e outras atividades com eles; decisões de confidenciar algum episódio de suas vidas etc.).

Em alguns casos os adolescentes mostravam-se avessos à interação com a equipe de pesquisa e, sobretudo a participar da pesquisa, mas verificou-se que na maioria desses casos foi possível "quebrar o gelo" ao longo da inserção. E tal mudança foi possível em virtude da confiança que foram criando nos pesquisadores. Nesse processo também foram fundamentais o uso de determinados instrumentos, como a escala de afeto positivo e negativo e o mapa dos cinco campos, encarados de maneira mais lúdica. Os relatos abaixo, extraídos do diário de campo, mostram o processo de vinculação e confirmam a relevância destes, tanto no desenvolvimento das crianças/adolescentes envolvidos, quanto no nosso próprio desenvolvimento como pesquisadores.

> Os meninos foram para o esporte e as meninas ficaram na sala fazendo a autoavaliação. Passei a maior parte do tempo ajudando a Amanda que pediu ajuda para ler e escrever. Agora me dou conta da relevância desse ato, principalmente para alguém que, como ela sempre diz, faz tudo só e não costuma pedir muita ajuda de ninguém (Diário de Campo, 19/06/2007).
>
> Faltaram dois educadores. A Carla e a Vilma (educadoras) levaram as crianças para a pracinha. Eu fiquei com cinco meninas. Quatro delas teriam grupo de sexualidade com a psicóloga (mas ela remarcou para a segunda-feira que vem). A outra menina era a Amanda que quis ficar. A Fabiana ficou brincando de boneca e a Jenifer também. A Nina e a Clara fazendo decoração para o São João. E a Amanda ficou fazendo cartaz comigo. Foi uma experiência muito interessante, pois criamos bastante. A Amanda usou a cola quente, a Clara ajudou fazendo balão e eu achei tudo aquilo muito

> inusitado, pois eu não tenho habilidade nenhuma para esse tipo de trabalho. Mas, como grupo, cada uma deu um pouco de si (Diário de Campo, 21/06/2007).

b) Sobre os instrumentos e o diário de campo

- Os pesquisadores devem primar pelo rigor metodológico e ético da investigação.
- Recomenda-se fortemente a utilização de instrumentos que sejam os mais "naturais" possíveis à realidade da população estudada. Quanto mais lúdicos e adequados à realidade, melhor. A ideia é que o momento de aplicação do instrumento ou realização da entrevista, por exemplo, não seja algo tão distante e destoante da realidade em que o participante vive.
- Elaboração do diário de campo:
  - O relato deve ser fiel à experiência e o mais descritivo possível, acompanhado de impressões e reflexões do membro da equipe que o fez.
  - Necessita estar claro o que é fato e o que é impressão e comentário pessoal.
  - Cada membro da equipe de pesquisa deve ter o seu próprio diário de campo.
  - Os relatos podem ser escritos e/ou gravados para posterior transcrição.
  - Descrição de aspectos concretos (dia, horário, pessoas presentes, atividades realizadas, percepção do ambiente físico etc.).
  - Os relatos pessoais sobre os "sentimentos" dos pesquisadores também devem constar do diário de campo.
  - O diário deve sempre ser redigido tendo por base sua pergunta de pesquisa e os fatos relevantes para responder à pergunta de pesquisa.
  - Na redação do diário é preciso estar sempre atento às dimensões da pessoa, do processo, contexto e tempo, que estejam relacionadas ao objeto da pesquisa.

Escrever um diário de campo, especialmente um bom diário de campo, é essencial, sobretudo para "iluminar" o processo de análise dos dados. O diário é tanto mais completo: quanto maior for a disposição de cada pesquisador de contar o que presenciou; quanto mais rápido esse relato for feito (quanto mais próximo da visita, melhor); e quanto mais perspicaz for o olhar do pesquisador, ou seja, quanto mais direcionado pela "questão de pesquisa" a redação do diário esteja também orientado.

Na pesquisa em questão, cada membro da equipe tinha seu diário. À pesquisadora coube a tarefa final de agrupar os relatos e analisá-los. Dada a relevância de informações contidas nestes, optou-se por utilizar alguns relatos contidos no diário para ilustrar a tese, assim como o presente capítulo. O agrupamento de todos os relatos acerca de um mesmo adolescente, por exemplo, fazendo uma linha do tempo, foi uma estratégia utilizada para organizar o volume de informações coletadas.

c) Realização das entrevistas e aplicação dos instrumentos

- Nos espaços das entrevistas, durante a aplicação dos instrumentos, a realização de grupos e até mesmo nas conversas informais, foi imprescindível o olhar "psi". Não se pode esquecer que você está inserido naquele contexto como pesquisador(a) e que você tem uma pergunta de pesquisa a ser respondida.
- No que diz respeito às escalas psicométricas e outros instrumentos validados e/ou adaptados, deve-se garantir sua aplicação, conforme as recomendações dos manuais.

d) Supervisão

- É recomendada a realização de supervisões permanentes para discussão da inserção, de casos específicos, da aplicação de instrumentos etc.
- O espaço de supervisão deve ser usado também para a realização de "grupos de sentimentos". A ideia é que os grupos funcionem como um suporte afetivo para os membros da equipe de pesquisa.
- A supervisão deve ser um espaço também de acompanhamento do diário de campo.

O espaço das supervisões semanais não deve ser negligenciado, uma vez que constitui um importante espaço de discussão dos casos, encaminhamentos práticos da pesquisa e expressão dos sentimentos (alegrias e ansiedades) da equipe de pesquisa.

e) Relação pesquisador-participante-instituição

- Aos poucos, a equipe de pesquisa vai ganhando espaço na instituição e na vida das pessoas com quem está trabalhando. Assim, é natural que surjam situações nas quais a equipe de pesquisa é chamada a exercer seu papel protetivo e potencializador de relações saudáveis e positivas. É natural que surjam demandas das próprias instituições e pessoas com quem se trabalha. A pesquisa deve ser pensada sempre como ferramenta para subsídio de políticas sociais e promoção de saúde e educação. O passo seguinte é discernir quando e qual a forma mais apropriada de se responder às demandas. Nem tudo que é solicitado é preciso ser feito (pelo menos não tal como pedido), mas é indispensável uma resposta da equipe e um encaminhamento.
- As intervenções no cotidiano e durante a realização da pesquisa são uma forma de devolução permanente das contribuições que a equipe de pesquisa pode e deve dar à realidade na qual está inserida e que a recebeu.
- É preciso estar sempre atento(a) ao impacto que se gera nas pessoas e na instituição como um todo. Também é preciso cuidar das relações e das "manipulações" em que se pode estar envolvido(a).
- Há muito da escuta e acolhida da "clínica" que deve sempre ser preservada nos encontros com os participantes. Empatia, escuta atenta, *feeling* e *insight* para algumas intervenções são fundamentais.
- Deve-se usar tudo a favor da equipe de pesquisa. Por exemplo, a vontade e a falta de vontade do participante, a sua disposição em contar com detalhes ou omitir fatos sobre sua vida, tudo tem valor de informação. Por isso, insiste-se no olhar pesquisador/clínico.

- Desencoraja-se a ida a campo de pessoas que não estejam à vontade com a temática estudada, assim como com a população e o contexto em que se vai inserir.
- Em outros momentos é preciso estar consciente de que "naquele dia" (seja por cansaço, falta de vontade ou outro problema), o mais adequado é que o(a) pesquisador(a) não vá a campo. Essa é uma medida de proteção não apenas para o(a) pesquisador(a), mas também para os participantes que ele(a) entraria em contato.
- Deve-se evitar fortemente a postura de pessoas que vão a campo e olham o outro como "exótico", como uma vitrine. Deve haver, portanto, um profundo respeito entre pesquisador e participante estudado (realidade).
- É muito importante que se esteja interiormente (e profundamente) convencido(a) de que a atividade de pesquisa, ainda que muitas vezes não demandada, pode contribuir para o bem-estar e melhoria da qualidade de vida das pessoas que ali estão. Se não está convencido do que pode fazer, a quem provará o contrário?
- É interessante como a maioria dos aspectos apontados diz respeito ao treinamento dos pesquisadores (aspectos éticos, teóricos e metodológicos) e a sua relação com os participantes. Não por acaso, afinal, enfatiza-se na Inserção Ecológica e na abordagem bioecológica que o desenvolvimento é resultado de um processo de interação recíproca entre as pessoas, ou destas com objetos e/ou símbolos do contexto. Portanto, a atividade de pesquisa à luz da proposta da Inserção Ecológica não nega e nem dispensa a relação entre pesquisador e participante. Antes, chama a atenção para o desenvolvimento que foi possível a ambos a partir da situação de interação que a situação de pesquisa gerou.
- A prática da inserção deixa claro que entre pesquisador-participante e instituição pode haver uma relação bastante positiva. Isso é tanto mais verdade quanto maior for o investimento na formação técnica e ética, sobretudo nas habilidades de escuta e empatia.

Finalizando

- É necessário que a saída do campo seja trabalhada como processo por toda a equipe de pesquisa. Dessa forma, tanto os participantes da pesquisa quanto a equipe da instituição precisa ser informada previamente de que há uma data limite para a permanência da equipe naquele espaço.
- Celebrações de despedida (como festinhas, por exemplo) podem ser realizadas, desde que devidamente combinadas com os participantes e a equipe da instituição, tal como foi feito na pesquisa de Morais (2009).

2. Análise dos dados

A aproximação dos pesquisadores ao contexto de pesquisa e o conhecimento que eles têm das particularidades da vida e história dos indivíduos permitem uma discussão e análise muito mais complexa e pertinente dos dados coletados, inclusive dos dados quantitativos.

Na pesquisa de Morais (2009), a discussão dos estudos envolveu uma análise conjunta dos dados quantitativos e qualitativos. Uma vez que toda pesquisa consiste em um exercício de sistematização dos dados coletados, é importante que fique clara a origem de toda afirmação feita pelo pesquisador, seja da leitura dos dados estatísticos, relatos do diário de campo ou interpretações possibilitadas pela literatura. Em especial, merece destaque a relevância do diário de campo para iluminar a análise dos dados, tal como falado anteriormente.

Em conjunto, os três estudos da pesquisa de Morais (2009) permitiram uma análise mais complexa dos perfis de trajetórias de crianças e adolescentes em situação de vulnerabilidade social. Enquanto o estudo I permitiu uma análise quantitativa e comparativa dos dois grupos (base-rua e base familiar), os estudos II e III permitiram uma análise qualitativa dos perfis de pior e melhor ajustamento que foram definidos a partir do estudo I, e além disso com uma visão compartilhada (adolescentes e profissionais das instituições). Ou seja, os dados para estes estudos foram colhidos com base nos instrumentos utilizados pela pesquisadora, a visão das profissionais das instituições e o relato dos próprios participantes, coletados por meio da Inserção Ecológica. Os quatro casos de pior e melhor ajustamento (estudo II e III) foram ilustrativos de trajetórias de vida de outras crianças/adolescentes no contexto brasileiro, encontrando-se aí a sua relevância. Os casos sintetizam, portanto, trajetórias que são comuns a outros indivíduos, uma vez que refletem modelos e padrões (de relacionamentos com fatores de risco, proteção e indicadores de ajustamento) que estão além do caso individual, como descreve Fonseca (1998). A fala da técnica Mônica, quando perguntada se concordava com o fato de que as adolescentes Rita e Fernanda tinham sido caracterizadas como os casos de pior e melhor ajustamento no grupo de base familiar, confirmou a ideia defendida por Fonseca (1998), evidenciou a complementaridade dos dados quantitativos e qualitativos e mostrou a relevância destes últimos para dar sentido aos primeiros. Assim, os "escores de ajustamento" criados ainda no estudo I, que definiram os participantes dos estudos de caso ganharam validade ecológica, a partir da fala da educadora que disse perceber nas referidas adolescentes características que equivaliam ao que o "escore de ajustamento" por elas obtido, refletia.

> [Se eu dissesse que ia buscar os casos "mais e menos ajustados", faz sentido a Rita e a Fernanda estarem onde estão? Você acha que faz sentido?] Faz sentido. Talvez se eu tivesse de te dizer eu diria a Rita e mais uns 5, 6 e a Fernanda e mais uns 5, 6. Mas elas estariam entre eles. (Mônica, pedagoga).

3. Após o término da pesquisa

- A devolução final dos achados da pesquisa é algo fundamental e faz parte, tanto quanto a coleta de dados, das etapas de uma pesquisa. Por isso, todo esforço deve ser despendido no sentido de garantir essa devolução. A devolução deverá ser feita tendo como base uma linguagem acessível à compreensão do contexto, assim como a relevância àquela realidade.

- Essa devolução deverá ser feita tanto no lugar onde a pesquisa foi realizada, quanto em outras instâncias (secretaria de saúde, educação, ONGs etc.) nas quais se julgue necessário.
- A publicação em periódicos também é exigida, uma vez que se poderão divulgar aos pares cientistas os resultados encontrados.
- É preciso garantir, portanto, que as pesquisas assumam a ação política que podem/devem ter. Todos os esforços nesse sentido devem ser encorajados.

Contribuições da Inserção Ecológica para o estudo

A primeira das contribuições é a qualidade do dado coletado. Ao primar pela vinculação entre pesquisador e participante, pela aproximação entre estes e pela inserção dos pesquisadores na realidade do participante de pesquisa, é possível concluir sobre a qualidade do dado de pesquisa. Ao contrário de uma situação na qual uma entrevista é realizada sem qualquer conhecimento prévio ou vinculação, ou escalas são preenchidas livremente pelos indivíduos sem nenhuma interação maior com o pesquisador, por exemplo, a inserção prima pela forma como os dados são coletados. O menor número de *missings* e a possibilidade de compreensão das respostas dadas, mesmo em uma escala, confirmam essa ideia.

A segunda grande contribuição da inserção diz respeito à possibilidade de maior riqueza na discussão dos dados. A aproximação ao contexto dos participantes, assim como o conhecimento de suas características pessoais e de seus processos desenvolvimentais ao longo do tempo também permitem a possibilidade de uma discussão e análise de dados muito mais rica. Dizemos, assim, que os "dados ganham vida" a partir da inserção. E mesmo que os resultados sejam mostrados em números, percentuais e resultados de testes estatísticos, é possível identificar muito bem de que criança/adolescente e realidade se está falando. O dado ganha, por assim dizer, sentido.

Por fim, é muito importante perceber que nossas pesquisas não estão descoladas da realidade do cotidiano das políticas públicas e de assistência dirigidas à infância e à adolescência em situação de vulnerabilidade social. O processo de coleta de dados da pesquisa de Morais (2009), por exemplo, mostrou o quanto a realidade do contexto age guiando as questões de pesquisa e os participantes desta. Uma vez que se identificou um processo das políticas públicas de voltarem sua atenção para as comunidades e atender a criança/adolescente que ainda não chegou "ao centro" da cidade e que não está completamente vinculada com a rua, a definição dos participantes e locais de coleta de dados foram também redefinidos. Por isso, pôde-se ampliar o foco do estudo para a situação de vulnerabilidade social como um todo e não unicamente para a situação de rua.

A mudança de foco, por sua vez, permitiu chegar a outras conclusões[7].

Desafios da inserção

O processo de Inserção Ecológica está permeado por muitos desafios. O dispêndio de tempo e energia por parte dos pesquisadores talvez seja o primeiro deles. A Inserção Ecológica requer tempo e muita disposição dos pesquisadores, uma vez que envolve a permanência da equipe

[7] a) A existência de um *continuum* de vulnerabilidade social entre fatores de risco e proteção na vida dos participantes do grupo de base-rua e de base familiar. Os grupos talvez não sejam tão diferentes como pressupõe o senso comum, fato que é confirmado pelo relato dos quatro casos de ajustamento. Esses casos mostraram que eventos estressores e resultados desenvolvimentais negativos já existiam anteriormente à vinda para a rua. b) A necessidade de que maior visibilidade seja dada para a criança e o adolescente que vivem em diferentes situações de vulnerabilidade social, seja trabalhando e/ou morando nas ruas ou que está invisível nas comunidades, vilas e favelas. Daí defender-se a necessidade de medidas preventivas que sejam anteriores à ida para a rua e de medidas que atendam crianças e adolescentes que já estão na rua.

nas instituições por um período de tempo geralmente maior do que outros tipos de pesquisa que valorizam menos a vinculação com os participantes e o conhecimento do contexto. Há, portanto, muito investimento de tempo e também de "afeto" pelos pesquisadores, somado aos gastos de deslocamento, por exemplo. Um desafio constante é o de garantir um bom número de participantes, conciliando – com qualidade – informações quantitativas e qualitativas sobre eles.

Outro grande desafio das pesquisas que utilizam a inserção é o de operacionalizar adequadamente a investigação dos quatro núcleos propostos pela Abordagem Bioecológica para entender o desenvolvimento. Ou seja, de garantir que um estudo conte com estratégias suficientes (de coleta e análise de dados) capazes de contemplar as quatro dimensões – processo, pessoa, contexto e tempo (PPCT). Em virtude das limitações operacionais que envolvem uma pesquisa (recurso material, humano e temporal), um ou outro aspecto é, geralmente, mais negligenciado. Diante dessa limitação, muitas vezes inevitável, é importante ter claro que cada pesquisa permite um nível de aproximação e sistematização diferenciado dos núcleos descritos por Bronfenbrenner (processo, pessoa, contexto e tempo). É, de fato, muito difícil que uma mesma pesquisa contemple metodologicamente as quatro dimensões propostas. Nesse sentido, em vez de se pensar que a inserção fica inviabilizada, acredita-se que há diferentes níveis de aproximação e sistematização dessas dimensões. Mesmo que elas não sejam avaliadas, elas precisam estar orientando o olhar dos pesquisadores (como uma lente que eles usam para enxergar o problema de pesquisa mais amplamente). No entanto, é preciso ter claro que, sobretudo, esse ponto é responsável por diferenciar a Inserção Ecológica de outras propostas de pesquisa, tais como a etnografia, a pesquisa-participante e a pesquisa-ação. A Inserção Ecológica se caracteriza como tal, uma vez que pressupõe o olhar sobre a realidade pesquisada a partir do referencial da Abordagem Bioecológica. O avanço no uso dessa metodologia envolve o esforço do pesquisador nessas duas dimensões (no delineamento e na análise de dados que considere os quatro núcleos – PPCT). Esforços nessa direção são bem-vindos à literatura do Desenvolvimento Humano e da própria Inserção Ecológica. Mãos à obra, portanto!

Referências

Assis, S. G., Pesce, R. P., & Avanci, J. Q. (2006). *Resiliência: enfatizando a proteção dos adolescentes*. Porto Alegre: Artmed.

Bronfenbrenner, U. (2005). *Making human beings humans*. Thousand Oaks: SAGE.

Cecconello, A. M. (2003). *Resiliência e vulnerabilidade em famílias em situação de risco*. Tese de Doutorado Inédita, Curso de Pós-Graduação em Psicologia do Desenvolvimento. Universidade Federal do Rio Grande do Sul, Porto Alegre.

Cecconello, A. M., & Koller, S. H. (2003). Inserção ecológica na comunidade: uma proposta metodológica para o estudo de famílias em situação de risco. *Psicologia: Reflexão e Crítica, 16*, 515-524.

De Antoni, C. (2005). *Coesão e hierarquia em famílias com história de abuso físico*. Tese de Doutorado Inédita, Curso de Pós-Graduação em Psicologia do Desenvolvimento. Universidade Federal do Rio Grande do Sul, Porto Alegre.

Eschiletti-Prati, L. E., Couto, M. C. P. P., Moura, A., Poletto, M., & Koller, S. (2008). Revisando a Inserção Ecológica: uma proposta de sistematização. *Psicologia: Reflexão e Crítica, 21*,160-169.

Fonseca, C. (1998) *Caminos de adopción*. Buenos Aires: Eudeba.

Günter, H. (2006). Pesquisa qualitativa *versus* pesquisa quantitativa: esta é a questão? *Psicologia: Teoria e Pesquisa, 22*, 201-209.

Günter, H., Pinheiro, J. Q., & Elali, G. A. (2008). A abordagem multimétodos em estudos pessoa-ambiente: características, definições e implicações (pp. 369-396). In J. Q. Pinheiro & H. Günter. (Eds.), *Métodos de pesquisa nos estudos pessoa-ambiente*. São Paulo: Casa do Psicólogo.

Morais, N. A. (2005). *Um estudo sobre a saúde de adolescentes em situação de rua: o ponto de vista dos adolescentes, profissionais de saúde e educadores*. Dissertação de Mestrado não publicada, Curso de Pós-Graduação em Psicologia do Desenvolvimento, Universidade Federal do Rio Grande do Sul, Porto Alegre.

Morais, N. A. (2009). *Trajetórias de vida de crianças e adolescentes em situação de vulnerabilidade social: entre o risco e a proteção.* Tese de Doutorado Inédita, Curso de Pós-Graduação em Psicologia, Universidade Federal do Rio Grande do Sul, Porto Alegre.

Morais, N. A., Koller, S. H., & Raffaelli, M. (2010). Eventos estressores e indicadores de ajustamento entre adolescentes em situação de vulnerabilidade social no Brasil. *Universitas Psychologica*, *9*, 787-806.

Morais, N. A., Koller, S. H., & Raffaelli, M. (2012). Rede de apoio, eventos estressores e mau ajustamento na vida de crianças e adolescentes em situação de vulnerabilidade social. *Universitas Psychologica, 11*(3), 779-791.

Morais, N. A., Raffaelli, M, & Koller, S. H. (2012). Adolescentes em situação de vulnerabilidade social e o continuum risco-proteção. *Avances em Psicologia Latinoamericana, 30*(1), 122-140.

Neiva-Silva, L. (2003). *Expectativas futuras de crianças em situação de rua: um estudo autofotográfico.* Dissertação de Mestrado não publicada, Instituto de Psicologia, Universidade Federal do Rio Grande do Sul, Porto Alegre.

Neiva-Silva, L., Morais, N. A., & Koller, S. H. (2010). Princípios éticos nas pesquisas com crianças e adolescentes em situação de rua. In N. A. de Morais, L. Neiva-Silva & S. H. Koller (Eds.), *Endereço desconhecido: crianças e adolescentes em situação de rua* (pp. 145-173). São Paulo: Casa do Psicólogo.

Programa Ação-Rua (2006). *Relatório técnico.* Prefeitura Municipal de Porto Alegre.

Raffaelli, M., Koller, S. H., & Morais, N. A. (2007). Assessing the development of Brazilian street youth. *Vulnerable Children and Youth Studies*, *2*, 154-164.

Robson, C. (2002). *Real world research.* Oxford: Blackwell. (Original published in 1993).

Rutter, M. (1985). Resilience in the face of adversity: Protective factors and resistance to psychiatric disorder. *British Journal of Psychiatry, 147*, 598-611.

Rutter, M. (1987). Psychosocial resilience and protective mechanisms. *American Journal of Orthopsychiatry, 57*(3), 316-331.

Rutter, M. (2007). Resilience, competence and coping. *Child Abuse & Neglect, 31*, 205-209.

Santana, J. P. (2003). Instituições de atendimento a crianças e adolescentes em situação de rua: objetivos atribuídos por seus dirigentes e pelos jovens atendidos. Dissertação de Mestrado não publicada, Curso de Pós-Graduação em Psicologia do Desenvolvimento, Universidade Federal do Rio Grande do Sul, Porto Alegre.

Sapienza, G., & Pedromônico, M. R. M. (2005). Risco, proteção e resiliência no desenvolvimento da criança e do adolescente. *Psicologia em Estudo, 10*, 209-216.

Sommer, B., & Sommer, R. (1991). *A Practical guide to behavioral research*. New York: Oxford University Press.

Yunes, M. A. M., & Szymanski, H. (2001). Resiliência: noção, conceitos afins e considerações críticas. In J. Tavares (Ed.), *Resiliência e educação* (pp. 13-42). São Paulo: Cortez.

4

Inserção Ecológica em uma instituição de acolhimento para crianças no Espírito Santo

Edinete Maria Rosa
Célia Regina Rangel Nascimento
Ana Paula dos Santos
Carla Ramos da Silva Melo
Mônica Rocha de Souza

O objetivo do trabalho descrito neste capítulo foi conhecer o cotidiano de uma instituição de acolhimento para crianças de 0 a 6 anos localizada no Espírito Santo e compreender fatores implicados no desenvolvimento psicossocial das crianças em situação de acolhimento. Com este intuito buscou-se analisar a dinâmica de funcionamento da instituição, das práticas promovidas junto à família e à comunidade e das relações interpessoais desenvolvidas no contexto da instituição por meio da metodologia da *Inserção Ecológica*. Pelo fato de ser complexo e dinâmico, Sifuentes, Dessen e Oliveira (2007) consideram que é um desafio encontrar ferramentas adequadas para pesquisar o desenvolvimento humano. A Teoria Bioecológica de Urie Bronfrenbrener é considerada pelas autoras como uma alternativa interessante para orientar as pesquisas que visam abarcar a complexidade e a plasticidade do desenvolvimento humano, tendo em vista considerar as múltiplas influências que o afetam.

O desenvolvimento humano foi definido por Bronfenbrenner (2001) como o fenômeno da continuidade e da mudança nas características biopsicológicas do ser humano, considerando tanto a vida dos indivíduos quanto a dos grupos através das gerações. Para compreender este fenômeno, o autor enfatiza a importância da análise da relação entre a pessoa e o seu contexto a partir de quatro elementos que se inter-relacionam: o processo, a pessoa, o contexto e o tempo. A metodologia de pesquisa que investiga o desenvolvimento considerando a interação sinergética dos quatro elementos foi nomeada de Modelo PPCT (Bronfenbrenner & Moris, 2006).

O primeiro elemento do modelo refere-se aos *processos proximais* e são considerados o mecanismo mais potente capaz de conduzir o curso do desenvolvimento, sendo ele uma forma de interação particular entre a pessoa e o seu ambiente. Eles são caracterizados por interações duradouras que se tornam progressivamente mais complexas ao longo do tempo (Bronfenbrenner & Moris, 2006). Os processos proximais variam em função das características da pessoa, do ambiente e da natureza dos resultados de desenvolvimento sob consideração (Bronfenbrenner & Ceci, 1993).

A compreensão do componente *pessoa* envolve a análise das características do sujeito que, de um ponto de vista positivo, coloca-o em ativa participação no seu meio instigando-o a engajar-se em processos proximais. As pessoas são consideradas tanto produtoras quanto produto do desenvolvimento e são atualizadas dependendo das características do ambiente e da qualidade das relações que a pessoa estabelece com os elementos do seu meio (Bronfenbrenner, 1993; Bronfenbrenner & Morris, 2006).

O *contexto* é formado por um sistema de quatro níveis ambientais: o microssistema, o mesossistema, o exossistema e o macrossistema. O primeiro deles é definido como o contexto no qual a pessoa vive suas experiências em um padrão de relação mais próximo, face a face, com outras pessoas, objetos ou símbolos. O mesossistema é formado pelo conjunto de microssistemas que uma pessoa participa, sendo as inter-relações estabelecidas entre os microssistemas a sua característica mais relevante. Já o exossistema diz respeito aos ambientes nos quais a pessoa não participa diretamente, mas é influenciada por eles no seu contexto mais imediato. O macrossistema refere-se às culturas, ideologias, crenças, valores e religião, que estão presentes nos outros níveis ambientais e no cotidiano da pessoa e que influenciam seu desenvolvimento (Bronfenbrenner, 1993). Por fim, o *tempo* refere-se à consideração de que o desenvolvimento ocorre sempre em função do tempo, podendo este ser um tempo próprio do curso de vida da pessoa ou um tempo histórico (Bronfenbrenner & Morris, 2006).

A partir desta perspectiva, a proposta metodológica que norteou este trabalho foi a Inserção Ecológica, sistematização desenvolvida por Cecconello e Koller (2003) a partir da Teoria Bioecológica do Desenvolvimento Humano. A Inserção Ecológica fundamenta a ação do pesquisador durante todo o período da investigação para que os quatro elementos descritos acima (o processo, a pessoa, o contexto e o tempo) possam ser identificados no decorrer da pesquisa. Contudo, aspectos referentes aos processos proximais e ao contexto foram priorizados nas observações realizadas na instituição de acolhimento.

A colocação e permanência de crianças e adolescentes em instituições de acolhimento são regidas pelo Estatuto da Criança e do Adolescente – ECA que preconiza a brevidade e a excepcionalidade da medida. A nova redação dada pela Lei n. 12.010, de 03 de agosto de 2009, alterou os termos do §1° do art. 101, do ECA, nomeando a instituição abrigo de acolhimento institucional.

O acolhimento institucional é uma medida a ser tomada quando os direitos das crianças e dos adolescentes forem ameaçados ou violados por membros da sua família e quando não é possível o acolhimento familiar (Lei n. 8.069, 1990, art. 33). Conforme o ECA, a situação de cada criança ou adolescente acolhida deve ser reavaliada, no máximo, a cada seis meses e sua permanência não deve ultrapassar dois anos (art. 19). Ainda de acordo com a legislação estatutária, as entidades de acolhimento devem garantir a preservação dos vínculos familiares, o atendimento personalizado e em pequenos grupos, a participação na vida da comunidade e a preparação para o desligamento (art. 92).

Martinez e Soares-Silva (2008) apontaram a existência de controvérsias entre os aspectos legais do ECA e a realidade vivenciada por crianças e adolescentes em situação de acolhimento, no que diz respeito à preservação dos laços familiares e à provisoriedade da medida. Também Silva (2004), analisando a situação de crianças e adolescentes institucionalizados em todo o território nacional, verificou que de 80 mil crianças e adolescentes que estavam em situação de acolhimento, quase metade (52,6%) vivia nas instituições há mais de dois anos. Por outro lado, os dados em relação à família mostraram que 87% das crianças e adolescentes acolhidos naquela época tinham família, sendo que 58% mantinham vínculo com seus familiares. Assim, é importante entender que a provisoriedade da medida de acolhimento institucional é um ideal a ser alcançado que pressupõe a busca incessante pelo restabelecimento da convivência familiar, sendo esta a principal função das equipes técnicas das instituições de acolhimento.

Buscar reinserir a criança ou o adolescente em sua família de origem é uma função que os técnicos reconhecem como de grande valor para a vida dos acolhidos (Rosa, Santos, Silva & Souza, 2010), apesar das dificuldades que encontram para realizá-la. Técnicos de seis instituições de acolhimento ouvidos por Brito, Rosa e Trindade (2014) citaram, como dificuldades encontradas para a realização da reinserção de crianças e adolescentes acolhidos, a falta de adesão das famílias em programas de apoio familiar e a valorização da instituição como local ideal para seus filhos viverem.

Desta forma, a instituição de acolhimento torna-se, para muitas crianças e adolescentes, um ambiente referencial onde são estabelecidos vínculos afetivos e sociais e onde se dá a construção de seus projetos de vida. Entretanto, é importante ressaltar que o contexto institucional pode configurar-se como prejudicial ou favorável ao desenvolvimento de quem nele habita. As consequências para o desenvolvimento vão depender não somente do tempo decorrido dentro da instituição, mas da natureza das instituições como sistemas sociais e das circunstâncias do seu afastamento de outros ambientes (Poletto & Koller, 2008).

Quanto à dinâmica de funcionamento das instituições de acolhimento, as Orientações Técnicas para os Serviços de Acolhimento para Crianças e Adolescentes indicam que cada instituição deve ter uma equipe de profissionais composta por: um coordenador; dois técnicos para uma demanda de até vinte crianças e adolescentes (um psicólogo e um assistente social); um educador/cuidador para cada dez usuários sendo este número aumentado caso a instituição tenha entre os seus acolhidos crianças ou adolescentes com demandas específicas; e um auxiliar de educador/cuidador em igual número de educadores (Conselho Nacional dos Direitos da Criança e do Adolescente & Conselho Nacional de Assistência Social, 2008). As funções de cada trabalhador estão especificadas nas referidas orientações técnicas e todas elas objetivam preservar a integridade física e emocional das crianças e adolescentes oferecendo-lhes um vínculo forte capaz de fazê-las superar os possíveis danos psíquicos causados por uma separação familiar prévia.

Baseando-nos na Teoria Bioecológica podemos considerar a instituição de acolhimento um microssistema, pois nele ocorrem diversas interações que possibilitam o desenvolvimento de todos os envolvidos. O ambiente é um importante elemento no processo de desenvolvimento, devendo ser compreendido também a partir da percepção psicológica das pessoas que estão inseridas nele. Assim, a observação e análise do ambiente devem levar em conta seus aspectos físicos e socioculturais, além das influências recíprocas entre a pessoa e o ambiente (Eschiletti-Prati, Couto, Moura, Polleto, & Koller, 2008).

Apesar de sabermos que na versão mais atualizada da Teoria Bioecológica Bronfenbrenner tenha se dedicado, enfaticamente, a descrever os Processos Proximais (Rosa & Tudge, 2014), faremos uma analogia de seu entendimento de contexto ao que o geólogo Miltom Santos chamou de espaços geográficos (Santos, 2004). Para Santos, os espaços se apresentam em duas categorias: *configuração territorial* e *relações sociais*. A primeira caracteriza-se pelo seu conteúdo sistêmico natural, já a segunda, por uma existência social que só pode lhe ser dada por meio das relações sociais. Neste entendimento, o espaço geográfico seria a junção dessas duas dimensões do espaço. O autor propõe a indissociabilidade do sistema de objetos (configuração territorial) e do sistema de ação (relações sociais) que formam o espaço. Desse modo, na visão dele, a análise de um contexto implicaria em levar em consideração a relevância de seus aspectos físicos e materiais assim como seus aspectos relacionais. Esta forma de entendimento do espaço corrobora a visão de Bronfenbrenner a respeito da dimensão fenomenológica da experiência, por meio da qual a percepção da pessoa tem primazia sobre o ambiente objetivo.

Considerando esses pressupostos, este capítulo objetiva descrever a Inserção Ecológica realizada em um espaço de acolhimento institucional destinado a crianças e apontar os sucessos e os insucessos dessa experiência.

Coleta de dados

Antes da realização das visitas à instituição, elaborou-se um ofício com a finalidade de obter autorização da Secretaria Municipal de Assistência Social (SEMAS), bem como da ONG executora do projeto de acolhimento. Após termos conseguido a aprovação, iniciamos o processo de Inserção Ecológica.

A Inserção Ecológica propõe que o pesquisador se insira no ambiente ecológico com o objetivo de conhecer a realidade na qual o participante da pesquisa vive, mediante conversas informais, entrevistas e observações do ambiente natural. Com esse pressuposto, foi possível ter acesso a uma gama de conteúdos do local estudado, pois a equipe de pesquisa passou a fazer parte do ambiente ecológico, vivenciando o espaço e as relações que nele aconteciam.

A orientação é de que a Inserção Ecológica deve acontecer nos microssistemas, no entanto, sem deixar de considerar a influência dos outros sistemas que interferem no desenvolvimento dos envolvidos na investigação (Eschiletti-Prati *et al.*, 2008). Tendo como foco esta perspectiva, a inserção no espaço de acolhimento ocorreu a partir do acompanhamento da dinâmica de seu funcionamento, por meio de visitas regulares, observações, conversas informais e realização de entrevistas. As entrevistas foram realizadas com as educadoras sociais, a coordenadora, o psicólogo e a assistente social, totalizando sete entrevistas.

Nas entrevistas com a equipe técnica utilizou-se um gravador de voz para registrar as respostas para posterior transcrição e análise. Já nas entrevistas com as educadoras sociais as respostas foram anotadas, pois estas não se sentiram à vontade para autorizar a gravação. Também foi produzido um diário de campo para registrar as impressões sobre o cotidiano do ambiente institucional, bem como das relações que perpassavam naquele local.

O acompanhamento da rotina do acolhimento institucional ocorreu em um período de oito meses, sendo que, no total, foram realizadas trinta visitas à instituição, compreendidas no período de maio de 2008 a janeiro de 2009. Em geral, essas visitas eram realizadas semanalmente; em algumas ocasiões elas não puderam acontecer, ou ocorreram duas vezes na mesma semana. A equipe de pesquisa era composta por três pesquisadoras (uma bolsista e duas voluntárias) e por duas professoras coordenadoras do projeto.

Das trinta visitas realizadas à instituição, 53,33% foram no período da tarde, 40% no período da manhã e 6,67% ocorreram à noite. As três pesquisadoras estiveram presentes em todas as visitas realizadas nos dois primeiros meses e no último mês da investigação. Após os dois primeiros meses as visitas foram realizadas em dupla, composta pela pesquisadora bolsista e uma pesquisadora voluntária que se revezavam semanalmente.

Durante o trabalho buscou-se perceber e descrever aspectos referentes ao espaço físico da instituição e às relações interpessoais desenvolvidas naquele ambiente, além de identificar dados referentes aos motivos do acolhimento das crianças, tempo de permanência na instituição e registros de encaminhamento de casos. O fluxo de entrada e saída das crianças também foi quantificado, uma vez que isso indica uma possível eficácia, ou não, das tentativas de ação de reinserção familiar.

Informações a respeito da estrutura do acolhimento institucional e seu funcionamento foram solicitadas diretamente à equipe técnica, no que tange a questões como regimento interno, plano de trabalho local, plano individual de atendimento das crianças, processo de recepção e acolhimento das crianças ingressas naquela instituição, programa de preparação para o desligamento da criança, acompanhamento de egressos, relacionamento interpessoal e dificuldades enfrentadas pelos profissionais.

Para auxiliar o processo de interação com as crianças foram desenvolvidas atividades, como brincadeiras, desenhos, contação de histórias com fantoches e exibição de filmes infantis. A princípio, as crianças mostraram-se arredias, mas com o decorrer do tempo passaram a interagir de forma mais espontânea e com maior frequência. Após alguns dias elas já se comportavam de forma bem afetuosa com as pesquisadoras.

Os momentos passados na companhia dos profissionais do serviço de acolhimento, bem como das crianças foram singulares. A cada pergunta realizada outras questões surgiam no momento do diálogo. Os conhecimentos foram produzidos em cada relação que se estabelecia, acrescentando conteúdo à formação acadêmica e profissional da equipe de pesquisadoras, uma vez que a informação oferecida ampliava aquela produzida em sala de aula na relação professor-aluno, ratificando o aspecto valorativo da metodologia utilizada.

Nesses momentos de análise do funcionamento do acolhimento institucional as pesquisadoras procuravam conversar e articular as considerações pessoais com o conteúdo da Teoria Bioecológica, previamente estudada. A importância dos contextos e dos processos proximais para o desenvolvimento das crianças foi algo bastante pontuado pela equipe ao buscar compreender como esses elementos se articulavam, tanto ao entrar em contato com as histórias peculiares de cada criança por meio da leitura dos históricos, quanto nos momentos em que havia uma interação mais direta.

Desafios na Inserção Ecológica

Ao considerar como o fator tempo está presente na investigação que utiliza a metodologia da Inserção Ecológica, Eschiletti-Prati *et al.* (2008), entendem que o tempo é fundamental na constituição dos processos proximais entre pesquisadores e participantes, sendo necessários vários encontros por um período de tempo para que a relação possibilite a abordagem de temas mais complexos. Partindo desta proposta foi possível avaliar as mudanças que ocorreram no desenvolvimento dos envolvidos na pesquisa ao longo do tempo.

Nos primeiros meses em que a Inserção Ecológica foi iniciada, as pesquisadoras procuravam se apresentar, conversar e participar das atividades que aconteciam no ambiente para proporcionar um clima mais informal e ameno, diferente da visão de "averiguação" postulada pelo método científico de pesquisa usualmente conhecido nos meios populares. Foi possível verificar que a equipe técnica e a equipe das cuidadoras da instituição não compreendiam a presença da equipe de pesquisadoras no ambiente devido à posição de observadores no contexto.

Parecia haver uma expectativa, por parte dos funcionários, de que a equipe de pesquisa estivesse ali para realizar alguma atividade mais específica. Devido ao fato de as pesquisadoras estarem apenas observando, conversando e interagindo com as crianças, era como se o trabalho ainda não tivesse iniciado. A própria coordenadora solicitou que cada visita fosse informada com antecedência e que as atividades previstas fossem descritas. Diante desta solicitação, passou-se a enviar, com uma semana de antecedência, as atividades que seriam promovidas, e este processo de informação das atividades abriu um espaço de trocas sobre questões pertinentes ao cotidiano das crianças com a coordenadora. Entretanto, algumas vezes, as crianças sugeriam outro tipo de interação, como um filme em vez do desenho ou outra história, modificando o que havia sido planejado. Devido a estas mudanças ocorridas nos momentos de interação e o estreitamento dos vínculos com as educadoras e a equipe técnica, as pesquisadoras adquiriram maior autonomia em relação à execução do trabalho. As atividades deixaram de ser informadas por e-mail, havendo maior interação com as crianças desde o planejamento até a sua execução.

Assim como as crianças, no início da inserção as educadoras sociais também demonstraram resistência para interagir e colaborar. A suposição de que estariam sendo avaliadas fez que muitas evitassem conversar com a equipe ou optassem por não auxiliar as crianças nos momentos em que interagíamos com elas. Além disso, a rotina agitada da instituição impossibilitava, muitas vezes, a realização da pesquisa com os profissionais da instituição.

Por se tratar de uma metodologia recente, da qual a equipe de pesquisa tinha pouca experiência, houve incertezas em relação aos procedimentos que deveriam ser adotados. Diante dessas dificuldades foi possível perceber a necessidade de explicar melhor o projeto para todos os que trabalhavam naquele local. A estratégia utilizada para solucionar essa questão foi a elaboração de um folder com informações sobre os objetivos da pesquisa, a metodologia adotada e sobre a Teoria Bioecológica. O fôlder foi utilizado como recurso para explicar a cada uma das educadoras e aos outros integrantes da equipe técnica o projeto que estava sendo desenvolvido na instituição. No final da exposição, o fôlder era entregue para cada pessoa. Dessa forma, estabeleceu-se um momento de diálogo que proporcionou uma aproximação maior, principalmente com as educadoras sociais.

A rotina do acolhimento institucional nem sempre favorecia a realização da pesquisa, haja vista os imprevistos que sempre surgiam. A equipe vivenciou situações diversas como, por exemplo, uma criança ter ficado doente e uma educadora ter se ausentado da instituição para levá-la à unidade básica de saúde; a coordenadora ter ido ao Juizado da Infância e Juventude resolver questões relacionadas aos processos das crianças em dia marcado para entrevistá-la; as crianças terem ido passear e termos encontrado a instituição "vazia". Embora, inicialmente, essas situações tenham desmotivado a equipe de pesquisadoras, tais fatos não foram ignorados, pois faziam parte do processo contínuo da inserção.

Observações e registros foram feitos nos diários a respeito das sensações que estas situações causavam, bem como das interações com as demais pessoas que se encontravam no contexto institucional, o que contribuiu positivamente para a Inserção Ecológica.

Depois de cerca de três meses visitando a instituição, e após a apresentação dos objetivos do trabalho para cada participante, pode-se dizer que a equipe de pesquisa se sentiu ecologicamente inserida no contexto. As educadoras e a equipe técnica mostravam-se mais dispostas para interagir com as crianças na presença das pesquisadoras, ajudando a esclarecer algumas dúvidas e mostrando-se mais receptivas às entrevistas.

Durante esse período, um conjunto de fatores permitiu identificar que a equipe estava realizando de fato a Inserção Ecológica no contexto de pesquisa: houve maior familiarização com o método proposto na Inserção Ecológica, a equipe da instituição compreendeu o motivo da inserção, as interações ocorreram de forma mais natural e recíproca ao longo do processo. Alguns indicadores permitiram avaliar essa inserção: as crianças passaram a esperar a visita e a questionar quando uma das pesquisadoras não estava presente, as pesquisadoras passaram a ser chamadas pelo nome tanto por parte dos membros da equipe técnica quanto por parte das crianças, as conversas informais abordavam assuntos mais profundos da dinâmica da instituição e o relato de aspectos emocionais em relação ao cuidado das crianças. A partir deste momento tornou-se possível o estabelecimento de atividades mais complexas no contexto institucional e as entrevistas puderam ser iniciadas. Conforme Cecconello e Koller (2003), na Inserção Ecológica os encontros informais progridem para interações em que os assuntos e os temas tratados se tornam cada vez mais complexos, criando relações de interação cada vez mais atraentes para ambas as partes.

Para as crianças foram propostas outras atividades que não fossem tão similares às que já eram realizadas pelas educadoras. Assim, passamos de atividades de pintura e desenho à exposição e discussão de vídeos e contação de histórias. Estas últimas atividades aparentaram ser mais interessantes para as crianças. Dessa forma, os instrumentos utilizados foram pensados e organizados a partir da ida ao acolhimento institucional e das dificuldades encontradas.

Reciprocidade nas relações

A metodologia da Inserção Ecológica pressupõe que, durante a investigação, os processo proximais entre pesquisadores, participantes, objetos e símbolos presentes no contexto surgem por meio da interação recíproca, complexa e regular entre esses elementos (Eschiletti-Prati *et al.*, 2008). Neste trabalho, a reciprocidade entre os envolvidos na inserção (pesquisadoras, trabalhadores da instituição e crianças) foi percebida algum tempo após o início da Inserção Ecológica, no momento em que as crianças passaram a interagir mais com as pesquisadoras por meio das atividades propostas.

Nesse período as educadoras sociais já deixavam as pesquisadoras mais à vontade com as crianças, o que despertou mais autoconfiança no trabalho desempenhado na instituição de acolhimento. A equipe passou a perceber que os funcionários já não sentiam mais como se estivessem sendo vigiados e analisados na forma como estavam desempenhando o cuidado com as crianças. No início das atividades era necessário um mediador para auxiliar as interações com as crianças. Contudo, com o passar do tempo adquirimos maior liberdade para chegar, conversar e brincar com elas, sem receio de como isso poderia ser interpretado pelos funcionários da instituição.

Com o estreitamento de vínculos com as crianças, estas passaram a demonstrar afeto pelas pesquisadoras, solicitando trocas afetuosas como abraços e beijos. Por parte das educadoras sociais o interesse mútuo na relação foi percebido no momento em que estas começaram a partilhar as suas vivências e as suas dificuldades. Ao propiciar espaços de fala e de escuta, tanto nas entrevistas como nas conversas informais, novos canais de circulação dos discursos foram abertos, possibilitando o surgimento de formas alternativas de operacionalização do fazer cotidiano, feito pelos trabalhadores individualmente em suas respectivas funções.

Um exemplo disso foi o questionamento feito por nós a uma educadora que dizia repreender as crianças logo que começou a trabalhar na instituição. Após ter recebido o questionamento de nossa parte a respeito da forma e dos motivos que a fazia agir daquela maneira, ela se dirigiu a outra educadora que estava ao seu lado perguntando a respeito da sua prática. Esta interação entre as duas educadoras, particularmente, gerou um momento muito interessante e único no qual o fazer cotidiano foi problematizado e a troca de experiência foi o meio para se pensar em novas práticas educativas.

O fato de proporcionar espaços para que os profissionais pudessem falar de suas práticas, vivências e dúvidas mostrou que a pesquisa tinha algum significado naquele contexto. Por meio das oportunidades criadas pela equipe de pesquisadoras, foi possível trocar experiências a respeito dos aspectos mais normativos até os acontecimentos, aparentemente, mais triviais com as categorias profissionais ali existentes, o que proporcionou momentos valiosos de produção de saber no contexto da instituição.

A equipe técnica, por sua vez, demonstrou essa reciprocidade informando a respeito do andamento de alguns casos, explicitando quais crianças estavam em processo de reinserção familiar ou em processo de adoção. Dessa forma, a equipe de pesquisa pode também acompanhar a dinâmica da instituição nos seus aspectos formais.

Um caso marcante para as pesquisadoras foi o de um casal de irmãos, a menina A., de seis anos, e o seu irmão W., de três. As crianças foram encaminhadas pelo Conselho Tutelar para o acolhimento devido a maus tratos, negligência, violência psicológica, alcoolismo e dependência química por parte dos pais biológicos e estavam na instituição há aproximadamente um ano e seis meses.

Este casal de irmãos chamou muito a atenção das pesquisadoras, pois a menina, em breve, completaria sete anos e estaria fora da faixa etária das crianças acolhidas naquela instituição, podendo ser separada do irmão. Era nítido o quanto eles eram unidos e dependentes um do outro. Diante do que era presenciado nas visitas, o questionamento sobre como ficaria a situação daquelas crianças era inevitável, havendo uma inquietação diante da incerteza de que alguma família manifestasse o desejo de adotá-las.

No período em que elas estiveram acolhidas só receberam a visita do pai uma vez e de nenhum outro membro da família. A equipe técnica tentou fazer reinserção em família extensa, no entanto, o tio alegou não dispor de recursos para cuidar delas. Durante os momentos de brincadeiras e conversas com as pesquisadoras, A. demonstrava muito desejo de ter uma família, relatava o nome das outras crianças que haviam sido reinseridas ao convívio familiar e perguntava quando seria a vez dela e de seu irmão.

Com a destituição do poder familiar, A. e W. foram encaminhados para o processo de adoção. Segundo as educadoras e a coordenadora, durante todo o período em que esteve acolhida, A. demonstrou ser uma menina comunicativa, com facilidade de liderança e iniciativa. Ela relatava muita vontade de ter novamente uma família e manifestava sentimentos de tristeza por ainda não ter sido adotada. Já W. apresentava dificuldades na linguagem, que estava pouco desenvolvida para a sua idade, e foi encaminhado para um fonoaudiólogo pela instituição de acolhimento. Era uma criança ativa, carinhosa e que requeria bastante atenção, inclusive das pesquisadoras.

Foi com muita alegria que a equipe de pesquisa recebeu a notícia, por meio da coordenadora, de que as crianças seriam adotadas por um casal. O psicólogo da equipe técnica iniciou um processo de reinserção familiar explicando para as crianças que elas iriam para uma nova família. Este processo foi caracterizado por visitas realizadas à nova família e por visitas recebidas na instituição. A. e W. demonstraram muito entusiasmo e ansiedade para estarem definitivamente com os novos pais. As duas crianças foram adotadas no último mês da Inserção Ecológica. Ao compartilharem a história das crianças conosco foi possível ter um parâmetro da efetividade da Inserção Ecológica que estava sendo realizada.

Elementos do macrossistema também estiveram presentes na dinâmica de relações que aconteciam na instituição e podem ter afetado a relação entre pesquisadoras e participantes. De acordo com Siqueira e Dell'aglio (2006, p. 72), "ao analisar a institucionalização de crianças e adolescentes, o estigma social, carregado de valor pejorativo e depreciativo, associado aos valores culturalmente esperados podem ser considerados elementos integrantes do macrossistema [...]", portanto, acredita-se não ser fácil para os profissionais falar sobre este lugar, marcado por tantos estereótipos e preconceitos, sem externalizar certa resistência, quase inevitável, quando se pressupõe, mesmo que equivocadamente, que se está sendo avaliado.

No momento em que os profissionais demonstravam resistência ou expressavam falta de tempo para dialogar com as pesquisadoras, a estratégia por nós adotada foi a de ajudar no serviço. Pegar no colo uma criança que estava chorando, atravessar o pátio interno entre as duas casas em dias meio chuvosos ou mesmo calçar-lhes um sapato foi um pouco das ações realizadas que, mesmo não planejadas, possibilitavam uma aproximação e uma demonstração de que "nós estávamos ali também para ajudar".

A Inserção Ecológica requer do pesquisador uma postura mais aberta do fazer pesquisa e uma preparação prévia para lidar com os possíveis sinais e comportamentos de intolerância e incômodo por parte dos sujeitos; requer paciência e certeza de que há benefícios únicos nessa forma de fazer pesquisa.

Quando tivemos dúvidas...

Em vários momentos da pesquisa surgiu a dúvida se, de fato, estávamos realizando Inserção Ecológica, por se tratar de uma abordagem com uma proposta inovadora na aplicação da Psicologia nos estudos e intervenção com crianças em situação de risco social e pessoal, sem, contudo, o fornecimento de uma sistematização de aplicação de instrumentos de coleta de dados. Em algumas situações veio o questionamento sobre se os instrumentos responderiam ao objetivo inicial do estudo e se as relações estabelecidas estavam sendo realmente recíprocas, pois nem sempre havia o apoio das educadoras nas atividades realizadas pela equipe de pesquisa.

Em outros momentos, principalmente no início da inserção, a dificuldade foi grande porque a equipe de pesquisa não sabia se deveria apenas estar naquele espaço e observar ou se deveria elaborar alguma atividade e sugeri-la. Além disso, o momento exato de propor uma atividade mais complexa não era claro. Também havia ansiedade devido ao prazo de um ano para finalização da pesquisa. No entanto, pode-se avaliar que foi muito positivo dedicar os três primeiros meses de inserção apenas à observação, porque durante este tempo as relações se fortaleceram e a presença das pesquisadoras passou a integrar o ambiente do acolhimento institucional. No momento em que as entrevistas foram realizadas, muitas questões já não precisavam ser propostas devido ao grau de conhecimento que havia do ambiente. Desta forma, na Inserção Ecológica, os instrumentos de pesquisa se completam fornecendo uma visão integral do espaço e das relações, e cabe ao pesquisador avaliar o momento exato de inseri-los na pesquisa, tarefa que não pareceu fácil.

Procedimento de análise dos dados

Para a análise dos dados, buscou-se compreender o desenvolvimento psicossocial das crianças no contexto da instituição, identificando os aspectos que influenciam de forma positiva ou negativa esse desenvolvimento embasado na Teoria Bioecológica do Desenvolvimento Humano e no Estatuto da Criança e do Adolescente.

Depois de repetidas leituras do material colhido – tanto do diário de campo quanto das entrevistas – foram identificados aspectos relacionados aos quatro níveis ambientais descritos por Bronfenbrenner: microssistema, mesossistema, exossistema e macrossistema. Os aspectos referentes aos níveis ambientais citados foram discutidos entre as pesquisadoras, buscando esclarecer a percepção que cada uma tinha em relação ao conteúdo das entrevistas. No microssistema foram levantados conteúdos que se referiam ao contexto imediato do ambiente ecológico investigado, ou seja, o acolhimento institucional. Como critério de análise do mesossistema, procurou-se observar os efeitos da interação dos contextos imediatos, presentes nos discursos proferidos tanto pela equipe técnica quanto pelas educadoras sociais. No que se refere ao exossistema, foi priorizada a análise da participação e da influência indireta dos contextos não imediatos na dinâmica de funcionamento da instituição. E, por fim, pontuaram-se as falas em que apareciam os elementos referentes a valores, concepções, crenças, ideologias e estereotipias que constituíam o macrossistema e davam subsídios para se entender o que se presenciava no microssistema. Além disso, foi analisado como os processos proximais eram estabelecidos e como eram valorizados pelas pessoas que deles faziam parte.

Aspectos pertencentes a cada um dos quatro níveis foram organizados separando os dados da equipe técnica e das educadoras sociais, e mais uma vez o conteúdo foi lido e discutido entre as pesquisadoras e as professoras para o esclarecimento das dúvidas emergentes em relação à análise proposta.

Na análise dos dados verificou-se que a equipe técnica fez mais menção a aspectos meso, exo e macrossistêmicos referentes à família e à comunidade. Tal resultado se explica pelo fato de que os processos de tentativa de reinserção familiar são feitos por meio de visitas domiciliares e encaminhamento das famílias para serviços de apoio social. Dessa forma, a atuação do psicólogo e do assistente social ocorre mais em ambientes fora da instituição de acolhimento. As práticas da equipe técnica junto às crianças consistem em acompanhamento nas atividades externas, acolhimento especial quando a criança chega à instituição, acompanhamento do processo de adoção por meio de atendimento individual e oferecimento de um espaço de escuta frente às queixas afetivas.

As educadoras sociais fizeram mais relatos das atividades cotidianas das crianças e da relação estabelecida junto à comunidade. Estiveram mais presentes em seus discursos os aspectos microssistêmicos do contexto institucional. Foi possível observar que elas pareciam gostar do que faziam, assumindo responsabilidades nos cuidados material e afetivo para com as crianças. Participavam do processo de acolhimento fornecendo os cuidados básicos (acompanhamento ao médico, à escola, alimentação, higienização) e dando apoio emocional às crianças por meio de uma atenção individualizada nos momentos de necessidade. Relataram que a separação das crianças, quando estas eram reintegradas à família de origem ou à família substituta, provoca-lhes sofrimento, devido às rupturas de vínculos já estabelecidos na instituição.

Já a comunidade estabelecia interação com as crianças por meio de atividades externas, visitas e passeios promovidos pela instituição de acolhimento, ou por iniciativa de pessoas da comunidade. A instituição também buscava estabelecer parcerias com a comunidade para aquisição de recursos e doações ou fazendo encaminhamento das crianças para serviços de saúde, educação e cultura.

Avaliação da experiência com o método

O método de Inserção Ecológica possibilitou acompanhar os processos de interação das pessoas com o contexto no qual estavam se desenvolvendo, além de obter detalhes dos processos de desenvolvimento. Nesse sentido, a equipe identificou que essas interações precisam ser priorizadas, pois são muito importantes na compreensão da realidade do estudo e permitem ao pesquisador uma análise mais próxima do fenômeno estudado, não sendo apenas um mero espectador dos processos que se dão no ambiente estudado. Além disso, a inserção permitiu que o pesquisador registrasse, como dado empírico, aquilo que é de fato relevante para a instituição e para os seus participantes e não somente para o pesquisador. E isso só é possível ao vivenciar a dinâmica da instituição ou do grupo.

Uma dificuldade encontrada neste estudo se refere a como avaliar se o pesquisador já estava efetivamente inserido no contexto. No caso desta pesquisa, utilizamos como referência o tempo decorrido de permanência na instituição como observador, para depois avançarmos para propostas de interação e coleta de dados mais sistematizados. Assim, o aspecto tempo foi o mais forte indício da inserção, sendo ele o balizador da necessidade de propor outras atividades previstas no projeto, aumentando progressivamente o grau de complexidade das relações, conforme orientam Bronfenbrenner e Morris (2006).

Resultados bem interessantes foram alcançados por meio dos procedimentos utilizados, entretanto, faltou um acompanhamento das crianças em atividades promovidas em outros espaços, além do contexto imediato. Visitas à escola, à ONG executora, ao Conselho Tutelar poderiam ter sido realizadas pelas pesquisadoras, assim como o acompanhamento das crianças aos passeios promovidos pela instituição por locais de lazer da comunidade. Estas atividades pareciam ter grande importância na eficácia e efetividade do trabalho da equipe técnica na instituição de acolhimento e também demonstravam ter implicações no desenvolvimento das crianças.

No decorrer da pesquisa, algumas adaptações dos instrumentos foram realizadas. Muitas atividades inicialmente planejadas a ser executadas com as crianças foram repensadas, e novas estratégias de interação foram criadas, como a confecção do fôlder. Essa dinâmica das pesquisadoras foi algo importante para se alcançar os resultados positivos aqui descritos.

Outro ponto essencial para o enriquecimento dos dados coletados foi a presença das pesquisadoras em diversos momentos na instituição, proporcionando conhecimento bastante amplo do seu funcionamento, assim como das relações estabelecidas naquele espaço, pois as visitas variaram em horários, dias da semana e dias de visitas da comunidade. Esse procedimento seria novamente adotado, caso uma nova pesquisa fosse realizada.

Conclusão

A proposta metodológica de Inserção Ecológica foi utilizada em decorrência da escolha da Teoria Bioecológica do Desenvolvimento Humano como aporte teórico do nosso estudo. Essa escolha se deu pelo fato de esta ser uma teoria que abarca diversos aspectos da vida dos sujeitos estudados e pelo próprio conceito de desenvolvimento que a fundamenta. Essa escolha foi pautada também nos diversos artigos de pesquisas que a consideram uma metodologia bem-sucedida em estudos similares a este.

De Antoni e Koller (2001) relatam uma experiência com essa metodologia em um ambiente institucional chamado Casa de Passagem, que acolhe meninas vítimas de violência. A aplicação dos conhecimentos da Teoria Bioecológica envolveu o estudo dos quatro núcleos: a pessoa, o processo, o contexto e o tempo (PPCT). O contexto foi descrito pelos níveis de interação do meio ambiente ecológico: microssistema, mesossistema, exossistema e macrossistema. A realidade era entendida a partir da triangulação de informações obtidas com as meninas, com a família e vizinhança, da observação do ambiente físico e das relações desempenhadas em vários contextos, como a própria instituição de acolhimento e os órgãos constituintes da rede de apoio à instituição.

Já Siqueira e Dell'Aglio (2007) realizaram procedimentos baseados na Inserção Ecológica no estudo da reinserção familiar de uma adolescente que havia passado pela experiência do acolhimento institucional, mediante entrevistas semiestruturadas (participante, mãe, monitora e assistente social da instituição) e análise de prontuários da instituição de acolhimento. Foram averiguados os fatores de risco e de proteção presentes na família e no acolhimento institucional nos aspectos referentes à pessoa e aos contextos.

Diante do presente relato sobre a Inserção Ecológica realizada em um espaço de acolhimento institucional de crianças de zero a seis anos em um município do Estado do Espírito Santo é possível afirmar que a experiência de aplicação dessa metodologia também foi bem-sucedida, somando-se àquelas supracitadas. Foram indicativos de adequação da metodologia de Inserção Ecológica utilizada neste trabalho:

1) A abrangência de informações a que as pesquisadoras tiveram acesso em um mesmo espaço ecológico, desde as mais executadas

no cotidiano dos trabalhadores sociais às mais formais, como relatórios e projetos pedagógicos da instituição.

2) A utilização bem-sucedida de diferentes formas de registros de dados, considerados com o mesmo grau de importância – tanto aqueles oriundos de conversas informais quanto aqueles provenientes de conversas gravadas e posteriormente transcritas.
3) O processo de desenvolvimento mútuo das pesquisadoras e dos participantes da pesquisa, implicando o reconhecimento do pesquisador como parte do fenômeno estudado.
4) A possibilidade de discussão das dúvidas que surgiam durante a coleta de dados devido ao tempo suficiente que as pesquisadoras dispuseram para interagir com os demais participantes, permitindo que os dados relevantes da realidade estudada fossem reavaliados, quando necessário.
5) A riqueza do conteúdo emergido das fontes de coleta de dados que possibilitaram responder ao problema proposto pela pesquisa.

Um dos desafios do emprego da Teoria Bioecológica é realizar um planejamento de pesquisa que contemple a investigação dos quatro elementos da teoria em um só estudo, e, desde que empregados instrumentos adequados e suficientes, pode-se concluir que a Inserção Ecológica é um método que possibilita atingir este objetivo.

Referências

Brito, C. O., Rosa, E. M., & Trindade, Z. A. (2014). O processo de reinserção familiar sob a ótica das equipes técnicas das instituições de acolhimento. *Temas em Psicologia*, *22*(2), 401-413.

Bronfenbrenner, U. (1993). The ecology of cognitive development: Research models and fugitive findings. In R. H. Wozniak & K. Fischer (Eds.), *Development in context: Acting and thinking in specific environments* (pp. 3-44). Hillsdale, NJ: Erlbaum.

Bronfenbrenner, U. (2001). The Bioecological Theory of Human Development. In N. J. Smelser & P. B. Baltes (Eds.), *International encyclopaedia of the social and behavioural sciences*, 6.963-6.960.

Bronfenbrenner, U., & Ceci, S. J. (1993). Heredity, environment, and the question "how?" A first approximation. In R. Plomin & G. G. McClern (Eds.), *Nature, nurture, and psychology* (pp. 313-323). Washington, DC: American Psychological Association.

Bronfenbrenner, U., & Morris, P. A. (2006). The ecology of developmental processes. In W. Damon (Series Ed.) & R. M. Lerner (Vol. Ed.), *Handbook of child psychology*: Vol. 1. Theoretical models of human development (pp. 793-826). New York: John Wiley & Sons.

Cecconello, A. M., & Koller, S. H. (2003). Inserção ecológica na comunidade: uma proposta metodológica para o estudo de famílias em situação de risco. *Psicologia Reflexão e Crítica, 16*(3), 515-524.

Conselho Nacional dos Direitos da Criança e do Adolescente, & Conselho Nacional de Assistência Social. (2008). *Orientações técnicas para os serviços de acolhimento para crianças e adolescentes*. Brasília: Autor.

De Antoni, C., & Koller, S. H. (2001). O psicólogo ecológico no contexto institucional: uma experiência com meninas vítimas de violência. *Psicologia Ciência e Profissão, 21*(1), 14-29.

Eschiletti-Prati, L., Couto, M. C. P. P., Moura, A., Poletto, M., & Koller, S. H. (2008). Revisando a Inserção Ecológica: uma proposta de sistematização. *Psicologia Reflexão e Crítica, 21*(1), 160-169.

Lei n. 8.069, de 13 de Julho de 1990. (1990). Dispõe sobre o Estatuto da Criança e do Adolescente e dá outras providências. Brasília, DF: Presidência da República. Recuperado em 25 set. 2013, de http://www.planalto.gov.br/ccivil_03/leis/l8069.htm

Lei n. 12.010, de 03 de agosto de 2009. (2009). Dispõe sobre adoção e dá outras providências. Diário Oficial da União, Seção 1.

Martinez, A. L. M., & Soares-Silva, A. P. (2008). O momento da saída do abrigo por causa da maioridade: a voz dos adolescentes. *Psicologia em Revista, 14*(2), 113-132.

Poletto, M., & Koller, S. H. (2008). Contextos ecológicos promotores de resiliência: fatores de risco e de proteção. *Estudos de Psicologia, 25*(3), 405-416.

Rosa, E. M., Santos, A. P., Silva, C. R., & Souza, M. R. (2010). Contextos ecológicos em uma instituição de acolhimento para crianças. *Estudos de Psicologia, 15*(3), 233-241.

Rosa, E. M., & Tudge, J. (2014). Urie Bronfenbrenner's theory of human development: Its evolution from ecology to bioecology. *Journal of Family Theory & Review*, 5 (December), 243-258.

Santos, M. (2004). *A natureza do espaço: técnica e tempo, razão e emoção.* (4a ed). São Paulo: Edusp.

Sifuentes, T. R., Dessen, M. A., & Oliveira, M. C. S. L. (2007). Desenvolvimento Humano: desafios para a compreensão das trajetórias probabilísticas. *Psicologia. Teoria e Pesquisa, 23*, 379-386.

Siqueira, A. C., & Dell'Aglio, D. D. (2006). O impacto da institucionalização na infância e na adolescência: uma revisão de literatura. *Psicologia & Sociedade, 18*(1), 71-80.

Siqueira, A. C., & Dell'Aglio, D. D. (2007). Retornando para a família de origem: fatores de risco e proteção no processo de reinserção de uma adolescente institucionalizada. *Revista Brasileira de Crescimento e Desenvolvimento Humano, 17*(3): 134-146.

Silva, E. R. A. (2004). *O direito à convivência familiar e comunitária: os abrigos para crianças e adolescentes no Brasil.* Brasília: Ipea/Conanda.

5

A Inserção Ecológica em pesquisa com adolescentes em processo de reinserção familiar

Aline Cardoso Siqueira
Débora Dalbosco Dell'Aglio

Este capítulo tem por objetivo apresentar e discutir o procedimento teórico-metodológico da *Inserção Ecológica* utilizado em uma pesquisa com cinco adolescentes em processo de reinserção familiar. Esse procedimento, criado por Cecconello e Koller, em 2003, revisado e ampliado por Prati, Couto, Moura, Poletto e Koller, em 2008, tem por base a Teoria Bioecológica do Desenvolvimento Humano, desenvolvida por Urie Bronfenbrenner. Essa teoria foi eleita para embasar o presente estudo por considerar importante o olhar ecológico proposto por ela, avaliando o fenômeno em foco a partir da interação de quatro importantes aspectos: a *pessoa*, o *processo*, o *contexto* e o *tempo*, e da concepção teórica de *desenvolvimento no contexto*, garantindo à investigação validade ecológica.

A pesquisa que servirá de cenário para a discussão da *Inserção Ecológica* neste capítulo refere-se a um estudo qualitativo desenvolvido durante o doutoramento da primeira autora, sob a orientação da segunda autora, com adolescentes que vivenciaram o retorno às suas famílias de origem após um período de abrigamento. Para um melhor entendimento do fenômeno da reinserção familiar, da escolha e utilização do procedimento da *Inserção Ecológica,* inicialmente serão apresentados estudos sobre as famílias em vulnerabilidade social, institucionalização e a reinserção familiar. Em seguida serão abordados conceitos da Teoria Bioecológica, relevantes nesse processo investigativo, e dados sobre a aplicação do procedimento da *Inserção Ecológica* serão apresentados, discutindo as possibilidades e os desafios oferecidos por este procedimento durante a realização da pesquisa.

A reinserção familiar: famílias brasileiras e a institucionalização

Sempre que o tema em discussão versa sobre a institucionalização de crianças e adolescentes, as características das famílias são evocadas. As famílias desses jovens são consideradas socialmente desvinculadas de seus filhos e incapazes de prover uma educação adequada. Este estigma está presente há décadas na sociedade brasileira (Rizzini, Naiff, & Baptista, 2006; Siqueira, 2009; Siqueira, Morais, Dell'Aglio, & Koller, 2010; Yunes, Garcia, & Albuquerque, 2008). Outros estudos também têm apontado a situação de pobreza que tais famílias estão (Azor & Vectore, 2008; Silva, 2004), refletindo a realidade de muitas famílias no Brasil. A literatura mostra que a situação de vulnerabilidade das famílias está diretamente associada à sua situação de pobreza e ao panorama brasileiro de desigualdade social (Ferrari & Kaloustian, 1994). A pobreza não é a causa do processo de vitimização que ocorre em muitas famílias, contudo, tem sido considerada um fator de risco influente para um mau funcionamento familiar, juntamente com outros fatores, tais como negligência parental, padrões parentais de cuidado e supervisão inadequados, modelos de responsabilidade social e desempenho acadêmico inapropriados, pobreza, rigidez nas práticas educativas e doença mental dos pais (Masten & Garmezy, 1985; Seifer, Sameroff, Baldwin, & Baldwin, 1992).

O IBGE (2010) indicou que o percentual de famílias cuja pessoa responsável pelo domicílio é a mulher, no Brasil, vem aumentando ao longo dos anos e passou de 22,2%, em 2000, para 37,3%. Além disso, o IBGE (2000) já havia sinalizado que cerca de 28,6% das famílias chefiadas por mulheres possuíam renda mensal de até meio salário mínimo *per capita*, e, em 2010, havia 21,8% de famílias chefiadas por mulheres sem cônjuge que não possuíam nenhuma renda. Esses resultados mostram que, na realidade brasileira, muitas famílias chefiadas pela figura materna têm vivido em situação de empobrecimento e miséria. Estudo realizado com crianças e adolescentes institucionalizados, na região metropolitana de Porto Alegre(RS), demonstrou a existência de altos índices de separações conjugais (73,6%), sugerindo a incidência da monoparentalidade, ou mesmo, de rearranjos familiares (Siqueira, Tubino, Schwarz, & Dell'Aglio, 2009).

A pobreza, tanto na literatura brasileira quanto na internacional, tem sido considerada um fator de risco para o afastamento familiar de crianças e adolescentes, sendo, em muitos casos, o único motivo e o principal obstáculo para a reinserção familiar (Courtney & Wong, 1996; Eamon & Kopels, 2004; Landy & Munro, 1998; Silva, 2004). Para Saraiva (2002), a falta de recursos materiais básicos está presente em famílias com precárias condições de estrutura, o que tem como um de seus resultados a comum situação de negligência em relação à educação dos filhos ou ao seu abandono, ocasionando a institucionalização. Por outro lado, esta situação tem levado muitas famílias a lançarem mão do acolhimento como uma forma de propiciar aos seus filhos melhores condições de vida, tais como garantia de assiduidade escolar, boa alimentação e moradia, assistência médica e odontológica, além de lazer, cultura e acesso a cursos técnicos diversos. Este modo de avaliar a institucionalização foi descrito por Fonseca (1987), que encontrou a instituição de acolhimento como parte da rede de apoio a famílias advindas de camadas populares, e desempenhando o papel de cuidador quando a família não está capacitada para desenvolver tal papel. Segundo Fonseca (1987), diante de situações de desemprego, doença física ou mental, falta de uma rede de parentesco efetiva ou diante de uma nova união conjugal, muitas mulheres percebiam a antiga Febem como um internato, como um lugar onde podiam deixar seus filhos para serem criados. Esta separação não era vivenciada com sofrimento e tristeza, pois havia a crença de que, na instituição, seus filhos seriam bem cuidados e assistidos em suas necessidades.

A ação de institucionalizar crianças abandonadas e "desvalidas" está presente na história da sociedade brasileira, sendo uma prática enraizada (Baptista, 2006; Leite, 1997; Marcilio, 1997). Rizzini e Rizzini (2004) afirmam que existe uma cultura de institucionalização, na qual as crianças em situação de pobreza, violência e abandonado no Brasil são colocadas em instituições do tipo asilar que objetivam tirá-las do abandono, protegê-las e confiná-las. Contudo, esta cultura, que lança mão da institucionalização como primeira solução e desacredita o potencial das famílias para a resolução de seus problemas, não está em sintonia com as concepções que deram origem ao Estatuto da Criança e do Adolescente, em 1990. Esta legislação considera o acolhimento como uma medida de proteção, excepcional e provisória, utilizada quando os direitos da criança e do adolescente são ameaçados ou violados. Também determina que o afastamento familiar deve ser realizado quando outras alternativas não podem ser implementadas, e somente em situações em que haja risco aos jovens. Assim, a partir de 1990, passa a ocorrer uma mudança de paradigma, de uma doutrina de situação irregular para a doutrina da proteção integral (Rizzini *et al.*, 2006).

Com o ECA (1990), as crianças e os adolescentes passaram de objetos de tutela a sujeitos de direitos e deveres, tendo o direito à convivência familiar e comunitária, o que possibilita que as crianças e adolescentes em situação de abandono não fiquem à margem da sociedade, "esquecidos", mas sim inseridos em uma comunidade, mantendo laços fraternos e valorizando o papel da família.

A conhecida Lei Nacional de Adoção (Brasil, 2009), ao aperfeiçoar determinações do ECA, operacionalizou o tempo de acolhimento e as avaliações periódicas dos casos em situação de institucionalização.

Sancionada em agosto de 2009, esta legislação limitou em dois anos a permanência de crianças e adolescentes em instituições de acolhimento, além de determinar a realização de uma avaliação individual de cada caso a cada seis meses, por uma equipe multiprofissional, com o objetivo de planejar sua reinserção familiar, seja na sua família de origem, família substituta ou adotiva. Análises realizadas sobre o possível impacto da determinação sobre o limite do tempo de institucionalização evidenciam que haverá mudanças no período de afastamento familiar, tornando-o mais breve, combatendo os problemas e as dificuldades acarretadas por um prolongado período de institucionalização, ainda que isso não garanta que a família já esteja em condições de receber o filho institucionalizado (Abaid, Siqueira, & Dell'Aglio, 2011). Contudo, Siqueira (2012) alerta que mudanças na legislação não representam necessariamente mudanças na prática cotidiana, apesar de já serem observadas movimentações no campo da assistência. Além disso, a partir dessa legislação, modificou-se a terminologia "abrigo" para "instituição de acolhimento".

A institucionalização de crianças e adolescentes continua em foco na atualidade, seja pelo grande número de crianças e adolescentes em situação de institucionalização no Brasil – 37 mil no último levantamento (Brasil, 2010) –, ou pelas repercussões que este evento traz ao desenvolvimento emocional, social e cognitivo de crianças e adolescentes. Inúmeros estudos realizados nos últimos anos têm demonstrado índices positivos e negativos associados ao afastamento familiar e a vivência institucional (Abreu, 2000; Arpini, 2003a; 2003b; Azor & Vectore, 2008; Barros & Fiamenghi Jr., 2007; Cabral, 2002; Oliveira, 2006; Prada, Williams, & Weber, 2007; Ribeiro & Ciampone, 2002; Rosa, Nascimento, Matos, & Santos, 2012; Rosa, Santos, Melo, & Souza, 2010; Rossetti-Ferreira *et al.*, 2012; Saraiva, 2002; Siqueira, 2012; Siqueira & Dell'Aglio, 2006; Yunes, Miranda, & Cuello, 2004).

Conforme apontado por Siqueira e Dell'Aglio (2006), os efeitos de um período de institucionalização não podem ser considerados de antemão como positivos ou negativos, uma vez que não há um consenso entre os estudos da área. A ausência de consenso está pautada exatamente na presença de múltiplos fatores que influenciam a forma como este acontecimento ocorre e repercute na vida da criança e do adolescente. Os pesquisadores Grusec e Lytton (1988) afirmam que estes fatores não têm efeitos uniformes ou fixos. Para eles, os fatores que influenciam os efeitos desenvolvimentais da institucionalização são: 1) motivo da separação da criança e sua família; 2) qualidade da relação prévia com a mãe; 3) oportunidade para desenvolver relações de apego depois da separação; 4) qualidade do cuidado na instituição; 5) idade da criança e duração da separação; e, 6) também o sexo e o temperamento da criança. Considerando a realidade brasileira, Siqueira, Zoltowski, Giordani, Otero e Dell'Aglio (2010) acrescentaram a modalidade de acolhimento (institucional, residencial ou casa-lar) e a possibilidade de manutenção do vínculo afetivo com os familiares durante a institucionalização. A modalidade de acolhimento é um aspecto relevante, pois acredita-se que entidades pequenas, nas quais o funcionamento é semelhante ao familiar, a partir da não separação dos irmãos e do cuidado sendo realizado por casais sociais, podem proporcionar melhor atendimento do que os acolhimentos institucionais. Esta modalidade de acolhimento corresponde a instituições fisicamente maiores, que atendem a um maior número de jovens, a partir de um atendimento coletivizado e desenvolvido por funcionários/monitores. A possibilidade da manutenção do vínculo familiar é igualmente essencial, visto que o Levantamento Nacional de Abrigos da Rede SAC demonstrou que quase 90% das crianças e adolescentes acolhidos tinham família (Silva, 2004), sugerindo a possibilidade de desligamento institucional e retorno familiar.

O tema da reinserção familiar de jovens afastados da família de origem, em decorrência da exposição a fatores de risco, é de extrema importância no que tange à garantia do direito à convivência familiar e comunitária. Contudo, existem poucos estudos na realidade brasileira que versam sobre o desligamento institucional e o processo de reinserção familiar, sendo necessário considerar os estudos internacionais para o aprofundamento do tema.

A reunificação familiar de crianças e adolescentes com suas famílias de origem constitui uma área complexa no que diz respeito às políticas públicas de proteção ao bem-estar da criança. A crescente taxa de crianças e adolescentes afastados da família de origem, na realidade norte-americana, tem contribuído para uma maior preocupação tanto com a prevenção desse fenômeno quanto com a promoção de processos de reunificação familiar mais seguros e rápidos (Pine, Spath, & Gosteli, 2005). Reunificação familiar é definida não só como a reunião física de crianças e adolescentes, que estavam sob cuidados não familiares, com suas famílias de origem, mas também abrange um entendimento mais amplo enquanto reunificação psicológica. É o processo planejado de reconexão de crianças em cuidados substitutos com suas famílias, por meio de uma variedade de serviços e apoios às crianças, a suas famílias, aos cuidadores substitutos ou a outras pessoas envolvidas nesse processo. O objetivo desse processo é ajudar cada criança e família a conseguir e manter um ótimo nível de reconexão por meio de estratégias planejadas, reforçando o sentimento de pertencimento da criança com sua família (Maluccio & Ainsworth, 2003; Maluccio, Warsh, & Pine, 1993; Pine, Spath, & Gosteli, 2005). Promover a reunificação familiar é agir em prol da conservação dos laços afetivos familiares e do sentimento de conexão da criança ou adolescente com os membros de sua família, mesmo antes da reunião física (Maluccio, 2000; Maluccio, Abramczyk, & Thomlison, 1996; Maluccio, Fein, & Davis, 1994).

O estudo de Landy e Munro (1998) mostrou que a preparação prévia das famílias para a reunificação é um elemento facilitador para o sucesso da reinserção familiar. Esta preparação depende essencialmente das características dos casos e dos fatores de risco que estão presentes e devem ser enfrentados, podendo incluir desde a inclusão da família em programas de moradia, educação e alimentação, até o acompanhamento e tratamento de abuso de drogas, de treinamento para parentalidade, entre outros (Marsh, Ryan, Choi, & Testa, 2006). As visitas frequentes entre cuidadores/pais e filhos afastados da família têm sido consideradas um poderoso fator para a efetivação da reunificação familiar

(Davis, Landsverk, Newton, & Ganger, 1996; Warsh & Pine, 2000). Aqueles que receberam visitas periódicas dos pais, visitas que faziam parte de um plano de preservação familiar, tiveram mais chances de voltar para casa (Landy & Munro, 1998). Destaca-se que o processo é realizado com a participação ativa e concordância da família, sendo este fator fundamental para o sucesso da reinserção familiar. Essas visitas são acompanhadas e planejadas, com objetivos claros e definidos em concordância com os pais. Segundo Pine, Warsh e Maluccio (1993), os pais/cuidadores necessitam de ajuda para aprender a interagir de maneira positiva com seus filhos e aproveitar esse momento.

Certas problemáticas familiares influenciam na possibilidade de reunificação familiar e na reincidência do afastamento. Festinger (1996) verificou que crianças que estiveram mais tempo afastadas da família e que apresentaram mais retorno ao cuidado substituto (reincidência) eram aquelas que possuíam cuidadores com inúmeros problemas, tais como doença mental, poucas habilidades parentais, ausência de apoio social, pouco apego com seus filhos, participação insuficiente nas atividades da comunidade, isolamento social e recusa pelos serviços sociais oferecidos. Destaca-se que os fatores de risco altamente correlacionados com a reincidência foram pobres habilidades parentais, número e severidade de problemas das próprias crianças e adolescentes e ausência de apoio social (Festinger, 1996). Já o estudo de Wells e Guo (1999), realizado no início da década de 1990 nos Estados Unidos, encontrou maior risco para o retorno ao cuidado substituto, entre os jovens mais velhos (afro-americanos) que vivenciaram mudança de cuidados substitutos durante o afastamento, ficaram poucos meses em cuidados substitutos e que, antes do afastamento, estavam vivendo com pessoas que não pertenciam a suas famílias. Courtney (1995) ainda destaca que a taxa de reincidência é mais alta nos primeiros meses de reunificação, sugerindo a necessidade de um programa de acompanhamento especial para as famílias durante este período crítico.

Na realidade brasileira, o processo de reinserção familiar de crianças e adolescentes passou a ser foco de pesquisas recentemente. Os estudos de Azor e Vectore (2008), Silva e Nunes (2004), Siqueira e Dell'Aglio (2007) e Rosa, Matos, Nascimento e Santos (2012) são exemplos de pesquisas sobre este processo no Brasil. Segundo Azor e Vectore (2008), os fatores que contribuíram para o retorno ao convívio familiar de jovens acolhidos foram insistência do Poder Judiciário, acompanhamento familiar por profissionais, adequação da moradia e desejo dos familiares. Para estas autoras, muito mais do que ter condições econômicas que viabilizem o retorno, é preciso conhecer as condições emocionais, a motivação da família e as expectativas relacionadas às crianças e aos adolescentes. Dessa forma, pode-se compreender que o tema da reinserção familiar é um campo complexo, exigindo esforço extra dos pesquisadores para o entendimento do fenômeno. Para tanto, a Teoria Bioecológica do Desenvolvimento Humano (TBDH) foi utilizada com arcabouço teórico na realização desta pesquisa.

Contribuições da TBDH para o entendimento da reinserção familiar

A partir da TBDH é possível compreender a reinserção familiar como uma transição ecológica. As transições ecológicas correspondem a uma função conjunta de mudanças biológicas e circunstanciais, ocorrendo sempre que a posição do indivíduo no meio ambiente ecológico é alterada em resultado de uma mudança de papel, ambiente ou ambos (Bronfenbrenner, 1979/1996). Estas transições são entendidas como processos que resultam em uma reorganização qualitativa, tanto em nível psicológico quanto comportamental (Bronfenbrenner, 1986), além de serem geradoras de mudanças na percepção de si mesmo e dos outros e no estabelecimento de relações. Um indivíduo, ao longo de seu ciclo vital, vivencia inúmeros exemplos de transições ecológicas, consideradas exemplos claros do processo de mútua acomodação entre o organismo e seu ambiente. Bronfenbrenner (1989) destaca a necessidade de se investigar o impacto dos eventos de vida ao longo do desenvolvimento, e para isso, buscar avaliar períodos curtos e longos, assim como antes e depois dessas experiências.

No que se refere aos jovens que vivem em instituições de acolhimento pode-se compreender que os movimentos de afastamento familiar, institucionalização e, posteriormente, de retorno à família de origem, correspondem a transições ecológicas que influenciam o modo como o jovem compreende e se manifesta no mundo, exigindo um enfrentamento diferenciado. Estas transições suscitam nos jovens novos comportamentos, em decorrência da atribuição e assunção de novos papéis e da necessidade de responder a novas exigências.

A concepção de desenvolvimento humano, na TBDH (Bronfenbrenner, 1979/1996; 2004), traz contribuições importantes no que tange aos estudos com crianças e adolescentes institucionalizados. Segundo Bronfenbrenner (1979/1996; 2004), o desenvolvimento humano consiste no processo pelo qual a pessoa em desenvolvimento adquire uma concepção mais ampliada, diferenciada e válida do meio ambiente ecológico, de forma contínua e processual. O desenvolvimento envolve uma mudança efetiva e não ligada à situação ou às características do indivíduo, implicando uma reorganização que tem certa continuidade ao longo do tempo e do espaço. Além disso, a TBDH propõe a compreensão do desenvolvimento humano a partir da interação de quatro importantes aspectos: a *pessoa*, o *processo*, o *contexto* e o *tempo*, chamando-o de modelo bioecológico (*PPCT*, Bronfenbrenner, 1986, 2004; Bronfenbrenner & Morris, 1998; Bronfenbrenner & Evans, 2000). Este modelo propõe o estudo científico do desenvolvimento por meio de uma perspectiva ampla, considerando aspectos que estão além das características individuais da pessoa e do contexto no qual o indivíduo está inserido. Esta perspectiva considera, por exemplo, a existência da influência de ambientes nos quais os indivíduos não estão fisicamente situados, ou seja, ambientes de interação não imediatos.

O primeiro núcleo considerado modelo bioecológico refere-se às características individuais, físicas e psicológicas da *pessoa*, aspectos cruciais para a relação desse indivíduo com seu mundo social. Um indivíduo com características físicas não atrativas, tímido, com baixa autoestima e baixo senso de autoeficácia compreenderá, responderá e desenvolverá processos proximais diferentes de outro indivíduo com características físicas atrativas, extrovertido, autoestima e senso de autoeficácia adequados. O *processo*, segundo núcleo do modelo, é considerado o principal mecanismo responsável pelo desenvolvimento, sendo visto através de interações recíprocas, progressivamente mais complexas, de um ser humano ativo, biopsicologicamente em evolução com as pessoas, objetos e símbolos de seu ambiente imediato (Bronfenbrenner, 2004; Bronfenbrenner & Morris, 1998). Chamam-se processos proximais as formas de interação complexas e recíprocas, nas quais o indivíduo encontra-se engajado na atividade em seu ambiente imediato, sendo necessários para o desenvolvimento das capacidades biológicas e do potencial genético de um indivíduo, pois possibilitam que os recursos da pessoa sejam estimulados e desenvolvidos (Bronfenbrenner & Ceci, 1994). O terceiro núcleo corresponde ao *contexto* no qual o desenvolvimento ocorre, as pessoas presentes e seus papéis. É analisado a partir da interação dos quatro níveis ambientais: *microssistema, mesossistema, exossistema* e *macrossistema*. Esses níveis ambientais constituem o ambiente ecológico do indivíduo em desenvolvimento. O ambiente ecológico é entendido por Bronfenbrenner (1979/1996) como um sistema de estruturas agrupadas, independentes e dinâmicas, que vai desde o contato mais íntimo da criança com o responsável pelos seus cuidados até os ambientes de contextos sociais mais amplos, como escola, acolhimento, vizinhança e cultura, por exemplo.

O primeiro nível do ambiente ecológico, descrito por Bronfenbrenner (1979/1996) é o *microssistema*, o qual está sob o efeito das influências proximais, ambientais e organísmicas que advêm do interior do indivíduo, de suas características físicas, de objetos e de pessoas do ambiente imediato, que caracterizam a relação face a face. São os ambientes nos quais os processos desenvolvimentais ocorrem, como na família, na escola, creche, instituição de acolhimento, entre outros. Segundo Yunes, Miranda e Cuello (2004), para as crianças e os adolescentes que vivem com suas famílias, o ambiente doméstico constitui o seu *microssistema* central, e para aquelas que vivem em instituição de acolhimento, a própria instituição passa a constituir o principal *microssistema* de seu ambiente ecológico. Contudo, um *microssistema* não exclui a presença e a influência do outro. O *mesossistema* refere-se aos elos e aos processos entre dois ou mais *microssistemas*, nos quais os indivíduos se desenvolvem. Desta forma, o *mesossistema* das crianças e dos adolescentes em acolhimento consiste nas interações entre a própria instituição e sua família de origem, entre a escola e o acolhimento, como também entre a família de origem e o Juizado da Infância e Juventude, seus parentes, vizinhos, um programa social do qual a família participa, entre outros. Durante os processos de reinserção familiar de jovens acolhidos, pode-se perceber uma intensificação dos processos e da interação no nível do *mesossistema*, visto que se torna necessário que acertos e acordos sejam planejados e concordados. O *microssistema* e o *mesossistema* representam as estruturas cujos níveis de relação são proximais, suas influências são mais evidentes, sendo fundamentais para os processos desenvolvimentais.

Aqueles ambientes nos quais o indivíduo não participa diretamente, mas recebe influência indireta, estão em seu *exossistema*. Segundo Santana (2003), a direção do acolhimento, o Conselho Tutelar e o Conselho Municipal dos Direitos de crianças e adolescentes são exemplos de instâncias que podem constituir o *exossistema* de crianças e adolescentes acolhidos. E, por fim, o *macrossistema* compreende o sistema de valores, as ideologias, o estilo de vida, as pré-concepções e a organização das instituições sociais comuns a determinada cultura, sendo o núcleo mais amplo do ambiente ecológico. Segundo Siqueira e Dell'Aglio (2006), no que se refere à institucionalização, o estigma social carregado de valor pejorativo e depreciativo, associado aos valores culturalmente esperados, podem ser considerados elementos integrantes do *macrossistema* dessas crianças e adolescentes. As ideias de que as crianças e adolescentes acolhidos têm um problema, não são capazes de ter bom desempenho escolar, e que são indivíduos com "defeito", ou mesmo, destinados a serem "marginais" ou "prostitutas", são conceitos que permeiam o desenvolvimento de crianças e adolescentes que vivem ou viveram em instituição de acolhimento (Arpini, 2003a; 2003b). Esses elementos estão presentes no modo como os monitores da instituição lidam com eles, no modo como a professora ensina a criança acolhida, ou ainda, na forma como uma adolescente que vive em instituição relaciona-se com outra adolescente que vive com sua família.

O último elemento descrito pelo modelo bioecológico é o *tempo*, que atribui valor crucial às continuidades e descontinuidades na trajetória de vida, ao longo de um período de tempo. Propõe analisar a influência de mudanças e continuidades que acontecem ao longo da vida para o desenvolvimento humano (Bronfenbrenner, 1986). Assim, a análise do tempo deve focalizar a pessoa em relação aos acontecimentos de sua vida, desde os mais próximos até os mais distantes, como grandes acontecimentos históricos. De acordo com Bronfenbrenner e Morris (1998), as mudanças que ocorrem através do tempo nas quatro propriedades do modelo bioecológico são produtos e produtores de mudanças históricas.

Esta perspectiva teórica permite que os indivíduos pertencentes a populações de risco, que apresentam inúmeros prejuízos, sejam considerados seres em desenvolvimento, capazes de respostas adaptativas e saudáveis nas suas trajetórias de vida. Permite que suas potencialidades e vitórias sejam destacadas no lugar de seus fracassos e derrotas, possibilitando uma leitura ampla e completa do indivíduo em questão (Morais & Koller, 2004).

A TBDH considera a instituição de acolhimento um microssistema com suas características singulares e com capacidade de promover processos desenvolvimentais em menor ou maior intensidade e eficiência. Considerando o desenvolvimento nesse contexto, esta abordagem teórica busca investigar como os processos proximais são produzidos, como agem e como se manifestam.

Como uma forma de sistematizar, no campo das investigações científicas, as contribuições teóricas da TBDH e, em especial, do modelo bioecológico (Bronfenbrenner, 1979/1996; 1986, 1989, 2004; Bronfenbrenner & Morris, 1998), Cecconello e Koller (2003) construíram um modelo teórico-metodológico chamado *Inserção Ecológica*. Este procedimento propõe um mergulho no ambiente ecológico no qual o participante da pesquisa vive, com o objetivo de conhecer sua realidade, investigando fatores de risco e proteção em nível intra e extrafamiliar, como apoio social, a partir de entrevistas formais e informais e observações (Cecconello & Koller, 2003). Na revisão e ampliação do método realizada por Eschiletti-Prati *et al.* (2008), a *Inserção Ecológica* tem como objetivo avaliar os processos de interação das pessoas com o contexto no qual estão se desenvolvendo. Para estas pesquisadoras, o procedimento da Inserção Ecológica envolve a sistematização do modelo bioecológico (pessoa, processo, contexto e tempo) pelos pesquisadores da equipe. Para que uma investigação utilize adequadamente a Inserção Ecológica, é necessário que a pesquisa esteja apoiada em cinco aspectos, a saber:

1) Pesquisadores e participantes devem interagir e se engajar em uma tarefa comum.
2) Deverão ser realizados diversos encontros ao longo de um período de tempo.
3) Estes encontros deverão ser informais e formais, progredindo para diálogos com temas cada vez mais complexos e tendo duração igual ou superior a uma hora.
4) Os pesquisadores deverão primar por uma postura de informalidade durante as conversas e entrevistas, possibilitando o diálogo sobre pontos não diretamente relacionados ao objetivo do estudo.
5) Os temas abordados nas entrevistas deverão ser interessantes e estimulantes para os pesquisadores e para os participantes da pesquisa, a fim de explorar suas histórias de vida e a forma como o desenvolvimento ocorre nesse contexto (Eschiletti-Prati *et al.*, 2008).

Esses aspectos contribuirão para que os processos proximais se estabeleçam nesses encontros, servindo de base para todo o processo de pesquisa. Uma investigação embasada na TBDH, com um olhar voltado para o *desenvolvimento no contexto* e que utiliza a Inserção Ecológica no processo de coleta de dados, levará em conta como os quatro elementos do modelo bioecológico se manifestam, tanto no contexto no qual a pesquisa ocorre quanto na perspectiva do desenvolvimento da equipe de pesquisa, conferindo validade ecológica à investigação. Assim, o estudo de casos de adolescentes em processo de reinserção familiar foi realizado a partir do procedimento da Inserção Ecológica.

A Inserção Ecológica na investigação dos processos de reinserção familiar

O procedimento da Inserção Ecológica foi utilizado em uma pesquisa qualitativa e longitudinal com cinco adolescentes em processo de reinserção familiar da região metropolitana de Porto Alegre (RS). O projeto de pesquisa foi submetido ao Comitê de Ética em Pesquisa do Instituto de Psicologia da UFRGS, não tendo sido observadas restrições quanto à proposta do uso da Inserção Ecológica. Após a aprovação pelo Comitê de Ética (registro n. 07/007) e pelas diretorias técnicas dos acolhimentos (Termo de Concordância), as equipes das instituições indicaram os casos em processo de desligamento que atendiam ao critério de inclusão estabelecido (tempo de institucionalização mínimo de seis meses). As famílias dos jovens foram contatadas e visitadas pela pesquisadora, tendo todas as informações passadas e combinações de periodicidade de contato realizadas.

O planejamento

O procedimento teórico-metodológico da Inserção Ecológica exige da equipe de pesquisadores um cuidadoso processo de planejamento. A coleta de dados deve ser construída e revisada inúmeras vezes e por diferentes pesquisadores com habilidade técnica no uso desse procedimento. Esses aspectos visam garantir que todos os objetivos do estudo sejam atendidos, além de endossar a viabilidade da execução da pesquisa.

Nessa investigação, foram considerados os aspectos do período de tempo disponível para o processo de coleta de dados, análise e escrita dos resultados, o número de casos, a fase do desenvolvimento dos participantes do estudo, a periodicidade dos contatos, entre outros aspectos.

Considerando o primeiro aspecto, o caráter longitudinal da investigação esteve relacionado ao fato de o estudo fazer parte da tese de doutorado da pesquisadora, devendo, portanto, seguir todos os passos obrigatórios e formais de um Programa de Pós-Graduação. Além disso, este estudo foi realizado em sequência a um estudo quantitativo. Assim, foi estabelecido o tempo mínimo de nove meses de acompanhamento.

Quanto ao segundo aspecto, para que fossem atendidos os critérios do procedimento da Inserção Ecológica, como o mergulho no campo, contato de médio prazo e regular, entre outros critérios, foi necessário pensar em um número de casos que não estrapolassem a capacidade de execução, mas também, não fossem insuficientes para o entendimento do fenômeno. Assim, cinco casos foram planejados e alcançados durante a execução da pesquisa.

A fase do desenvolvimento foi outro aspecto considerado no planejamento dessa investigação. Inicialmente, considerou-se a inclusão de crianças nesse estudo, julgando que estas, com suas famílias, pudessem fornecer elementos extras para a compreensão do processo de reinserção familiar. Contudo, o fato de os casos de reinserção serem escassos na realidade brasileira, e de que os adolescentes poderiam fornecer mais elementos do processo do que as crianças, em função de suas condições desenvolvimentais, optou-se pela inclusão de indivíduos nessa fase de desenvolvimento. Além disso, no decorrer da coleta de dados, foi observado que a escolha por esse critério foi correta, visto que com o passar dos meses de acompanhamento, e com o progressivo engajamento ecológico dos participantes e da pesquisadora na investigação, os adolescentes passaram a expor suas opiniões, livres de julgamento ou receio de punição.

A periodicidade dos contatos também foi avaliada pela pesquisadora previamente à coleta de dados. Era preciso garantir que a frequência assumida levaria ao engajamento dos indivíduos envolvidos, assegurando a ocorrência de vinculação e execução de tarefas cada vez mais complexas, aspectos essenciais para a ocorrência de *processos proximais*. Buscou-se definir um acompanhamento padronizado para todos os casos participantes do estudo, determinando a realização de visitas mensais, sendo que nos meses em que as entrevistas com o adolescente e familiar foram realizadas, duas visitas ocorreram. Estes foram alguns dos muitos aspectos relevantes que devem ser pensados no momento do planejamento de um processo investigativo que se utiliza da Inserção Ecológica.

A escolha prévia de entrevistas e visitas domiciliares mensais também converge com os pressupostos da Inserção Ecológica. As informações advindas da Inserção Ecológicas foram registradas cuidadosamente pela pesquisadora após o contato com as famílias no diário de campo, tendo servido de base, posteriormente, para a análise dos dados.

Os procedimentos

Os procedimentos devem estar em sintonia com os pressupostos da TBDH e da Inserção Ecológica. A partir da inclusão de cinco adolescentes em processo de reinserção familiar e seus respectivos cuidadores nesse estudo, foram realizadas entrevistas de reinserção (Siqueira, 2006) com os adolescentes aos três, seis e nove meses de desligamento institucional, e com os familiares, aos três e nove meses de desligamento, tendo sido gravadas e posteriormente transcritas. Visitas domiciliares mensais foram realizadas, tendo por objetivo avaliar os processos de interação das pessoas em seus contextos de desenvolvimento, sendo a pesquisadora parte integrante do processo de investigação. Nessa pesquisa, a Inserção Ecológica incluiu visitas domiciliares à família de origem dos participantes do estudo; visitas ao acolhimento onde eles estiveram; entrevistas de reinserção (Siqueira, 2006) com os participantes e familiares, que tinham duração mínima de uma hora; conversas informais com os monitores, técnicos, diretores das instituições participantes, adolescentes, seus familiares e pessoas da rede de apoio destes, como avós, vizinhos, técnicos de saúde e técnicos da ONG; participação em comemorações familiares; caminhadas na comunidade; ajuda em tarefas escolares e participação em comemorações na escola. Durante essas atividades foi possível aos participantes um ambiente livre para conversação, não atrelado à coleta de dados; isso os permitiu falar sobre suas histórias de vida, acontecimentos cotidianos, dificuldades, vitórias, fracassos e questões angustiantes do momento. Estas atividades foram realizadas conforme as orientações de Eschiletti-Prati *et al.* (2008), as quais destacam a importância de encontros regulares e frequentes por um período de tempo longo, do engajamento dos pesquisadores e participantes em uma tarefa comum, da participação de encontros formais e informais da família com duração superior a uma hora, da adoção de uma postura informal por parte dos pesquisadores e de temas estimulantes e interessantes nas entrevistas.

O uso de visitas domiciliares no processo de coleta de dados está em sintonia com a concepção ecológica de *desenvolvimento no contexto* e com o método teórico-metodológico da Inserção Ecológica, advindas da TBDH (Bronfenbrenner, 1979/1996; 1986, 1989, 2004; Bronfenbrenner & Morris, 1998). A visita domiciliar – técnica de pesquisa e intervenção utilizada por profissionais da saúde, educação e psicologia – confere uma aproximação entre pesquisador e participante, possibilitando a formação de vínculo e uma compreensão mais profunda do contexto dos participantes da pesquisa e de sua comunidade (Lopes, Saupe, & Massaroli, 2008; Rocha, Boeckel, & Moreira, 2008). É entendida como um momento rico, no qual se estabelece o movimento das relações por meio da escuta qualificada, do vínculo e do acolhimento (Lopes *et al.*, 2008). Nesse estudo, o número de visitas variou de três (no caso da adolescente que permaneceu cinco meses com a família) a quatorze visitas.

O diário de campo é uma técnica de registro de dados muito utilizada nas investigações qualitativas nas ciências sociais. Nos diários de campo, os pesquisadores sociais realizam importantes anotações sobre o campo de pesquisa, devendo conter o maior número de informações acerca do contexto da observação (Frizzo, 2008). Para esta autora, os registros do diário devem refletir o que passa na mente do pesquisador com relação aos acontecimentos do campo, seus raciocínios, pensamentos e emoções. As visitas domiciliares e o diário de campo são técnicas complementares para as pesquisas qualitativas (Lopes *et al.*, 2008).

O pesquisador e os participantes

O procedimento da Inserção Ecológica requer dos pesquisadores certas características. Flexibilidade, empatia, capacidade de lidar com imprevistos e mudanças, tolerância à frustração, persistência são algumas das características desejáveis do pesquisador ecológico. Tendo em vista a inserção física que o pesquisador e sua equipe fazem no campo, quando, por exemplo, visitas domiciliares são realizadas, torna-se necessário proceder a constantes adaptações frente àquilo que foi planejado, considerando o contexto e os indivíduos participantes do estudo. Os pesquisadores devem se adaptar ao campo e não o contrário. Se os participantes não cumprem o combinado, se não há condições ótimas para a gravação de entrevistas, se não existe uma sala apropriada para a coleta, torna-se necessário improvisar e ter a capacidade de lidar com o inesperado. Na pesquisa com adolescentes em processo de reinserção familiar, inúmeras situações foram vislumbradas ao longo do processo, a saber: em um dos casos acompanhados, a adolescente foi reacolhida aos cinco meses de desligamento, fazendo que a pesquisadora "perdesse" um dos participantes planejados para o estudo; visitas precisaram ser reagendadas em função de consultas médicas de outro adolescente; entrevistas tiveram de ser realizadas na calçada, em frente à residência de um menino, pois não havia espaço na casa para a realização confidencial desta; entre outras casualidades.

O pesquisador também deve demonstrar empatia nesse processo, a fim de favorecer a vinculação entre os indivíduos envolvidos, importante para a ocorrência de processos proximais. Deve estar atento aos acontecimentos extras, eventos cotidianos relevantes para a realidade dos participantes do estudo, muitas vezes não relacionados à pesquisa, mas que interferem e devem ser acolhidos pelos pesquisadores. Por exemplo, uma mãe que vivencia situação de doença de um membro da família e internações hospitalares talvez queira falar sobre esta experiência e sobre as dificuldades decorrentes, afastando-se, muitas vezes, do foco do estudo. Os pesquisadores devem avaliar estas situações como mostras de confiança e vinculação entre equipe e participantes. Outra consideração decorrente das visitas domiciliares é o tempo de deslocamento da equipe. Quando se trabalha com famílias em vulnerabilidade pessoal e social, que normalmente residem nas periferias das cidades, sendo que o meio de transporte mais seguro é o público, o tempo de deslocamento muitas vezes supera uma hora. Assim, é importante que os pesquisadores que utilizam o procedimento da Inserção Ecológica estejam cientes da importância de reservar um satisfatório período de tempo para o campo, tendo em vista todas essas peculiaridades decorrentes dessa forma diferenciada de acessar o fenômeno. Examinando a pesquisa sobre reinserção familiar, a postura flexível e acolhedora da pesquisadora, oferecendo uma escuta não avaliativa, associada à frequência e à estabilidade de contatos, favoreceu o processo de investigação. Estes aspectos possibilitaram uma conexão entre a pesquisadora e as famílias, fazendo que um sentimento de inserção no campo se constituísse.

A neutralidade do pesquisador, almejada pela pesquisa científica e considerada um fator primordial, também é um ponto a ser discutido. A Psicologia, em busca do *status* de ciência, tem lançado mão de métodos e procedimentos científicos consagrados nas ciências exatas e naturais, sendo a neutralidade um dos aspectos destacados. Com vistas a garantir a cientificidade da Psicologia, estudos em laboratório e experimentos altamente controlados têm sido realizados. Contudo, a metodologia nas Ciências Sociais e Humanas tem se desenvolvido e outras formas de pesquisar estão sendo consideradas válidas. É o caso da pesquisa qualitativa, observação participante, etnografia, pesquisa-ação, entre outros. A Inserção Ecológica pode ser incluída nesse leque de métodos e procedimentos, tendo como característica comum a assunção de que o pesquisador está atuando no campo de pesquisa. Este aspecto não deve ser julgado como uma fraqueza do estudo, mas sim como uma característica importante que deve ser levada em consideração na análise dos dados.

Por fim, destaca-se a questão da segurança do pesquisador que utiliza o procedimento da Inserção Ecológica. Durante todo o processo de coleta de dados, tendo em vista que o pesquisador "mergulha" no campo a fim de realizar o processo investigativo, é possível que ele seja exposto a situações de perigo e eventos de risco, sendo muito importante considerar um conjunto de medidas que previnam tais situações. Além disso, frente aos participantes do estudo, os objetos podem ser intimidadores, atuando como dificultador no processo de vinculação entre os indivíduos envolvidos. Sugere-se que os pesquisadores levem consigo o necessário para a realização do plano para aquele momento. Em seguida, deve-se avaliar friamente a viabilidade da realização das visitas, considerando a periculosidade de certas regiões. Os pesquisadores devem, sempre que possível, estar em grupo para melhor agirem em uma situação de estresse. E no caso de regiões muito perigosas, deve-se tomar cuidados extras, como estar acompanhado de alguém da comunidade de origem, como profissionais da educação e da saúde (agentes comunitários e assistentes sociais) usando algo que referencie a Universidade ou o grupo ao qual o pesquisador pertence (como camiseta da Universidade ou crachá). Contudo, é importante que estas situações sejam avaliadas com seriedade, cancelando inclusive a inclusão de participantes em decorrência da periculosidade da região onde vivem.

Quanto aos participantes é indispensável proceder a um estudo detalhado da população, a fim de conhecê-los por meio das pesquisas já existentes. Este aspecto é, sobretudo, importante, pois assim é possível conhecer diferentes fatores ainda não considerados previamente pelos pesquisadores. No decorrer da Inserção Ecológica, é preciso estar atento aos sentimentos e ao estado de humor dos indivíduos, visto que, em alguns momentos, apesar da combinação prévia, os participantes podem não estar motivados a responder a uma entrevista de mais de uma hora de duração. Considerar estes aspectos subjetivos dos participantes é respeitá-los enquanto sujeitos de direitos, não os submetendo ao roteiro comum de um plano de coleta de dados. Na pesquisa com os adolescentes em reinserção familiar foi possível observar tais situações. Certa vez, um dos adolescentes tinha reforço escolar no período inverso ao período regular de aula. Quando a pesquisadora chegou, os familiares sugeriram que o adolescente faltasse ao reforço escolar, apesar de ser extremamente necessário, em função da coleta de dados planejada. Em geral, as famílias e comunidades de regiões com condições desfavorecidas prezam e valorizam o contato com profissionais, especialmente advindos da universidade. Nessas situações, cabe aos pesquisadores deixar claro que a escola, atendimentos médicos e psicológicos são prioridades para o desenvolvimento dos participantes, devendo os próprios pesquisadores se adaptarem às vicissitudes desse processo, e não o contrário.

Engajamento na tarefa

Espera-se que haja um engajamento mútuo entre pesquisador e participantes no processo investigativo, propiciando processos proximais. No estudo com adolescentes, ao longo do período de coleta de dados, foi possível perceber uma maior liberdade dos participantes no que tange à expressão de suas preocupações individuais, não necessariamente atreladas ao processo de reinserção familiar. Além disso, a opinião da pesquisadora passou a ser solicitada durante estas conversas informais. Estes aspectos indicam o estabelecimento de confiança por parte das famílias com a pesquisadora, sinalizando a possibilidade de avançar para atividades mais complexas, como a introdução de assuntos ou temas mais delicados, carregados de tristeza, mal-estar e sofrimento.

Além disso, considerou-se um indicativo de inserção no campo e de reciprocidade quando as familiares dos adolescentes passaram a solicitar informações sobre o processo de reinserção e sobre o adolescente. Outro indício significativo ocorreu quando algumas cuidadoras passaram a chamar a pesquisadora pelo seu primeiro nome, fazendo isso com certa frequência, como se buscassem um assentimento da pesquisadora. Estes aspectos confirmam o processo de engajamento na pesquisa, transformando esse momento em uma oportunidade de crescimento.

Análise dos dados

Uma análise qualitativa dos dados é privilegiada quando o procedimento da Inserção Ecológica é utilizado. Os dados coletados por meio dos instrumentos e da Inserção Ecológica se complementam. Assim, não são incluídos apenas os instrumentos utilizados na coleta, mas também todas as informações advindas da linguagem não verbal dos participantes, ou respostas e comentários fornecidos em situações informais. A partir deles, é possível realizar a triangulação dos dados, aspecto importante na pesquisa qualitativa, e observar convergências e divergências quanto às percepções dos participantes do processo investigativo. Na pesquisa com os adolescentes em processo de reinserção, foi possível conhecer a percepção tanto dos jovens quanto dos familiares sobre o retorno à família, identificando aspectos em comum, o que indicava uma sintonia entre eles, e aspectos discrepantes. A Inserção Ecológica exige um esforço e atenção extra do pesquisador aos processos proximais atuantes no campo, fazendo que a visão da pesquisa fosse ampliada para além das respostas aos instrumentos.

A análise deve privilegiar os quatro núcleos do modelo bioecológico: *pessoa, processo, contexto* e *tempo*, buscando descrever e analisar detalhadamente cada uma dessas dimensões. As características dos participantes do estudo, seus planos e seus comportamentos são aspectos considerados na dimensão *pessoa*; as características dos contextos de interação, assim como as relações entre os microssistemas dos participantes são aspectos examinados na dimensão *contexto*; e, por fim, as dimensões do *processo* e *tempo* estão relacionadas e são de extrema importância. A ocorrência e a análise dos processos proximais nas interações, durante um período de tempo, forneceram informações ricas e válidas do fenômeno. Segundo Eschiletti-Prati *et al.* (2008), o processo proximal também surge por meio da interação dos pesquisadores e participantes e, além de ser o foco da investigação, é o que permite o próprio desenvolvimento do estudo. O uso da Inserção Ecológica em estudos que focalizam transições ecológicas enriquece o entendimento da própria transição, uma vez que fornece informações adicionais e detalhes importantes que não seriam detectados sem o engajamento ecológico proposto.

Conclusão

A Inserção Ecológica é um procedimento diferenciado de acesso a fenômenos de interesse das Ciências Sociais. Este capítulo procurou expor aspectos relevantes no que tange ao planejamento e ao uso desse procedimento, buscando esclarecer pontos teóricos e práticos da técnica, a partir da exposição de um estudo no qual a Inserção Ecológica foi utilizada. Sendo um procedimento novo, há muito o que ser desenvolvido com vistas a melhorar e facilitar sua utilização, sendo necessário o desenvolvimento de mais pesquisas com objetivos singulares.

Para o estudo exposto neste capítulo, a Inserção Ecológica foi, em muitos aspectos, decisiva para o entendimento do fenômeno da reinserção familiar. Forneceu uma rica descrição do fenômeno, permitindo um entendimento amplo e dinâmico. Possibilitou a constatação de que os processos de reinserção família de jovens que viviam em acolhimentos têm acontecido sem auxílio de órgãos e entidades governamentais, indo de encontro ao que a legislação preconiza. Além disso, as famílias passam a experienciar uma gama nova de situações em decorrência da reinserção, como problemas financeiros e dificuldades de lidar com o egresso do acolhimento. Essas situações são vivenciadas sem apoio ou orientação. Foi possível identificar inúmeros fatores de risco ao processo, que dificultavam a reinserção, mas também fatores de proteção que atuavam como promovedores de uma reinserção bem-sucedida, fortalecendo os participantes.

Como exemplo, pode-se trazer um dos casos acompanhados nessa pesquisa: o caso de Pedro, que está apresentado na íntegra em Siqueira (2009). Pedro era um adolescente de quinze anos de idade, que tinha passado mais de dez anos em uma instituição de acolhimento. Foi institucionalizado após a prisão de sua mãe e a ocorrência de maus-tratos perpetrados pelo pai quando tinha três anos. Pedro passou praticamente toda infância e parte da adolescência acolhido, vivenciou inúmeras mudanças ocorridas com a reordenação institucional, sugerindo a vivência de muitas rupturas de vínculos ao longo do seu desenvolvimento. Considerando estes aspectos, pode-se compreender o seu jeito de ser, muitas vezes frio e distante das pessoas. Após o desligamento, ele nunca demonstrou interesse em visitar as pessoas com quem conviveu no acolhimento, recusando-se muitas vezes a fazê-lo. Afirmava não sentir saudades. O retrato descrito por Pedro poderia levar à conclusão de que o adolescente apresentava dificuldades de criar cínculos com as pessoas, e isso poderia ser em decorrência da institucionalização. Contudo, a Inserção Ecológica evidenciou laços entre o adolescente e seus familiares, a partir da fala da tia de Pedro, sua principal responsável, como também entre o adolescente e a pesquisadora, a partir do interesse do adolescente em manter contato com esta e, ao longo das visistas, realizar atividades como caminhar na comunidade, mostrar onde ficava a escola, o armazém e a casa de amigos, além da disponibilidade do adolescente em acompanhar a pesquisadora até a parada de ônibus. Com essas informações, o entendimento do caso mudou radicalmente, fazendo que crenças sociais e teorias relacionadas à ocorrência de prejuízos emocionais e à capacidade de vinculação dos jovens institucionalizados fossem revistas.

Foi possível observar que a triangulação dos dados, com a realização de entrevistas com os adolescentes e seus familiares, de visitas domiciliares e do procedimento teórico-metodológico da Inserção Ecológica (Cecconello & Koller, 2003; Eschiletti-Prati *et al.*, 2008), a partir de uma postura flexível e de informalidade por parte da pesquisadora, possibilitou uma ampla e dinâmica coleta de dados, refletindo em uma riqueza de informações. A característica longitudinal, da mesma forma, possibilitou a visualização dos *processos*, nos quais as relações foram alterando-se, transformando-se e mantendo-se estáveis ao longo do *tempo*. Esses aspectos podem ser considerados pontos diferenciais deste estudo, visto que proporcionaram um aprofundado conhecimento do fenômeno, dando validade ao estudo. Além disso, pôde-se perceber a ocorrência de um engajamento na investigação por parte dos participantes, seus familiares e da pesquisadora, levando a um amadurecimento dessas relações e, consequentemente, a *processos proximais*.

Após um período extenso e intenso de contato com as famílias, pode-se destacar como maior desafio a saída do campo. Este momento deve ser considerado no instante do contrato, para que não seja sentido pelos participantes como um abandono, especialmente quando se trata de adolescentes institucionalizados e famílias em vulnerabilidade social.

Referências

Abaid, J. W. L., Siqueira, A. C., & Dell'Aglio, D. D. (2011). Implicações legais e desenvolvimentais do acolhimento institucional: possibilidades e desafios em uma perspectiva psicológica. In D. M. Arpini & A. C. Siqueira (Eds.), *Psicologia, famílias e leis: desafios à realidade brasileira* (pp. 71-102). Santa Maria: Editora UFSM.

Abreu, S. (2000). *Transtornos psiquiátricos em crianças e adolescentes criados em instituições*. Dissertação de Mestrado não publicada, Curso de Pós-Graduação em Psiquiatria, Universidade Federal de São Paulo. São Paulo.

Arpini, D. M. (2003a). Repensando a perspectiva institucional e a intervenção em abrigos para crianças e adolescentes. *Psicologia: Ciência e Profissão, 23*(1), 70-75.

Arpini, D. M. (2003b). *Violência e exclusão: adolescência em grupos populares*. São Paulo: EDUSC.

Azor, A. M. G., & Vectore, C. (2008). Abrigar/desabrigar: conhecendo o papel das famílias nesse processo. *Estudos de Psicologia Campinas, 25*(1), 77-89.

Baptista, M. V. (2006). Um olhar para a história. In M. V. Baptista (Ed.), *Abrigo: comunidade de acolhida e socioeducação* (pp. 25-38). São Paulo: Instituto Camargo Corrêa.

Barros, R. C., & Fiamenghi Jr., G. A. (2007). Interações afetivas de crianças abrigadas: um estudo etnográfico. *Ciência e Saúde Coletiva, 12*(5), 1.267-1.276.

Brasil (1990). *Lei n. 8069, de 13 de julho de 1990*. Dispõe sobre o Estatuto da Criança e do Adolescente e dá outras providências. Diário Oficial da União. 16 de julho 1990.

Brasil (2009). *Lei n. 12.010, de 29 de julho de 2009*. Dispõe sobre adoção; altera as Leis n. 8.069, de 13 de julho de 1990 – Estatuto da Criança e do Adolescente, 8.560, de 29 de dezembro de 1992; revoga dispositivos da Lei n. 10.406, de 10 de janeiro de 2002 – Código Civil, e da Consolidação das Leis do Trabalho – CLT, aprovada pelo Decreto-Lei n. 5.452, de 1º de maio de 1943; e dá outras providências. Recuperada em 20 nov. 2012, de http://www.planalto.gov.br/ccivil_03/_Ato2007-2010/2009/Lei/L12010.htm

Brasil (2010). *Norma básica para Institucionalização*. Ministério do Desenvolvimento Social. Brasília, DF.

Bronfenbrenner, U. (1986). Ecology of the family as a context for human development. *Developmental Psychology*, 6, 723-742.

Bronfenbrenner, U. (1989). Ecological systems theory. *Annals of Child Development*, 6, 187-249.

Bronfenbrenner, U. (1996). *A ecologia do desenvolvimento humano*. Porto Alegre: Artes Médicas. (Original publicado em 1979).

Bronfenbrenner, U. (2004). *Making human beings human: Biecological perspectives on human development*. London: Sage.

Bronfenbrenner, U., & Ceci, S. J. (1994). Nature-nurture reconceptualized in developmental perspective: A bioecological model. *Psychological Review*, 101, 568-586.

Bronfenbrenner, U., & Evans, G. (2000). Developmental science in the 21st century: Emerging questions, theoretical models, research designs and empirical findings. *Social Development*, 9, 115-125.

Bronfenbrenner, U. & Morris, P. (1998). The ecology of developmental processes. In W. Damon (Ed.), *Handbook of child psychology* (pp. 993-1.027). New York: John Wiley & Sons.

Cabral, C. (2002). Mudança de paradigma: um desafio. In Terra dos Homens (Ed.), *Cuidar de quem cuida: reintegração familiar de crianças e adolescentes em situação de rua* (pp. 13-16). Rio de Janeiro: Booklink Publicações.

Cecconello, A. M., & Koller, S. H. (2003). Inserção ecológica na comunidade: uma proposta metodológica para o estudo de famílias em situação de risco. *Psicologia: Reflexão e Crítica, 16*, 515-524.

Courtney, M. E. (1995). Reentry to foster care of children returned to their families. *Social Service Review, 69*(2), 226-241.

Courtney, M., & Wong, Y. (1996). Comparing the timing of exits from substitute care. *Children and Youth Services Review, 18*, 307-334.

Davis, I., Landsverk, J., Newton, R., & Ganger, W. (1996). Parental visiting and foster care reunification. *Children and Youth Services Review, 18*(4/5), 363-382.

Eamon, M., & Kopels, S. (2004). "For reasons of poverty": Court challenges to child welfare practices and mandated programs. *Children and Youth Services Review, 26*, 821-836.

Esquiletti-Prati, L., Couto, M. C. O. de P., Moura, A., & Koller, S. H. (2008). Revisando a Inserção Ecológica: uma proposta de sistematização. *Psicologia: Reflexão e Crítica, 21*(1), 160-169.

Ferrari, M., & Kaloustian, S. M. (1994). Introdução. In S. M. Kaloustian (Ed.), *Família brasileira: a base de tudo* (pp. 11-15). São Paulo: Cortez; Brasília, DF: UNICEF.

Festinger, T. (1996). Going home and returning to foster care. *Children and Youth Services Review, 18*, 383-402.

Fiocruz & SNAS/MDS (2011). *Levantamento Nacional das Crianças e Adolescentes em Serviços de Acolhimento*. Brasília: Ministério do Desenvolvimento Social e Combate à Fome. Recuperado de 12 nov. 2013, de http://www.mds.gov.br/saladeimprensa/eventos/assistencia--social/encontro-nacional-de-monitoramento-do-suas-2011/arquivos/mesa-6/Levantamento%20Nacional%20das%20Criancas%20e%20Adolescentes%20em%20Servicos%20de%20Acolhimento.pdf

Fonseca, C. (1987). O internato do pobre: Febem e a organização doméstica em um grupo porto-alegrense de baixa renda. *Temas IMESC, Sociedade, Direito, Saúde, 4*, 21-39.

Frizzo, K. R. (2008). Diário de campo. In E. Saforcada & J. C. Sarriera (Eds.), *Enfoques conceptuales y técnicos en psicología comunitária* (pp. 165-172). Buenos Aires: Paidós.

Grusec, J. E., & Lytton, H. (1988). *Social development: History, theory and research*. New York: Springer-Verlang.

Instituto Brasileiro de Geografia e Estatística. (2000). *Censo demográfico de 2000: famílias e domicílios*. Recuperado em 13 jul. 2008, de http://www.ibge.gov.br/home/presidencia/noticias/26122003censofamiliashtml.shtm

Instituto Brasileiro de Geografia e Estatística. (2010). *Censo demográfico 2010: famílias e domicílios*. Recuperado em 24 mar. 2014, de ftp://ftp.ibge.gov.br/Censos/Censo_Demografico_2010/Familias_e_Domicilios/censo_fam_dom.pdf

Landy, S., & Munro, S. (1998). Shared parenting: Assessing the success of a foster parent program aimed at family reunification. *Child Abuse & Neglect, 22*, 305-318.

Leite, M. M. (1997). A infância no século XIX segundo memórias e livros de viagem. In M. Freitas (Ed.), *História social da infância no Brasil* (pp. 17-50). São Paulo: Cortez.

Lopes, W. O., Saupe, R., & Massaroli, A. (2008). Visita domiciliar: tecnologia para o cuidado, o ensino e a pesquisa. *Ciência, Cuidado e Saúde, 7*(2), 241-247.

Maluccio, A. (2000). What works in family reunification. In M. P. Kluger, G. Alexander, & P. A. Curtis (Ed.), *What works in child welfare* (pp. 11-24). Washington, DC: CWLA Press.

Maluccio, A., Abramczyk, L., & Thomlison, B. (1996). Family reunification of children in out-of-home care: Research perspectives. *Children and Youth Services Review, 18*, 287-305.

Maluccio, A. N., & Ainsworth, F. (2003). Drug use by parents: a challenge for family reunification practice. *Children and Youth Services Review, 25* (7), 511-533.

Maluccio, A. N., Fein, E., & Davis, I. (1994). Family reunification: research findings, issues and directions. *Child Welfare League of America, 73*(5), 489-504.

Maluccio, A. N., Warsh, R., & Pine, B. (1993). Rethinking family reunification after foster care. *Community Alternatives: International Journal of Family Care, 5*(2), 1-17.

Marcilio, M. L. (1997). A roda dos expostos e a criança abandonada na história do Brasil: 1726-1950. In M. Freitas (Ed.), *História social da infância no Brasil* (pp. 51-76). São Paulo: Cortez.

Marsh, J. C., Ryan, J. P., Choi, S., & Testa, M. F. (2006). Integrated services for families with multiple problems: Obstacles to family reunification. *Children and Youth Services Review, 28,* 1.074-1.087.

Masten, A., & Garmezy, N. (1985). Risk, vulnerability and protective in developmental psychopathology. In B. Lahey & A. Kazdin (Ed.), *Advances in clinical child psychology* (pp.1-52), New York: Plenum Press.

Morais, N. A., & Koller, S. H. (2004). Abordagem ecológica do desenvolvimento humano, psicologia positiva e resiliência: ênfase na saúde. In S. Koller (Ed.), *Ecologia do desenvolvimento humano: pesquisa e intervenções no Brasil* (pp. 91-107). São Paulo: Casa do Psicólogo.

Oliveira, R. C. (2006). A história começa a ser revelada: panorama atual do abrigamento no Brasil. In M. V. Baptista (Ed.), *Abrigo: comunidade de acolhida e socioeducação* (pp. 39-51). São Paulo: Instituto Camargo Corrêa.

Pine, B., Spath, R., & Gosteli, S. (2005). Defining and achieving family reunification. In G. P. Mallon & P. M. Hess (Eds.), *Child welfare for the twenty-first century: a handbook of practices, policies, and programs* (pp. 378-391). New York: Columbia University Press.

Pine, B., Warsh, R., & Maluccio, A. N. (1993). *Together again: family reunification in foster care.* Washington, DC: Child Welfare League of America.

Prada, C. G., Williams, L. C. A., & Weber, L. N. D. (2007). Abrigos para crianças vítimas de violência doméstica: funcionamento relatado pelas crianças e pelos dirigentes. *Psicologia: Teoria e Prática, 9*(2), 14-25.

Ribeiro, M. O., & Ciampone, M. H. T. (2002). Crianças em situação de rua falam sobre os abrigos. *Revista da Escola de Enfermagem da USP, 36(4), 309-316.*

Rizzini, I., & Rizzini, I. (2004). *A institucionalização de crianças no Brasil.* Rio de Janeiro: PUC-Rio.

Rizzini, I., Rizzini, I., Naiff, L., & Baptista, R. (2006). *Acolhendo crianças e adolescentes: experiências de promoção do direito à convivência familiar e comunitária no Brasil.* São Paulo: Cortez; Brasília, DF: UNICEF; CIESPI; Rio de Janeiro, RJ: PUC-Rio.

Rocha, K. B., Boeckel, M. G., & Moreira, M. C. (2008). La entrevista y la visita domiciliaria em la práctica del psicólogo comunitario. In E. Saforcada & J. C. Sarriera (Eds.), *Enfoques conceptuales y técnicos en psicología comunitária* (pp. 189-198). Buenos Aires: Paidós.

Rosa, E. M., Matos, J. R., Nascimento, C. R., & Santos, J. (2012). O processo de desligamento de adolescentes em acolhimento institucional. *Estudos de Psicologia, 17*(3), 361-368.

Rosa, E. M., Santos, A. P., Melo, C. R. S., & Souza, C. R. (2010). Contextos ecológicos em uma instituição de acolhimento para crianças. *Estudos de Psicologia, 15*(3), 233-241.

Rossetti-Ferreira, M. C., Gonçalves, I., Almeida, D., Rosa, N., Almeida, L. de, Neísa, F. (2012). Acolhimento de crianças e adolescentes em situações de abandono, violência e rupturas. *Psicologia: Reflexão e Crítica, 25*(2), 390-399.

Santana, J. P. (2003). *Instituições de atendimento a crianças e adolescentes em situação de rua: objetivos atribuídos por seus dirigentes e pelos jovens atendidos.* Dissertação de Mestrado não publicada, Curso de Pós-Graduação em Psicologia do Desenvolvimento, Universidade Federal do Rio Grande do Sul. Porto Alegre.

Saraiva, J. E. M. (2002). Contextualizando a problemática. In Terra dos Homens (Ed.). *Cuidar de quem cuida: reintegração familiar de crianças e adolescentes em situação de rua* (pp. 7-12). Rio de Janeiro: Booklink Publicações.

Seifer, R., Sameroff, A., Baldwin, C., & Baldwin, A. (1992). Child and family factors that ameliorate risk between 4 and 13 years of age. *Journal of American Academic of Child and Adolescent Psychiatry, 31*, 893-903.

Silva, E. R. (2004). *O direito à convivência familiar e comunitária: os abrigos para crianças e adolescentes no Brasil*. Brasília: IPEA/Conanda.

Silva, M. R., & Nunes, K. S. (2004). Avaliação e diagnóstico do processo de reinserção familiar e social de crianças e adolescentes egressos de uma casa de passagem. *Cogitare Enfermagem, 9*, 42-49.

Siqueira, A. C. (2006). *Instituição de abrigo, família e redes de apoio social e afetivo em transições ecológicas na adolescência*. Dissertação de Mestrado não publicada, Programa de Pós-Graduação em Psicologia, UFRGS, Porto Alegre.

Siqueira, A. C. (2009). *Crianças, adolescentes e transições ecológicas: instituições de abrigo e família como contextos de desenvolvimento*. Tese de Doutorado não publicada, Programa de Pós-Graduação em Psicologia, UFRGS, Porto Alegre.

Siqueira, A. C. (2012). A garantia ao direito à convivência familiar e comunitária em foco. *Estudos de Psicologia, 29*(3), 437-444.

Siqueira, A. C., & Dell'Aglio, D. D. (2006). O impacto da institucionalização na infância e na adolescência: uma revisão de literatura. *Psicologia & Sociedade, 18*(2), 71-80.

Siqueira, A. C., & Dell'Aglio, D. D. (2007). Retornando à família de origem: fatores de risco e proteção no processo de reinserção familiar de uma adolescente institucionalizada. *Revista Brasileira de Crescimento e Desenvolvimento Humano, 17*(3), 134-146.

Siqueira, A. C., Morais, N. A., Dell'Aglio, D. D., & Koller, S. H. (2010). Experiência das casas lares: uma alternativa possível para crianças e adolescentes em situação de rua. In N. A. Morais, L. Neiva-Silva & S. H. Koller (Eds.), *Endereço desconhecido: crianças e adolescentes em situação de rua*. São Paulo: Casa do Psicólogo.

Siqueira, A. C., Tubino, C. L., Schwarz, C., & Dell'Aglio, D. D. (2009). Família e institucionalização: percepção das figuras parentais na rede de apoio de jovens institucionalizados. *Arquivos Brasileiros de Psicologia*, 61, 176-190.

Siqueira, A. C., Zoltowski, A. P., Giordani, J., Otero, & Dell'Aglio, D. D. (2010). Processo de reinserção familiar: estudo de casos de adolescentes que viveram em instituição de abrigo. *Estudos em Psicologia (Natal), 15*, 7-15.

Warsh, R., & Pine, B. (2000). What works in parent-child visiting programs. In M. P. Kluger, G. Alexander & P. A. Curtis (Eds.). *What works in child welfare* (pp. 171-176). Washington, DC: Child Welfare League of America Press.

Wells, K., & Guo, S. (1999). Reunification and reentry of foster children. *Children and Youth Services Review, 21*, 273-294.

Yunes, M. A. M., Garcia, N. M., & Albuquerque, M. A. (2008). Monoparentalidade, pobreza e resiliência: entre as crenças dos profissionais e as possibilidades de convivência familiar. *Psicologia: Reflexão e Crítica, 20*(3), 444-453.

Yunes, M. A. M., Miranda, A. T., & Cuello, S. S. (2004). Um olhar ecológico para os riscos e as oportunidades de desenvolvimento de crianças e adolescentes institucionalizados. In S. H. Koller (Ed.), *Ecologia do desenvolvimento humano: pesquisa e intervenções no Brasil* (pp. 197-218). São Paulo: Casa do Psicólogo.

6

A escola enquanto contexto de desenvolvimento:

um estudo ecológico em uma comunidade ribeirinha na Ilha do Marajó

Leila Said Assef Mendes
Fernando Augusto Ramos Pontes

O presente capítulo tem como foco de análise a escola de uma comunidade ribeirinha. Seu objetivo é analisá-la enquanto contexto de desenvolvimento de crianças e adolescentes que ali residem, tendo em vista suas interações com seus contextos, sob a perspectiva deles mesmos, seus pais e professora. Abarcando uma perspectiva teórico-metodológica sintonizada com princípios da Abordagem Bioecológica do Desenvolvimento Humano (TBDH), este estudo relata uma pesquisa que utilizou o método de Inserção Ecológica, a qual privilegia a inserção dos pesquisadores no ambiente de pesquisa, com o objetivo de avaliar os processos de interação das pessoas com o contexto no qual estão se desenvolvendo. A pesquisa evidenciou a vinculação entre quase todos os sistemas envolvidos que poderiam limitar ou propiciar o desenvolvimento das crianças e adolescentes que frequentam a escola. A análise partiu do microssistema escola, considerando como mesossistema, a relação escola-família e como exossistema, a relação escola-prefeitura.

Participaram desta pesquisa uma professora e duas turmas em regime multisseriado. Os dados foram coletados por meio de inventários, entrevistas, observações e notas de campo. Foram verificadas, no geral, particularidades do ambiente físico e social da escola, bem como de possíveis fatores envolvidos nos processos proximais e das características das pessoas envolvidas. Foram analisadas as rotinas de três famílias com filhos na escola; as concepções dos pais a respeito da educação, suas idealizações para o futuro de seus filhos, além de aspectos da organização familiar que pudessem estar interferindo no envolvimento dos filhos na escola. Os dados demonstraram que as atividades rotineiras interferiam na frequência das crianças na escola, constituindo-se como motivos para faltas e evasão escolar; e o desenvolvimento alçado pelos sujeitos do estudo em função da presença da escola naquele contexto, aparentemente, restringe-se ao aprendizado de leitura, escrita e as operações matemáticas fundamentais. A pesquisa aqui apresentada foi desenvolvida em um contexto não urbano, de acesso dificultado pela sua localização e falta de transporte sistemático para o local. Entretanto, sua realização foi facilitada pela aplicação da metodologia da Inserção Ecológica baseada, principalmente, na interação da equipe de pesquisa com a comunidade investigada. Neste sentido, a Inserção Ecológica realizada na comunidade assegurou a validade ecológica desta pesquisa.

A escola enquanto contexto de desenvolvimento

Em que pesem as distintas perspectivas e expectativas em relação à instituição escolar e assumindo a concepção de que a escola enquanto contexto de desenvolvimento deve dotar os alunos "não só, nem principalmente, de conhecimentos, ideias, habilidades e capacidades formais, mas também, de disposições, atitudes, interesses e pautas de comportamento" (Sacristán & Goméz, 2000, p. 14-15). Tem, portanto, como principal objetivo a socialização dos estudantes, para torná-los aptos para o mundo do trabalho como indivíduos produtivos e, também, para que possam se incorporar à vida adulta e pública como cidadãos.

No contexto escolar, as crianças experienciam inúmeras situações: relações entre pares, grupos, amizade, competição, rivalidade, aprendizagem e descoberta do novo, entre tantas outras. A escola pode promover a autoestima e autoeficácia dos estudantes, capacitando-os em habilidades sociais, além de influenciar o relacionamento entre o grupo de iguais, por meio de suas normas, regras e da cultura desta instituição (Lisboa, 2005).

Nesse sentido, Lisboa e Koller (2004) ressaltaram que "a escola é o cenário privilegiado que reúne jovens, desenvolvimento humano e aprendizagem". Portanto, configura-se como um lugar de oportunidade social, compreendido como ambiente físico, social (professores, colegas) e de aprendizagem (trocas, conteúdos, materiais, informações), capaz de inserir a criança como um membro produtivo da sociedade. Desse modo, a escola deve promover mais do que aquisição de conhecimentos, e deve ser um contexto de educação e socialização, enfatizando o papel ativo da criança nesse processo, acreditando que a criança interpreta, organiza e usa as informações do ambiente em que vive e nesse processo adquire ou constrói as habilidades e o conhecimento dos adultos (Corsaro, 1985).

Diversos estudos têm se interessado nos contextos em que ocorre o desenvolvimento das crianças, instigados pela falta de oportunidades e de recursos em que muitas crianças convivem e que podem dificultar o seu desenvolvimento físico, cognitivo e social. Tais estudos têm como ponto de partida políticas públicas que visam oferecer oportunidades e recursos socioeconômicos e culturais para as crianças em condições menos favorecidas. Algumas pesquisas direcionam-se ao impacto que os contextos, em seus diferentes níveis, têm no desenvolvimento infantil (Brito & Koller, 1999; Cecconello & Koller, 2003; De Antoni & Koller, 2000; Tudge, 2001). Contexto aqui entendido não só como o ambiente imediato onde a criança está inserida, mas também as relações que desenvolve com os outros sistemas que interferem no ambiente imediato. Tais afirmações remetem ao contexto escolar, enquanto *locus* de atendimento de uma política pública que visa garantir a formação de crianças e adolescentes e, portanto, as pesquisas devem se propor a estudar o fenômeno da educação contextualizada. Entretanto, ao selecionar os estudos que assumem a escola como objeto, verifica-se que apesar da diversidade das pesquisas científicas sobre a escola, poucas investigações têm se detido em contextos ribeirinhos, ou seja, em contextos que, de tão específicos e marcados pela pobreza, ficam à margem da sociedade em geral. E é nessa direção que este trabalho se insere, ao propor a análise da escola enquanto contexto de desenvolvimento de crianças de uma comunidade ribeirinha da ilha do Marajó, no sentido de compreender como as características desse ambiente possibilitam e/ou impõem limites ao desenvolvimento dessas crianças. Esta pesquisa faz parte de um projeto maior intitulado "Contextos de desenvolvimento em uma comunidade ribeirinha do Marajó: pares, família e escola", sob a coordenação do professor Dr. Fernando Pontes, do Programa de Pós-Graduação Teoria e Pesquisa do Comportamento da Universidade Federal do Pará, financiado pelo CNPq.

Concebendo a escola como uma instituição que tem por função precípua servir de contexto para o desenvolvimento integral (cognitivo, afetivo e psicomotor) de crianças e assumindo as singularidades do contexto de uma escola ribeirinha, pretendeu-se identificar qual o lugar assumido pela escola ribeirinha no desenvolvimento das crianças, tendo em vista suas interações em seus contextos, sob a perspectiva delas mesmas, seus pais e professora. Tal preocupação impulsionou um estudo multidimensional focalizando quatro aspectos básicos para o estudo:

1) Ambiente físico e social. Observação e caracterização da comunidade – ambiente ecológico, ambiente físico (casa, escola etc.); ambiente social (com quem convivem os estudantes, descrição das famílias, das relações entre eles próprios, das redes de relações, de parentesco, e rotinas).
2) Práticas dos interlocutores. Descrição de atos cotidianos com os quais as famílias, a professora e os estudantes mantêm vivas as relações entre si e com o contexto geral de convivência.
3) Expectativas dos pais. Perspectivas esperadas ou fomentadas sobre o futuro de seus filhos e o lugar da escola nestas perspectivas.

4) Relações ocorridas interna e externamente na escola. Interações entre professora/estudante, estudante/estudante e destes com as condições intraescolares, bem como com os demais contextos, como a família dos alunos e a prefeitura que coordena a escola e a mantém.

Para realizar este empreendimento foi utilizada a abordagem bioecológica de Bronfenbrenner (1979/1996), um dos modelos teóricos contemporâneos que têm permitido o entendimento do desenvolvimento humano aliado ao ambiente físico, social e cultural no qual a pessoa se encontra inserida. Este modelo, por meio de sua proposta de interação dos seus principais componentes – processo, pessoa, contexto e tempo – constitui-se em um referencial adequado para a realização de pesquisas sobre o *desenvolvimento no contexto*. Seus pressupostos permitem incluir vários níveis de análise e possibilitam examinar a influência do ambiente no desenvolvimento das pessoas.

O estudo exploratório do contexto no qual o projeto foi desenvolvido resultou no conhecimento inicial, mas suficiente para indicar a pesquisa qualitativa como opção teórico-metodológica mais adequada para o desenvolvimento do estudo. As características peculiares dos participantes do estudo, próprias da região amazônica, como o isolamento geográfico foram pontuais para a delimitação e escolha deste contexto. A comunidade encontra-se distante de centros urbanos, sendo necessário para chegar a ela, viajar de três a quatro horas de barco. Sua localização determina, também, outras formas básicas de isolamento, que marcam o grupo em estudo como periférico em relação aos bens econômicos e sociais.

Parece oportuno e importante responder, antecipadamente, a inquietações que procuram saber sobre a relevância social e acadêmica de uma pesquisa, que toma um "pontinho" da região amazônica como *locus* de estudo, tratando de dupla perspectiva articulada: (a) a oportunidade de acesso e de levar ao conhecimento público um pequeno pedaço da realidade brasileira literalmente "ilhada" em suas circunstâncias ambientais e singularidades correlatas; e (b) suprir um pouco da enorme carência de estudos dessa natureza em contextos similares, no País. Talvez a maior justificativa esteja no fato de buscar uma resposta no corpo conceitual e teórico da Psicologia do Desenvolvimento para questões peculiares e específicas que podem ser feitas à realidade desta população (Koller, 1994). Poderá a Psicologia responder a estas perguntas? Esta população pode gerar perguntas que ainda não têm respostas? Pesquisadores inseridos ecologicamente serão capazes de encontrar esses pontos em sua vivência na comunidade ribeirinha para avançar o conhecimento? Os achados destes pesquisadores devem estar evidentemente impregnados de validade ecológica.

Cecconello e Koller (2003) postularam que a base de toda investigação que adota a Inserção Ecológica é possibilitada a partir de uma interação recíproca, complexa e com base regular de pesquisadores, participantes, objetos e símbolos presentes no contexto imediato. As pesquisas desenvolvidas no Brasil que têm por base este conceito foram desenvolvidas em contextos em que foi possível a presença contínua dos investigadores, pois se realizaram, em sua maioria, em áreas urbanas de acesso facilitado (Cecconello, 2003; De Antoni, 2005; De Antoni & Koller, 2000, 2001; Morais, 2005; Neiva-Silva, 2003).

Diferentemente das pesquisas citadas, a investigação apresentada neste capítulo foi desenvolvida em um contexto não urbano, de acesso dificultado pela sua localização e falta de transporte sistemático, tornando-se, assim, uma pesquisa singular no que se refere à utilização da abordagem bioecológica em um contexto naturalístico. Tal investimento foi facilitado pela orientação do método de Inserção Ecológica, que possibilitou apurar as relações (processos) estabelecidos durante a pesquisa entre os participantes e os pesquisados e o próprio grupo de pesquisa, concordando com Cecconello e Koller (2003) que afirmaram:

> A TBDH permite compreender os processos que se estabelecem no desenvolvimento humano enquanto a pesquisa se realiza... É uma visão dinâmica e complexa que enfatiza e permite o acesso à instabilidade e à mudança sempre presente no desenvolvimento humano (Cecconello & Koller, 2003, p. 521).

A caracterização do ambiente onde vivem as famílias e as investigações referentes a cada projeto desenvolvido na comunidade só foram possíveis em decorrência da Inserção Ecológica, baseada, principalmente, na interação da equipe de pesquisa com as famílias (ver Capítulo 11 deste livro). Neste sentido, a Inserção Ecológica realizada na comunidade avalizou a validade ecológica desta pesquisa. Considerou, portanto, para sua análise e consequente validade ecológica, os quatro elementos essenciais a um estudo sobre o *desenvolvimento no contexto*: o processo, a pessoa, o contexto e o tempo (Eschiletti-Prati, Couto, Moura, Poletto, & Koller, 2008). A partir da Inserção Ecológica da equipe de pesquisa nesta comunidade, foi possível descrever o ambiente onde vivem as famílias, bem como a escola da comunidade, ressaltando os limites e as possibilidades que estes ambientes impõem ao desenvolvimento das crianças e jovens por ela atendidas. Tal resultado foi possibilitado pelas interações entre a pesquisadora, a equipe e os elementos envolvidos no ambiente investigado (participantes, objetos e símbolos), as quais se constituíram em processos proximais. Esses processos foram efetivados pelo compartilhamento de informações e sentimentos entre os pesquisadores e os participantes da pesquisa durante a investigação, tornando possível a análise desses processos realizados, não só na comunidade, mas também dentro da própria equipe de pesquisa.

O segundo elemento da abordagem bioecológica (a pessoa) esteve sempre presente em várias atividades desenvolvidas no decorrer da pesquisa. Os diversos ambientes transitados e frequentados, como as casas e a escola, foram analisados não só a partir de percepções próprias de cada membro das famílias e da escola, a fim de valorizar suas experiências pessoais, mas também considerando as características pessoais de cada um dos pesquisadores. Portanto, o terceiro elemento do modelo, o contexto, foi analisado por meio da participação nos ambientes em que as crianças frequentavam e a partir dos relatos sobre estes, uma vez que, segundo Bronfenbrenner (1979/1996), essa percepção que as pessoas têm de seus contextos é fundamental para sua análise, pois não basta analisá-lo tal qual se apresentam na realidade objetiva.

A análise realizada na escola da comunidade considerou os quatro níveis ambientais propostos pelo modelo bioecológico: o micro, o meso, o exo e o macrossistema. O micro e o mesossistema foram analisados pelo convívio e o registro das falas dos participantes envolvidos naqueles ambientes e em outros em que participavam ocasionalmente, como os cultos religiosos. O exossistema foi analisado por meio dos relatos da professora sobre sua percepção em relaçao às políticas públicas e aos órgãos administrativos, que apesar de ambientes nos quais as crianças não participam ativamente, influenciavam diretamente no seu cotidiano em sala de aula. A professora era responsável pela coordenação da escola e os órgãos pelo fornecimento de recursos para seu funcionamento. O macrossistema foi analisado a partir da percepção da equipe e das falas dos próprios participantes envolvidos na pesquisa sobre sua cultura, representada pelo seu modo de vida, com precário acesso às políticas públicas.

A coleta de informações

Para a compreensão do contexto que esta pesquisa se propôs investigar (o delineamento da estratégia de pesquisa) procurou-se coadunar investigação quantitativa e qualitativa, mas em função das configurações contextuais em que a pesquisa se realizou, foi dado um privilégio para esta última. Nessa direção, foram feitos tratamentos quantitativos de dados relativos à caracterização da comunidade, mas se tornou imprescindível o uso das técnicas de observação, diários de campo, entrevista, questionamentos e conversas informais, além, é claro, de registros fotográficos.

O percurso metodológico em sua especificidade exigiu a exploração preliminar do ambiente escolar. Foi realizada uma apresentação mais específica do projeto e da equipe e, então, a identificação e o reconhecimento da professora, dos alunos e da infraestrutura da escola, bem como da equipe de pesquisa, constituindo-se, portanto, em uma fase inicial de interação com o contexto e com as pessoas.

Foi necessária a permanência da pesquisadora na escola por um período extenso, tanto na parte da manhã quanto na da tarde, durante alguns dias. Nesse período foram realizadas observações, sem, no entanto, interferir em qualquer atividade rotineira das crianças e da professora. Desde o início da pesquisa, várias conversas com a professora e várias visitas às famílias das crianças foram realizadas. Esses encontros ocorreram durante todo o processo da pesquisa, mais ou menos durante três anos, no sentido de estreitar e manter o relacionamento com os participantes. As visitas ao rio Araraiana realizarem-se a cada três meses, sempre havendo clareza nas datas de retorno para que a volta ficasse demarcada. Para o retorno, já haveria indicação de futuras atividades. Efetivou-se, portanto, participação cada vez maior dos integrantes da equipe nas mais diversas atividades dos moradores, como em atividades de caça, brincadeiras, atividades religiosas como cultos, e na escola, especificamente nas atividades de classe e nos horários de intervalo, no momento do lanche e em algumas atividades recreativas.

As visitas ao espaço escolar faziam parte do cronograma estabelecido no projeto, de forma que em todas as viagens programadas incluíam a escola a fim de registrar, por meio da observação participante, toda a dinâmica envolvida no espaço da escola. Esta participação era registrada em papel e configurou-se como diário de campo.

No presente estudo também foram realizados dois tipos de questionários, de modo a consolidar os objetivos da pesquisa:

1) Inventário biossociodemográfico – para efetivar um elo inicial com a comunidade, servindo, também como a base de uma caracterização inicial, bem como para propiciar a seleção da amostra da pesquisa. Para tanto, foi aplicado junto a todas as famílias da localidade, um questionário constituído por 88 itens referentes aos aspectos do modo de sobrevivência; perspectivas sobre educação e escola; brincadeira, crenças e valores de criação; lazer; redes de apoio; metas de socialização; gênero e religião e outros.

2) Inventário de rotina – para caracterização, em três dimensões especiais de (a) atividades, (b) locais e (c) companhia/presença em cada hora, durante o decorrer dos dias de semanas e no fim de semana (domingo), para cada membro da família. Foi necessária a leitura dos inventários pelos pesquisadores, uma vez que a maioria dos moradores não era alfabetizada. As aplicações ocorreram ao longo de vários encontros, em função da necessidade da leitura e pelo número extenso de famílias, na amostra.

As observações foram registradas em notas de campo no sentido de captar aspectos relevantes para o entendimento de dados registrados nos questionários e entrevistas. Seguiu-se as orientações de Lüdke e André (1986) para essas notas, iniciando cada registro com a indicação do dia, hora e local; período de duração da observação e número de participantes, durante um período de três anos, com intervalos de dois meses entre as visitas à comunidade. Foram também feitas à margem das anotações, observações impressionistas do evento observado e/ou inferências dos observadores.

As entrevistas, com os pais de três crianças selecionadas com o auxílio da professora e de uma pessoa responsável da secretaria do município, foram feitas por dois pesquisadores concomitantemente. Estes se alternaram entre as entrevistas e as notas de campo, para garantir a atenção integral aos membros das famílias.

Nas entrevistas com a professora foram investigadas sua formação, seu percurso profissional e pessoal de estudos; suas crenças sobre educação, sua percepção sobre o papel dos pais na vida escolar de seus filhos; suas concepções sobre os estudantes, como os visualiza e como os descreve; a organização do trabalho pedagógico, com a metodologia e o conteúdo das aulas, e como conduzia o processo de aprendizagem; como avaliava seus alunos, seus procedimentos para ministrar as aulas e as dificuldades encontradas no processo de ensino-aprendizagem. Eram também investigados aspectos como seu relacionamento com os estudantes, com os pais, com a prefeitura que a contratou, as exigências que tinha de cumprir e as dificuldades e limitações nesta relação. Estas entrevistas foram realizadas na casa da professora, contudo, algumas conversas informais ocorreram nos momentos de visita à escola e foram registradas em notas de campo. As entrevistas ocorreram em forma de entrevista semiestruturada, de maneira a deixá-la mais à vontade para responder. A realização das entrevistas ocorreu sem problemas, uma vez que a professora sempre se mostrou simpática e atenciosa com a equipe de pesquisa, estando sempre disponível para eventuais esclarecimentos.

Os pais também responderam sobre suas expectativas em relação ao futuro de seus filhos e sobre suas práticas que permitiriam a concretização de seus desejos, em forma de entrevistas semiestruturadas. Também foi perguntado sobre a relação que as famílias mantinham com a escola ribeirinha e com a secretaria de educação.

As entrevistas com os alunos tiveram como objetivo investigar o que pensavam a respeito da escola, como se sentiam em relação ao trabalho ali desenvolvido, o motivo de a frequentarem e suas relações com a docente. Essas entrevistas ocorreram na escola, nos momentos disponibilizados pela professora. Entretanto, durante as visitas às famílias e nos diversos encontros em que houve oportunidade de conversar com os alunos, o conteúdo foi registrado em diversas notas de campo.

Uma entrevista final, para despedida da equipe e finalização da pesquisa, ocorreu de forma coletiva, com todos os estudantes presentes, para possibilitar que respondessem em conjunto, uns colaborando com os outros. Essa opção de entrevista com o grupo se deu em função da vivência com a comunidade durante três anos, que se mostrou a melhor opção, por causa da timidez e preferência pelo coletivo dos participantes. A presença da professora tornou-se importante elo da equipe com a comunidade escolar. A professora era tida como uma amiga que entende e conhece suas realidades, incentivando-os a responder e participar.

Nas notas de campo procurou-se registrar aspectos verbais e não verbais, na tentativa de captar e registrar os conteúdos dos discursos, comportamentos, receptividade, ocupação e organização do espaço de vivência, tempo de trabalho, de ócio, formas de lazer, agrupamentos e subagrupamentos familiares, espaços pessoais, acontecimentos presenciados – embora não previstos, falas ouvidas na informalidade e outros aspectos que pudessem denotar a forma e o conteúdo da cultura própria do grupo em estudo e das formas ou estilos de organização, planejamento, realizações e avaliação do grupo. Os diários de campo foram sempre escritos posteriormente às inserções no *locus* de pesquisa.

As conversas informais foram fundamentais para os registros do diário de campo, pois permitiram completar e esclarecer informações coletadas informalmente e mapear horizontes que não puderam ser captados com a mediação de instrumentos formais. Da mesma forma, os registros fotográficos foram significativos, pois serviram de apoio não só para descrição como também para a análise dos dados. Esses registros foram realizados com a permissão dos moradores no termo de consentimento para a realização da pesquisa. Mesmo tendo passado a etapa determinada para a coleta de dados, caso fosse necessária a investigação de algum aspecto particular que não tivesse sido coletado adequadamente, voltava-se o contato com os participantes para a coleta específica, assim como se fazia uso dos diários de campo e dos registros em fotografia.

Todas as informações coletadas foram agrupadas em um banco de dados, onde foram analisadas de maneira específica, de acordo com a natureza própria de cada grupo, bem como sob os focos da família, dos pares e da escola. Entretanto, enfatiza-se que apesar de as análises serem distintas, os interesses eram comuns e interligados. Os dados de natureza quantitativa foram passíveis de tabulação como o inventário biossociodemográfico e o questionário de rotina, por meio de estatísticas descritivas, transformados em planilhas dinâmicas e em figuras.

Para os dados de caracterização da comunidade, algumas variáveis foram consideradas: número de moradores divididos quanto ao gênero e à idade, escolaridade dos pais e religião, assim como aspectos físicos da comunidade, incluindo a descrição das moradias e do modo de vida, como saúde, educação, religião e outros itens afins.

Com base no questionário de rotina foram analisadas as rotinas de três casais e seus respectivos filhos que estavam estudando na escola local, no sentido de investigar o tempo que dispunham para as atividades escolares, verificando o hábito de estudo dessas crianças e o envolvimento dos pais nas atividades escolares, suas expectativas e seus sonhos. Procurou-se, também, desenvolver um levantamento das principais atividades desenvolvidas pelos participantes, de modo que fosse possível ter uma avaliação de sua rotina e da natureza das atividades, assim como das possíveis habilidades envolvidas. Este último aspecto serviria de base para entender um pouco da cultura local para fins de avaliação sobre se as atividades curriculares estavam sintonizadas ou não com essa rotina e cultura.

Essa investigação foi realizada, principalmente, por meio de técnicas de observação e de entrevista não estruturada das atividades escolares e familiares. Nessas observações foram privilegiados aspectos referentes aos espaços de interações destinados à transmissão de saber, tanto formal como informal.

Os dados de natureza qualitativa, resultantes das notas de campo e de entrevistas, foram discutidos de maneira mais detalhada, pondo em evidência as características do microssistema, as relações proximais realizadas na escola, e entre os contextos envolvidos: a família e a prefeitura local.

Na escola, as observações tiveram por objetivo desvendar as relações e as interações ocorridas no seu interior. Procurou-se apreender o núcleo de valores presentes nas relações e interações dos alunos, com a professora e o contexto interativo de aprendizagem.

Em cada local de observação foram descritos aspectos do ambiente de comunicação, para cada ambiente relevante de interação, por exemplo: casa, escola, locais de brincadeira, além da descrição do ambiente físico. Foram salientados os seguintes aspectos:

a) áreas restritas;
b) áreas expostas;
c) arranjos do entorno;
d) arranjos simbólicos e decoração;
e) divisão de cômodos;
f) disposição de móveis e objetos;
g) áreas de interação;
h) pontos de brincadeira.

Esses aspectos serviram de base para a identificação de elementos significantes e simbólicos do fenômeno educacional/escolar em estudo.

A pesquisa evidenciou a vinculação entre quase todos os sistemas envolvidos que, de alguma forma, contribuem ou dificultam no desenvolvimento dos alunos. A análise partiu do microssistema escola, considerando o mesossistema escola-família e o exossistema escola-prefeitura, até chegar ao macrossistema –, no qual se não deteve, de modo menos pormenorizado – já que este não é o contexto principal na análise do desenvolvimento das crianças da comunidade, de interesse neste estudo.

Considerou-se que o macrossistema, representado pelo conjunto de leis normativas que regem as políticas públicas para comunidades com o perfil da comunidade investigada em questão, pouco representa valores, crenças e ideologias que permeiam as relações desenvolvidas em cada nível ou transcendem aos conjuntos de sistemas considerados. Nesse sentido, o macrossistema foi analisado a partir da percepção da equipe e das falas das próprias pessoas envolvidas na pesquisa sobre sua cultura, representada pelo seu modo de vida, com precário acesso às políticas públicas.

Contexto de realização da pesquisa

Um dos municípios que integra a ilha de Marajó é denominado Ponta de Pedras, o qual apresenta em sua configuração várias comunidades ribeirinhas; dentre estas encontra-se a comunidade do rio Araraiana, *locus* específico deste estudo. Sua distância da cidade de Ponta de Pedras é de aproximadamente uma hora e meia, em pequenas embarcações alugadas para esse fim, uma vez que não existe transporte sistemático para essa comunidade.

Existem 22 famílias que residem no rio Araraiana, , vivendo em casas com piso de madeira construídas no sistema de palafitas, sendo algumas com paredes feitas de miriti[1] e outras de tábuas de madeira. A maioria das casas dispõe de três cômodos, a frente, o quarto e a cozinha ou fundos.

Os ribeirinhos apresentam isolamento tanto com a cultura mais geral (privados de qualquer acesso à mídia escrita e pouco ou restrito acesso à mídia televisiva e radiofônica) quanto com a própria comunidade em que se inserem. A distância entre as residências está em torno de 200 metros, dificultando a interação dos moradores, mas possibilitando uma maior interação entre os membros da própria família. Essas famílias são geralmente nucleares, com uma média de três filhos por família, sendo o mínimo de dois e o máximo de dez. A gravidez na adolescência é fato constatado na comunidade, além de ser grande o número de adolescentes que vão trabalhar como domésticas em famílias na cidade (Ponta de Pedras, Muaná e Belém), para cursarem as últimas séries do Ensino Fundamental e o Ensino Médio, uma vez que a escola da comunidade só proporciona o ensino de Educação Infantil e de primeiro ao quinto ano.

Em 2004, o total de pessoas residentes na comunidade era de 125 indivíduos organizados em 22 famílias. Ao término da coleta de dados, em 2007, o número de moradores alterou-se para 129, sendo formado o 23º núcleo familiar. Entretanto, os dados constantes no presente estudo dizem respeito aos dados iniciais da coleta. Dos 125 moradores, 59 são adultos (entre 19 e 85 anos) e 66 são crianças e adolescentes (entre zero e 18 anos). Destes últimos, 32 são meninos e 34 são meninas. Os dados etários das crianças e adolescentes estão demonstrados no Gráfico 6.1.

---

1 Palmeira abundante na Amazônia, predominando nos locais baixos e alagadiços. Também denominada de buriti do brejo, o miriti (*Maurita flexuosa L.*) pertence à mesma família do buriti (*Mauritia vinifera M.*), sendo, muitas vezes, com ele confundido. É uma palmeira das mais importantes da Amazônia, desempenhando papel relevante no cotidiano da populações da região, porque dela tudo se aproveita: de seu fruto extrai-se um delicioso suco, que se toma *in natura*, com farinha d'água, ou em substituição ao leite, no mingau de arroz ou de farinha d'água. De seu caule, extrai-se uma espécie de madeira muito leve, que serve tanto para paredes das moradias, quanto para fabricar brinquedos infantis: cata-vento, barcos, canoas, entre outros.

Gráfico 6.1 Idade e gênero das crianças e adolescentes de zero a 18 anos da população da comunidade do Araraiana.

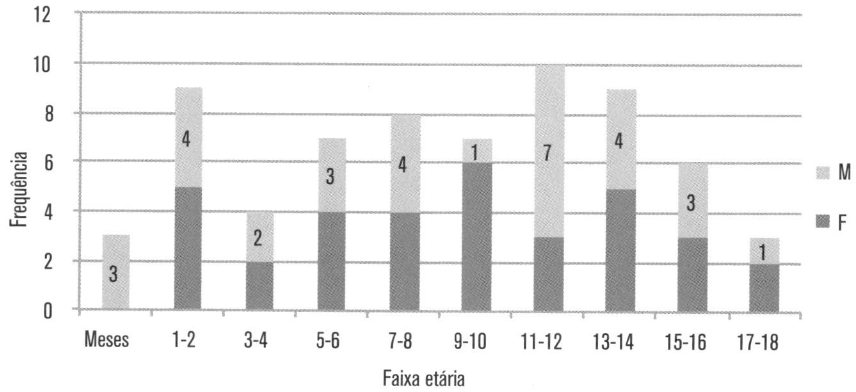

Em relação aos níveis de escolarização dos participantes envolvidos na pesquisa, o Gráfico 6.2 demonstra que de todos os adultos de 19 a 85 anos, somente dois completaram o Ensino Médio, sendo uma delas a professora do local, enquanto os demais não completaram o Ensino Fundamental. Foi verificado, também, que apesar de 41 pessoas terem iniciado a alfabetização, estas são analfabetas funcionais, ou seja, sabem tão somente assinar o nome e em sua maioria, com certa dificuldade. Em relação à faixa etária entre 19 e 24 anos, segundo os relatos, todas encontram-se fora da escola.

Gráfico 6.2 Relação dos moradores de 19 a 85 anos com seus respectivos graus de instrução.

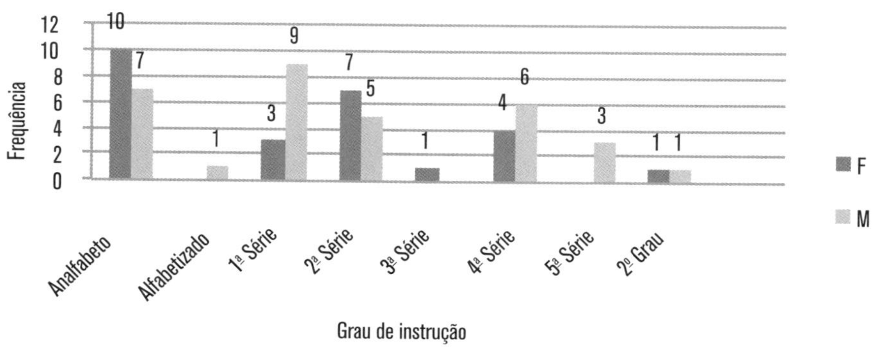

O levantamento indicou que das 66 crianças e adolescentes de zero a 18 anos, 24 estavam fora da escola, sendo três na pré-escola e nove na primeira série (atual segundo ano); somente uma criança tinha sete anos, enquanto os demais estavam na faixa etária de 11 a 16 anos. Na segunda série (terceiro ano) havia dez alunos, somente dois com idades compatíveis com a série (ano escolar), enquanto quatro têm 13 anos, dois têm 12 anos e dois de 11 e 12 anos, o que denotava um alto percentual de defasagem escolar (ver Gráfico 6.2).

Gráfico 6.3 Número de crianças relacionado ao nível de escolaridade.

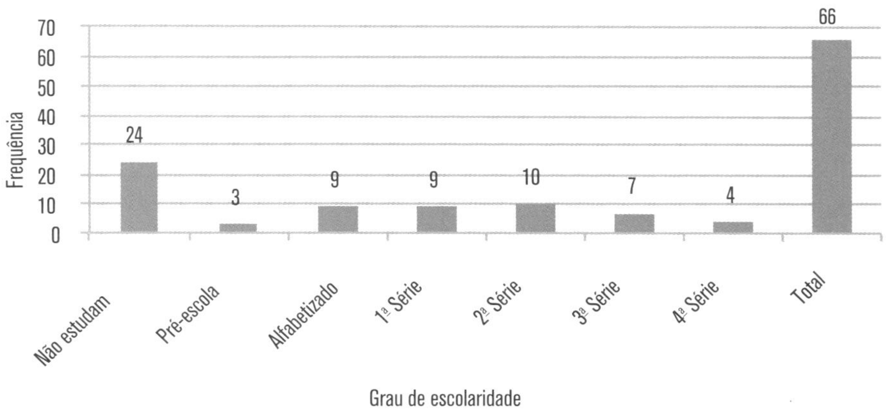

A escola atendia somente da alfabetização à quarta série (quinto ano). Quando estes dados são comparados com o grau educacional público urbano, constata-se uma deficiência educacional representada pela falta de atendimento à Educação Infantil, aliada à falta de expectativa de continuidade dos estudos no local.

A escola contava com somente uma professora com formação em magistério para atender a todas as séries, o que comprometia o trabalho realizado em função das diferenças existentes em turmas multisseriadas, com idades e níveis de aprendizagens diversos. A população desta comunidade ribeirinha apresenta baixa escolaridade e um alto índice de analfabetismo, o que poderia ser explicado pela falta de políticas públicas efetivas no local que atenda aos anseios e peculiaridades do povo ribeirinho.

Microssistema escola

Considerando a escola um contexto em que a criança participa ativamente, o estudo aqui descrito elegeu a escola da comunidade como o microssistema de análise. Desse modo, o estudo da escola, tomada como *locus* principal de pesquisa, numa perspectiva sistêmica – nos termos em que se definiu –, buscou apreender várias dimensões constitutivas de sua singularidade e identidade.

Segundo Bronfenbrenner e Morris (1998), um microssistema configura-se como um padrão de atividades, papéis sociais e relações interpessoais experienciados pela pessoa em desenvolvimento em um dado ambiente, mantendo relações face a face, com características físicas, sociais e simbólicas particulares, que propiciam, ou não, inserção em atividades progressivamente mais complexas em interação com o meio ambiente. Foram analisados os elementos deste microssistema, que são as atividades, os papéis e as relações interpessoais evidenciadas neste contexto, a fim de verificar as possibilidades e os limites que este contexto impõe ao desenvolvimento.

Para fins deste trabalho, tais elementos foram rastreados e discutidos em função das seguintes categorias:

- o ambiente físico e social;
- o corpo discente: a frequência e a evasão;
- características dos alunos em função do processo de ensino-aprendizagem;
- concepções dos alunos sobre a escola;
- relação aluno-aluno; a escola enquanto espaço de socialização;
- o corpo docente – formação docente;
- a professora e sua prática;
- concepções da professora sobre educação;

- organização do trabalho pedagógico;
- dificuldades de ensino-aprendizagem de acordo com o relato da professora.

O recorte nesses aspectos se deu pelo reconhecimento de sua influência no engajamento em processos proximais.

Nas categorias de análise descritas, foram verificadas, no geral, particularidades do ambiente físico e social da escola, como de possíveis fatores envolvidos nos processos proximais e das características das pessoas envolvidas. No ambiente físico, pretendeu-se verificar o quanto os objetos e símbolos presentes no ambiente escolar estimulavam a atenção, a exploração, a manipulação e a imaginação da pessoa em desenvolvimento. No ambiente social, foram analisados os fatores envolvidos nos processos proximais e as características das pessoas, principalmente no que se refere às disposições da professora e dos alunos e seus recursos no processo de ensino-aprendizagem para gerar processos proximais, ou seja, seu engajamento em atividades regulares, frequentes, mais complexas e recíprocas. No geral, procurou-se evidenciar como os envolvidos experienciavam o ambiente escolar.

A casa reversível que vira escola que vira casa

O *locus* específico do estudo, ou seja, o local onde foi realizada parte substantiva da pesquisa funcionava, na ocasião, em uma casa de um morador do rio que, no caso, era sogro da professora. Ele cedeu um compartimento da casa para que as crianças pudessem ter um local para estudar durante o dia, caracterizando aí o fenômeno da reversibilidade.

Esta casa que vira escola durante o dia, tal como todas as demais moradias, está situada às margens do rio Araraiana. Todas as moradias são construídas em sistema de palafita, sendo o acesso a elas feito pelos caminhos de vizinhanças à direita e à esquerda do rio, com troncos do miritizeiro ou pelas canoas de casco raso, comandadas a remo, pelas próprias crianças.

Ao ver a escola, o impacto e o estranhamento foram imediatos. Aliás, estranhamento, foi um sentimento constante, durante a presença dos pesquisadores no ambiente de estudo. Ao deparar com a casa reversível, que vira escola, a equipe de pesquisadores constatou, perplexa, também a similaridade notável entre a realidade vista da beira do rio e por dentro da "escola", com a situação presente na narrativa de Davis e Gatti (1993), cujo teor bem se aplica ao caso do rio Araraiana, que diz:

> Não havia uma construção que lembrasse uma escola, nem várias salas de aula, nem diversas professoras, nem mesmo uma diretora. A começar pelo aspecto físico, e precariedade das instalações, a escola [...] parecia ser o reino do informalismo e da improvisação. De certa forma, foi mais fácil defini-la pela negação, na medida em que ela era a antítese do que se imaginava a respeito de uma escola. [...] era um espaço social institucionalizado segundo o arbítrio da professora (Davis & Gatti, 1993, p. 77).

Essa impressão foi corroborada por muitas e variadas razões, e a aplicação na continuidade da fala de Davis e Gatti (1993) também:

> [...] não havia classes formadas por alunos melhores e classes formadas por alunos piores, professoras mais preparadas e menos preparadas, diretoras mais eficientes e menos eficientes, ao contrário, havia uma só classe, uma só professora, um só período de aula, nenhuma diretora (Davis & Gatti, 1993, p. 77).

As crianças e os adolescentes que frequentavam a escola eram alunos de baixo poder aquisitivo, com pouco acesso a bens materiais essenciais para o seu sustento e sobrevivência, poucos recursos para se alimentarem e se vestirem; tinham no entanto, uma aparência saudável, acentuada principalmente em determinada época do ano, no período em que há a safra do açaí, diferente de outros meses, em que mostravam-se um pouco mais magros.

Eles dispunham de pouca informação do que acontecia fora da região do rio, pois poucos tinham acesso à televisão e aos jornais. Talvez por isso tivessem pouca perspectiva de mudança de vida, o que favorecia para que sua atuação na escola deixasse a desejar, tanto em relação ao desempenho quanto ao interesse em frequentá-la, comprometendo seus níveis de desenvolvimento e aprendizagem.

A escola do Araraiana: contexto de desenvolvimento infantil?

Na análise biossociodemográfica da comunidade investigada, pode-se constatar que o modo de vida ribeirinho, com características predominantemente extrativista, contribuía para a manutenção das condições de pobreza da comunidade, uma vez que este modo de vida submetia o ribeirinho a viver em função de um ciclo sazonal, cujos períodos de escassez eram marcados pela redução de recursos naturais para a alimentação da população e queda extrema na renda utilizada para complementar o sustento das famílias.

Todas as famílias tinham alguma origem no modo de vida ribeirinho, o padrão de vida, portanto, não lhes era estranho, estavam acostumados e valorizavam em suas falas o conjunto de aspectos referentes a este modo de viver, principalmente quando comparados com o urbano. Em uma das famílias estudadas esta valorização parecia entrar em choque com as possibilidades colocadas pela educação.

A maioria das famílias que vivia no Araraiana apresentava configurações típicas de família estendida e multigeracional, ou seja, de mais de uma geração convivendo em um mesmo ambiente, ao mesmo tempo. Esse aspecto contribuía para um possível sistema de cuidado compartilhado e rede de apoio presente dentro no ambiente familiar, ainda que as distâncias físicas entre as casas aparecessem como barreira – transposta apenas pelos estreitos laços familiares. Tais fatores poderiam possibilitar um maior trânsito de informação ou de características culturais dentro da própria família. Essas características, possivelmente, poderiam influenciar nas relações desenvolvidas entre a família e a escola, uma vez que as tradições locais em relação à escolaridade se repetiam continuamente, ou seja, pais e filhos apresentavam baixa escolaridade, o que refletia na reprodução dos modos de vida de geração em geração. Quando se observavam os dados de ocupação dos homens e das mulheres e comparavam às atividades das crianças e dos adolescentes, era bastante nítida a relação da divisão por gênero nessas tarefas, em que as meninas ajudavam suas mães nos afazeres domésticos e os meninos ajudavam os pais nas funções de caça e pesca.

As crianças desde pequenas eram inseridas nas atividades de subsistência e apoio familiar, nas quais aprendiam pelo exemplo. Esse padrão de sobrevivência era transmitido e reconstruído pelas crianças, uma vez que tanto as maiores quanto as menores realizavam atividades em conjunto e, em alguns momentos, sem a presença de adultos, demonstrando o envolvimento e apropriação das crianças com atividades, essencialmente do universo adulto e do meio familiar.

Há, portanto, fortes indícios de que as atividades rotineiras poderiam interferir na frequência das crianças na escola, pois as ocupações e tarefas por elas realizadas constituíam-se como motivos para faltas e evasão escolar. Um detalhe importante que se observava neste aspecto era a questão da diferenciação de gênero em relação a essas faltas, pois foi constatado que os meninos faltavam mais que as meninas e abandonavam a escola muito mais cedo para trabalhar, perpetuando a ideia de que os homens devem ser provedores de sustento para a família e as mulheres devem ser as donas de casa.

A participação em variados subsistemas, em que atividades e costumes estabeleciam transições ecológicas e mudanças de papéis, tendiam a afetar o desenvolvimento de processos proximais na escola. Com isso, o intenso envolvimento do modo de vida dos ribeirinhos com os elementos da natureza e sua cultura expressava um estreito relacionamento com aspectos relacionados à sobrevivência, aspecto que revelava-se no contexto escolar por meio dos motivos pelos quais os alunos frequentavam ou deixavam de frequentar a escola.

As características específicas do microssistema escolar, em termos de condições físicas, revelavam que o local poderia ser caracterizado como pouco propício para o desenvolvimento de atividades de ensino e aprendizagem. Por ser uma residência, havia pouca clareza dos limites casa/escola, e as características dos dois contextos tendiam, em determinados momentos, à fusão.

A falta de especificidade do ambiente para fins escolares fez que este carecesse de estímulos referentes ao mundo letrado, pois como observado, na escola estavam ausentes letras, números, símbolos, livros etc. A escola seguia a tendência das casas onde viviam as crianças, sendo um ambiente pouco estimulante para o desenvolvimento de processos proximais relativos à aprendizagem.

Na dinâmica de sala de aula, os alunos pareciam estar bastante adaptados, pouco demandavam da professora e assumiam uma postura que poderia ser classificada como passiva em sala de aula. Entretanto, a escola representava, na comunidade, um espaço importante de socialização, configurando-se como um lugar principal de trânsito cultural – especialmente de cultura de pares –, da comunidade infantil.

A professora, por sua vez, apresentava uma formação deficitária, com uma escolarização aquém da requerida para o exercício da atividade que realizava. Entretanto, apresentava-se bem disposta para aprendizagem e mudança, característica extremamente positiva, base para o desenvolvimento de processos proximais, pois era claramente envolvida afetivamente com seu trabalho e com seus alunos. Adicionalmente, percebia-se que era detentora de grande respeito e autoridade e utilizava-se disso de modo bastante hábil para fins de controle de seus alunos em sala de aula. A análise da metodologia e do conteúdo de suas aulas indicava o uso de uma metodologia tradicional, rigidez de planejamento e consequente baixa sensibilidade à dinâmica dos processos desenvolvidos em sala de aula.

A professora, apesar de sua intenção e disposição, carecia de recursos pedagógicos adequados para o desenvolvimento de processos proximais efetivos ao desenvolvimento educacional de seus alunos. Outro aspecto limitante de sua prática era a relação estabelecida com a família dos alunos, pois como foi evidenciado na análise do mesossistema, a família, segundo a docente, era um fator de resistência ao aprendizado, mesmo sendo identificada como distante e desinteressada. Um ponto importante foi a religião, que aparecia constantemente no discurso da professora, o que impedia a ludicidade em sala de aula. As famílias dividiam-se em católicos e evangélicos, mas a escola, por ter sede em uma casa de família católica, evidenciava-se como tal, pois em sala de aula podia-se observar imagens de santos, que deveriam ser respeitados.

Foi constatado e evidenciado nos trabalhos de S. Silva (2006), Reis (2007) e S. D. Silva (2006), na comunidade investigada, que apesar de existir uma rede de apoio ao longo do rio, formada pelos vizinhos, esta quase não funcionava, pois como as casas eram muito afastadas, eles tinham pouca oportunidade de se encontrar. Também havia as crianças que não frequentavam mais a escola e isso fazia que perdessem contato umas com as outras. A maior interação efetivava-se entre os vizinhos que eram parentes, quando se observava a ajuda no dever de casa e a brincadeira entre as crianças.

A escola, por sua vez, pouco contribuía para que esse engajamento família-escola se consolidasse, pois apresentava um conteúdo descontextualizado que não condizia com a realidade das famílias. O fato de as turmas serem multisseriadas também era um fator negativo, pois a falta de acompanhamento individualizado era sentida e desestimulava os alunos a prosseguirem seus estudos. A falta de relação com a vida prática era visível; por exemplo, os alunos não conseguiam se situar no mapa do Brasil e as leituras realizadas em sala abordavam aspectos desconhecidos por eles, como as estações do ano, festas populares, e outros.

A comunicação entre os sistemas família e escola se dava basicamente por meio de recados verbais. O momento de maior contato era nas reuniões, as quais, segundo o relato da professora, eram de muito baixa frequência e também no momento da matrícula que acontecia de forma quase paternalista, pois a própria professora visitava a casa do aluno para fazer a matrícula dele. A passagem dos alunos entre os sistemas era sempre feita de modo desacompanhado dos principais responsáveis, o que levava a supor que a ligação entre os microssistemas era, neste caso, fragilmente vinculada, uma vez que esta passagem entre os sistemas chamada por Bronfenbrenner de *transição ecológica*, torna-se mais efetiva e saudável quando a criança sente-se apoiada e suas relações têm uma participação mais efetiva nesse processo.

Em virtude do discutido percebe-se que existia, na prática, pouco consenso de objetivos entre os subsistemas de modo que a família não estava disposta como um vínculo apoiador no potencial desenvolvimental dos alunos. Entretanto, os pais foram unânimes em considerar a educação como muito importante para o alcance de um futuro melhor, ou seja, associada a um bom emprego, a um trabalho não braçal, diferentemente do que é proporcionado no rio Araraiana e, por conseguinte, para obtenção de melhores condições de vida. No entanto, não teceram considerações sobre a escola, apenas disseram que queriam que os filhos frequentassem, pois sabiam da importância do aprendizado para seus planos de futuro. Porém, tudo isso parecia fazer parte de um discurso pronto que não condizia com a realidade vista na escola, com faltas frequentes e pouco relacionamento com a família dos alunos.

O conhecimento produzido ou apreendido na escola pouco influenciava na vida das famílias. Os dados de rotina revelaram que as atividades relacionadas à escola compreendiam os momentos dedicados à execução de tarefas relacionadas a esta, como os deveres de casa, o tempo para se arrumarem e de transporte para a escola.

A limitação da escola em não dar prosseguimento aos anos subsequentes ao quinto ano escolar, aliada a outros fatores, como gravidez e casamento precoces, conteúdo escolar descontextualizado e experiência de ensino desagradável, contribuíam para a permanência e o agravamento de uma situação de circularidade entre o modo de vida e a educação, como mantenedores de certos padrões de precariedade característicos dessa comunidade ao longo do tempo.

Todo esse conjunto de fatores levantava suposições sobre aspectos do macrossistema envolvidos, uma vez que seriam os elementos comuns compartilhados em termos de crenças e valores pelos diversos sistemas considerados. O macrossistema refere-se a consistências, em forma e conteúdo de sistemas de ordem inferior (micro-, meso- e exo-) que existam, ou poderiam existir, no nível da subcultura ou da cultura como um todo, juntamente com qualquer sistema de crença ou de ideologia subjacente a essas consistências (Bronfenbrenner, 1996). Nessa perspectiva, a despeito das boas intenções da professora e das falas dos pais sobre o interesse pela educação e do dito envolvimento da secretaria de educação no acompanhamento das atividades da professora, pouco havia de participação ativa e recíproca envolvida. A comunidade do Araraiana era marcada por relações desiguais entre homens e mulheres (S. Silva, 2006), entre irmãos, pois eram relações baseadas na dominância, algumas vezes física, e de obediência cega. A escola parecia manter esse mesmo perfil, pois a professora, apesar de seu questionamento e comportamento afetuoso, utilizava-se de uma prática tradicional e autoritária. Os alunos eram bastante submissos em sala, e mesmo quando era possível se comportarem de outro modo, seguiam uma inércia de obediência. Supõe-se que as relações familiares e escolares eram conflituosas pela presença de poder nas duas instâncias. E, finalmente, a professora, em sua relação com a secretaria de educação, parecia repetir o mesmo padrão de seus alunos.

Diante desse quadro e dos elementos justificadores da pesquisa fica a interrogação: mas, afinal, a escola do Araraiana é ou não contexto de desenvolvimento infantil? Ao buscar resposta mais incisiva para as perguntas norteadoras da pesquisa que diz respeito ao significado da escolarização para o desenvolvimento infantil, ou pelo menos de indicações sobre a interferência do ambiente contextual no desenvolvimento infantil, deve-se considerar que o desenvolvimento alçado pelos participantes do estudo em função da presença da escola naquele contexto, aparentemente, restringia-se ao aprendizado de leitura, escrita e às operações matemáticas fundamentais. No entanto, não basta disponibilizar a escola para que nela o desenvolvimento infantil seja percebido; é fundamental que esta funcione como instituição contextual incentivadora, desafiadora, problematizadora, comprometida com o desenvolvimento da comunidade a que serve, para que a criança possa alçar voos de desenvolvimento significativos e ser agente de mudanças do próprio contexto que a sedia. Desse modo, a escola ribeirinha enquanto um ambiente ecológico, constituído do espaço físico mais as relações que nele se estabelecem, não se apresentava como um padrão ideal de escola (nem no que se refere à oferta de recursos estruturais e pedagógicos, nem no tocante aos processos proximais efetivos para aprendizagem de conceitos educacionais relativo ao ensino formal).

Entretanto, quando se considera as peculiaridades do contexto da comunidade e se desfoca dos objetivos institucionais, aquele ambiente, de algum modo, pode estar contribuindo para o desenvolvimento de relações saudáveis. Deve-se considerar que na escola ribeirinha são oportunizados os encontros das crianças e dos jovens, e que pelo fato de ser uma escola multisseriada, proporcionava o convívio de alunos de séries e idades diferenciadas, o que poderia resultar em um número significativo de interações contínuas e complexas.

Referências

Bogdan, R. C., & Biklen, S. K. (1994). *Investigação qualitativa em educação*. Portugal: Porto LDA.

Bronfenbrenner, U. (1996). *A ecologia do desenvolvimento humano: experiências naturais e planejadas*. Tradução, M. A. Veronese. Porto Alegre, Artes Médicas. (Original publicado em 1979).

Bronfenbrenner, U., & Morris, P. (1998). The ecology of developmental processes. In W. Damon (Eds.), *Handbook of child psychology* (pp. 993-1.027). New York: John Wiley & Sons.

Brito, R. C., & Koller, S. H. (1999). Desenvolvimento humano e redes de apoio social e afetivo. In A. M. Carvalho (Eds.), *O mundo social da criança: natureza e cultura em ação* (pp. 115-129). São Paulo: Casa do Psicólogo.

Cecconello, A. M. (2003). *Resiliência e vulnerabilidade em famílias em situação de risco*. Tese de Doutorado não publicada. Curso de Pós-Graduação em Psicologia do Desenvolvimento. Universidade Federal do Rio Grande do Sul, Porto Alegre.

Cecconello, A. M., & Koller, S. H. (2003). Inserção ecológica na comunidade: uma proposta metodológica para o estudo de famílias em situação de risco. *Psicologia: Reflexão e Crítica, 16*(3), 515-524.

Corsaro, W. A. (1985). Friendship and peer culture in the early years. *Ethos, 11*, 221-231.

Corsaro, W. A. (2011). *Sociologia da infância*. São Paulo: Artmed, 2011.

Davis, C., & Gatti, B. A. (1993). A dinâmica da sala de aula na escola rural. In M. N. Damasceno (Eds.), *Educação e escola no campo* (pp. 75-87). Campinas: Papirus.

De Antoni, C., & Koller, S. H. (2000). A visão de família entre adolescentes que sofreram violência intrafamiliar. *Estudos de Psicologia, 5*, 347-381.

De Antoni, C., & Koller, S. (2001). O psicólogo ecológico no contexto institucional: uma experiência com meninas vítimas de violência. *Psicologia Ciência e Profissão, 21*, 14-29.

De Antoni, C. (2005). *Coesão e hierarquia em famílias com história de abuso físico*. Tese de Doutorado não publicada. Curso de Pós-Graduação em Psicologia do Desenvolvimento. Universidade Federal do Rio Grande do Sul, Porto Alegre.

Eschiletti-Prati, L. E., Couto, M. C. de P., Moura, A., Poletto, M., & Koller, S. H. (2008). Revisando a Inserção Ecológica: uma proposta de sistematização. *Psicologia: Reflexão e Crítica*, *21*, 160-169.

Koller, S. (1994). *Julgamento moral pró-social de meninos e meninas de rua*. Tese de Doutorado não publicada. Pontifícia Universidade Católica do Rio Grande do Sul, Porto Alegre.

Lisboa, C. S. M. (2005). *Comportamento agressivo, vitimização e relações de amizade de crianças em idade escolar: fatores de risco e proteção*. Tese de Doutorado. Instituto de Psicologia. Curso de Pós-Graduação em Psicologia do Desenvolvimento. Universidade Federal do Rio Grande do Sul.

Lisboa, C., & Koller, S. (2004). O microssistema escolar e os processos proximais: exemplos de investigações científicas e intervenções práticas. In S. H. Koller (Ed.), *Ecologia do desenvolvimento humano:*

pesquisa e intervenção no Brasil (pp. 267-291). São Paulo: Casa do Psicólogo.

Lüdke, M., & André, M. (1986). *Pesquisa em educação: abordagens qualitativas*. São Paulo, EPU.

Morais, N. A. (2005). *Saúde e doença em crianças e adolescentes em situação de rua: concepções e experiência*. Dissertação de Mestrado não publicada. Curso de Pós-Graduação em Psicologia do Desenvolvimento. Universidade Federal do Rio Grande do Sul, Porto Alegre.

Neiva-Silva, L. (2003). *Expectativas futuras de adolescentes em situação de rua: um estudo autofotográfico*. Dissertação de Mestrado não publicada. Curso de Pós-Graduação em Psicologia do Desenvolvimento. Universidade Federal do Rio Grande do Sul, Porto Alegre.

Pontes, F. A. R. (2004). *Contextos de desenvolvimento em uma comunidade ribeirinha da ilha do Marajó: família, pares e escola*. Relatório Técnico para o CNPq.

Reis, D. C. dos (2007). Cultura da brincadeira em uma comunidade ribeirinha na ilha do Marajó. Dissertação de Mestrado. Programa de Pós-Graduação em Psicologia: Teoria e Pesquisa do Comportamento: UFPA.

Sacristán, G., & Goméz, A. I. (2000). *As funções sociais da escola: da reprodução à reconstrução crítica do conhecimento e da experiência. Compreender e transformar o ensino*. Porto Alegre: Artmed.

Silva, S. C. (2006). *Estrutura e dinâmica das relações familiares de uma comunidade ribeirinha da região amazônica*. Tese de Doutorado. Instituto de Psicologia, Universidade de Brasília.

Silva, S. D. B. da. (2006) *Diferença de gênero na interação entre irmãos em uma comunidade ribeirinha amazônica*. Dissertação de Mestrado. Programa de Pós-Graduação em Psicologia: Teoria e Pesquisa do Comportamento: UFPA.

Tudge, J. (2001). Estudando a criança e a família em seu contexto: para uma abordagem cultural da tolerância. In Z. M. M. Biasoli-Alves & R. Fischmann (Eds.), *Crianças e adolescentes, construindo uma cultura da tolerância* (pp. 65-79). São Paulo: Edusp.

7

Exploração sexual de crianças e adolescentes: a Inserção Ecológica como caminho de pesquisa

LUCIANA BARBOSA DA SILVA VEGA
SIMONE DOS SANTOS PALUDO

Este capítulo tem como objetivo apresentar a Inserção Ecológica no contexto da exploração sexual de crianças e adolescentes (ESCA). Os caminhos aqui ilustrados referem-se à trajetória percorrida durante uma pesquisa de mestrado que buscou investigar a percepção da vítima de exploração sexual sobre a violação propriamente dita e o seu conhecimento, acesso e avaliação da rede de proteção existente, bem como identificar a rede de proteção construída para o enfrentamento da ESCA (Vega, 2011).

A investigação sobre a exploração sexual de crianças e adolescentes é um desafio. Afinal, como identificar pessoas, lugares e práticas que se ocultam constantemente? A invisibilidade dos casos, a falta de registros e notificações, o medo e o caráter mercantil e criminoso são algumas barreiras que dificultam o acesso às vítimas e aos contextos de ocorrência. Como a exploração sexual tem sido discutida enquanto violação de direitos humanos que envolve uma relação de poder marcada pela violência e uso/abuso do corpo de crianças e adolescentes; sendo assim, diferentes estratégias metodológicas têm sido adotadas para essa investigação. Estudos etnográficos (Diógenes,

2009; Morais, 2009), observacionais (Libório, 2005), de caso e documentais (Leal & Leal, 2002), estudos de caso em locais especializados para o atendimento de violência sexual (Cerqueira-Santos, Resende, Correa, 2010; Sousa, 2008), histórias de vida (Botelho, 2003), técnicas de amostragem – *Respondent-Driven Sampling* (RDS) (Cerqueira-Santos, 2009) e Inserção Ecológica (Serpa, 2009; Vega, 2011) são alguns caminhos possíveis.

Na tentativa de compreender a dinamicidade e a complexidade da ESCA e capturar as diversidades social, econômica e cultural que permeiam esse fenômeno, a Abordagem Bioecológica do Desenvolvimento Humano – ABDH (Bronfenbrenner, 1979/1996, 2005; Bronfenbrenner & Morris, 1998) foi escolhida como estratégia teórico-metodológica neste estudo. Ao lançar um olhar ecológico sobre essa temática é preciso atentar para que a investigação seja dirigida para além das pessoas envolvidas, nesse caso, para além das crianças e dos adolescentes vítimas, a fim de considerar também as interações e transições destas com outras pessoas (especialmente com clientes, aliciadores, vítimas etc.) e com outros contextos (família, rede de proteção e rede de exploração), contextos dos quais muitas vezes sequer participam, mas que influenciam diretamente seu desenvolvimento, seja por decisões exossistêmicas ou crenças macrossitêmicas (Vega & Paludo, 2011).

A Inserção Ecológica prevê a imersão do pesquisador e de sua equipe no contexto a ser investigado (Cecconello & Koller, 2003; Eschiletti-Prati, Couto, Moura, Poletto, & Koller, 2008; Paludo & Koller, 2004). Durante cinco meses, a equipe de pesquisa se aventurou pelo árduo contexto da exploração sexual a fim de compreender as vítimas, seus processos proximais, suas interações e seus contextos de vida. Foram produzidos cerca de 71 diários de campo que retratam as observações, as vivências e os relatos de cenas da ESCA.

Contexto da pesquisa

A pesquisa foi realizada em Rio Grande, município localizado na região sul do Estado do Rio Grande do Sul, que conta com uma população de 197.228 habitantes, de acordo com o último censo demográfico (IBGE, 2010). Rio Grande é vulnerável a situações de violação da infância e da juventude em função de sua principal característica – é uma cidade portuária, que tem o segundo maior porto em movimentação de cargas do Brasil. O *Mapeamento dos Pontos Vulneráveis à Exploração Sexual de Crianças e Adolescentes nas Rodovias Federais Brasileiras* (Brasil, 2009/2010)[1] apontou onze pontos na BR-392 (rodovia que liga Rio Grande a Pelotas). Dado semelhante é encontrado em um estudo anterior, realizado pela Organização Internacional do Trabalho (OIT, 2008) que revelou dezoito pontos vulneráveis para a exploração sexual na BR-392 e quatorze pontos na BR-471 (Rio Grande – Santa Vitória do Palmar), identificando os postos de gasolina, os bares, as boates, os motéis e a própria rodovia como os principais locais da prática dessa violência.

Somado a esse cenário, o município está vivenciando uma grande expansão no polo naval, transformando a região em grandes canteiros de obras, predominantemente masculinos. Esse fato pode atrair ainda mais a ocorrência de situações de exploração sexual, bem como potencializar a vulnerabilidade socioambiental já presente no município.

Antes da Inserção Ecológica no contexto da ESCA

O estudo previa a inserção das pesquisadoras em diferentes locais (ruas reconhecidas como vulneráveis, região portuária, regiões próximas aos motéis e às boates) para acessar meninas e meninos com idades até dezessete anos, envolvidos com a exploração sexual. Para tanto, alguns cuidados foram tomados. O primeiro passo envolveu a submissão da

---

1 A 4ª edição do *Mapeamento dos Pontos Vulneráveis à Exploração Sexual de Crianças e Adolescentes nas Rodovias Federais Brasileiras* – 2009/2010 é fruto de uma parceria inédita e multisetorial composta do Departamento de Polícia Rodoviária Federal, Secretaria dos Direitos Humanos da Presidência da República, Organização Internacional do Trabalho, Childhood Brasil e o setor privado.

proposta de pesquisa ao Comitê de Ética da Universidade. Todas as normativas e diretrizes regulamentadoras da pesquisa com seres humanos foram respeitadas – *Resolução 196/96* (Conselho Nacional de Saúde, 1996), sendo, assim, aprovada a proposta. O segundo passo envolveu a capacitação da equipe, a qual foi preparada teórica, ética e metodologicamente. Foi prioridade o estudo da Abordagem Bioecológica do Desenvolvimento Humano (ABDH), ao se articular à temática focalizada na pesquisa, da Inserção Ecológica até o treino e a simulação do roteiro de entrevista que seria utilizado – um instrumento adaptado do estudo de Serpa (2009). A equipe buscou se instrumentalizar cientificamente e estar comprometida com a promoção de direitos humanos antes de iniciar a Inserção Ecológica propriamente dita.

A Inserção Ecológica no contexto da ESCA

No estudo de Vega (2011), a Inserção Ecológica envolveu todo o processo de imersão da equipe no contexto da exploração sexual (que contemplou desde a rede de proteção, a rede de exploração e as vítimas). Dessa forma, às anotações feitas nos diários de campo acerca dos momentos vivenciados durante cinco meses forneceram dados tão importantes quanto as entrevistas realizadas com as vítimas. Nessa jornada foram frequentados sistematicamente cinco bairros e identificados inúmeros vestígios e cenas de exploração sexual.

O contato com o campo de pesquisa aconteceu quando a equipe buscou a rede de proteção e solicitou ajuda no mapeamento dos locais considerados vulneráveis e das vítimas residentes no município. Inicialmente foram contatados o Conselho Tutelar, por ser a porta de entrada das denúncias, e o Centro de Referência Especializada em Assistência Social (CREAS), devido ao trabalho direto no acolhimento/atendimento das crianças e adolescentes vítimas de violência sexual e suas famílias. Tais serviços informaram a existência de casos de crianças e adolescentes vítimas das prostituição e pornografia, e apontaram um total de quinze bairros vulneráveis no município.

As indicações fornecidas pelos dois serviços referidos foram o ponto de partida na tentativa de acessar os participantes para o estudo. No entanto, foram constatadas dificuldade no acesso às crianças e adolescentes vítimas indicadas pelos serviços. As informações consistiam em locais e horários que não correspondiam à realidade. Visitas sistemáticas e em diferentes horários foram realizadas, mas sem sucesso. A escassez de vítimas nos locais indicados revelou dois importantes aspectos sobre o contexto da ESCA: 1) a dinâmica e o trânsito das vítimas e 2) a falta de conhecimento sobre essa dinâmica por parte da rede. Além disso, ficou claro para a equipe que o caminho seria árduo. A pesquisadora Ennew (2008) corrobora os desafios enfrentados na investigação da ESCA, seja pelo acesso às vítimas, clientes ou intermediários, bem como aos locais em que se transaciona a exploração sexual, "devido à natureza ilegal ou estigmatizada de prostituição" (p. 22).

Diante dessa situação, a equipe decidiu retomar o vínculo estabelecido com a rede de proteção contatada (CREAS e Conselho Tutelar), relatar as dificuldades vivenciadas e solicitar ajuda. Interessante destacar que inúmeros motivos foram apontados para os desencontros entre as vítimas e a equipe. Os conselheiros tutelares afirmaram que muitas vítimas da ESCA são usuárias de drogas e têm medo de sofrer alguma punição (ser retirada de circulação e colocada em acolhimento institucional). Por isso, quando percebem qualquer movimento diferente se escondem. Uma conselheira relatou: "quando a gente chega aos locais as meninas fogem, com medo" (Diário de campo, 31/05/2010).

O suposto perigo/ameaça que a presença e a ação dos conselheiros tutelares provoca nas vítimas revela processos proximais disfuncionais de proteção e evidencia que o serviço talvez esteja distante da realidade vivenciada pela ESCA. Diante da ausência de novas indicações e das dificuldades relatadas pelo Conselho Tutelar, a equipe acordou que seria interessante buscar outros serviços da rede de proteção do município que mantêm uma relação mais próxima e menos hierárquica com as vítimas.

Um serviço da ação social foi acionado e uma líder de bairro intermediou o encontro da equipe com as possíveis vítimas da exploração sexual. O encontro ocorreu na paróquia da comunidade e contou com a participação de duas meninas (irmãs, uma com 13 anos e a outra com 15) que chegaram acompanhadas pela avó. Durante o contato inicial declararam ter sido abusadas sexualmente pelo padrasto, sendo que a adolescente de 15 anos estava grávida do agressor. No entanto, as meninas relataram não ter envolvimento com situação de exploração sexual. Embora tenham insistido nessa afirmação, a equipe pôde observar elementos contraditórios. A menina mais nova estava com uma vestimenta incompatível com o clima e com a ocasião (vestia um vestido curtíssimo, modelo de festa/noturno, brilhante, sapato de salto alto e com maquiagem pesada) e mostrava-se muito incomodada com o rumo que a conversa tomava, enquanto a outra adolescente (grávida) vestia agasalho e tênis, e esboçava apatia. Durante a conversa informal, comentaram que o padrasto dava presentes, roupas, sapatos, *lingeries* sensuais, para deixá-las mais bonitas e atraentes. O fato de objetos serem trocados pelo ato sexual sugeria a possibilidade de exploração sexual, mas as meninas insistiram que era abuso e não autorizaram a entrevista.

Cerqueira-Santos (2009) destacou que as vítimas resistem em assumir o seu envolvimento com a ESCA, devido ao medo de serem julgadas e responsabilizadas. Quando uma vítima afirma que foi abusada fica evidente a sua vitimização, situação que não acontece quando uma vítima afirma estar envolvida com a ESCA. Talvez por esse motivo, as meninas tenham confirmado o abuso e negado a exploração. Outra hipótese é de que elas não compreendam a troca de presentes como uma vivência de exploração.

A confusão conceitual sobre abuso sexual e exploração sexual parece ser comum para a própria vítima, assim como para a família, para a rede de proteção e para a sociedade. A literatura não aponta como determinante que uma vítima ao ser abusada sexualmente será também explorada (pelo caráter de suas especificidades, pelo atendimento e tratamento que contemple suas peculiaridades). Segundo Leal (1999) é preciso identificar e tipificar as diferentes formas de violência.

À medida que a Inserção Ecológica acontecia e as dificuldades aumentavam, a equipe se aproximava de uma certeza: a ESCA envolve diferentes olhares que nem sempre se cruzam. Há o olhar daquele que *enxerga* a situação *do lado de fora* e confere um rótulo (por exemplo, técnicos e pesquisadores) e há o olhar daquele que *vivencia* a ESCA. Os mediadores e os serviços acessados pela equipe buscavam casos estereotipados e preocupavam-se em trazer crianças e adolescentes que acreditavam que estavam sendo realmente explorados, uma vez que aqueles casos que, no entendimento dos profissionais, envolviam uma "escolha" (nas palavras dos profissionais: meninas e meninos que estão se prostituindo porque querem usar drogas) não correspondiam aos critérios de inclusão da pesquisa. Diante desse equívoco, foi importante o contato constante com os profissionais da rede para o esclarecimento do perfil solicitado, para a explicação do conceito e da dinâmica da exploração sexual e para a averiguação de novas indicações. É importante destacar que a manutenção do contato da equipe com os serviços e com a rede também favorece o vínculo de confiança e facilita o acesso às vítimas que estão em atendimento em locais fechados (serviços psicológicos e da assistência social).

Por exemplo, no primeiro momento em que o CREAS foi contatado, nenhuma vítima que havia sido atendida ou que estivesse em atendimento no centro de referência foi indicada. Como o contato permanente foi priorizado, depois de quatro meses da Inserção Ecológica, a equipe foi informada da existência de três meninas que contemplavam os critérios de inclusão e que já haviam estado em atendimento psicológico no serviço. A equipe, então, dirigiu-se ao local para contatar as meninas e duas delas aceitaram participar das entrevistas que ocorreram dentro do CREAS. As meninas eram irmãs (11 e 13 anos) e estavam envolvidas no mesmo caso de exploração sexual (mencionado anteriormente). Elas foram entrevistadas individualmente e afirmaram ter sido prostituídas pela mãe para o mesmo agressor em troca de dinheiro e presentes. É interessante destacar que as meninas apresentavam sentimentos ambivalentes pela mãe e pelo agressor. De acordo com Diógenes

(2009), quando os agentes da exploração sexual são mais próximos das vítimas, como pessoas da família ou conhecidos, existe uma relação de dominação e a vítima comporta-se como propriedade de seu agressor, sujeitando-se a ser objeto sexual de oferta e lucro. No momento da entrevista, as meninas estavam sob a guarda do pai; a mãe e o agressor estavam presos.

A realização das entrevistas após tantas tentativas frustradas motivou a equipe, que continuou a busca ativa pelas meninas e meninos. O CREAS sugeriu o contato com as casas de acolhimento institucional, uma vez que esses são medidas de proteção que recebem crianças e adolescentes vítimas da violência sexual. Visitas foram agendadas com as duas casas de acolhimento mantidas pelo município. Em conversa informal, a coordenadora da Instituição 1, que atende apenas meninas, relatou que recebeu em torno de cinco casos de vítimas da exploração sexual entre os anos de 2008 e 2010, com idades entre 13 e 15 anos, e que estavam sendo exploradas por meio da pornografia e da prostituição. De acordo com a coordenadora, a permanência delas no acolhimento foi muito rápida, no máximo quinze dias. Nesses casos, a saída estava sempre relacionada ao uso de drogas. Por causa da "fissura", elas pulavam muros e quebravam vidros das janelas. Informou ainda que as meninas tinham como aliciadores "coroas" (termo utilizado pela entrevistada) e não percebiam a vitimização que sofriam, pois utilizavam o seu corpo para conseguir drogas, presentes, favores e dinheiro. Já na Instituição 2, que atende apenas meninos, a coordenadora informou que houve apenas um caso registrado no ano de 2009 de um menino de 17 anos que estava sendo prostituído. De forma semelhante, o menino ficou apenas quinze dias no abrigo, mas foi reinserido na família de origem. Para a entrevistada, a ESCA entre meninos pode ter menor incidência ou maior silêncio.

O contato com os acolhimentos mostrou novamente que as redes de proteção nem sempre conseguem estabelecer processos proximais positivos com as vítimas, especialmente quando a exploração sexual aparece associada às drogas. O uso de drogas também foi citado como um problema sério por líderes comunitários, conselheiros e agentes de saúde.

O caso de uma adolescente que já foi atendida em todos os serviços do município foi lembrado pelos profissionais. Todos afirmaram que a droga era sua aliciadora e que ninguém conseguia resgatá-la. A adolescente foi vista pela equipe em diferentes bairros, inclusive em bares e casas suspeitas de ESCA, mas nenhum contato pessoal foi possível. A droga parece constituir um importante obstáculo na perspectiva da rede, mas por outro lado, a pesquisadora Libório (2005) afirma que a droga se encontra alicerçada justamente na falta de redes de apoio familiar e institucional e na articulação firme com as redes de exploração.

A entrevista realizada com uma adolescente de 17 anos (indicada pelo Conselho Tutelar) mostrou a relação entre uso de droga e a fragilidade do apoio institucional e familiar. A menina informou que começou a usar *crack* ainda dentro de casa, sua mãe era usuária e seu padrasto, traficante. Nesse contexto, o acesso à droga era facilitado. No entanto, sua mãe e seu padrasto foram presos e, para manter o vício, ela acabou sendo explorada:

> Vou fazer, vou comprar e vou fumar. Vou fazer, vou comprar e vou fumar. Depois quando acabava a gente ia de novo [...] eu tinha que fazer, que procurar para sustentar o meu vício [...] eu ficava com quem eu não queria, não porque gosta, mas para conseguir o dinheiro. Ficava obrigada praticamente, não que ele (o cliente) te obrigava, mas a droga te obrigava.

A adolescente relatou, ainda, que buscava clientes nos postos de gasolina na beira da estrada por causa do fluxo constante de caminhoneiros. Seu relato expõe o quão distante está a rede de proteção do cotidiano da ESCA, embora todos (Conselho Tutelar, polícia, comunidade, organizações sociais, instituições de acolhimento, entre outros) saibam apontar onde acontece a exploração e os motivos que levam as meninas para tais locais. A crença de que a droga é um inimigo invencível e o uso do corpo em troca da substância é uma escolha, cristaliza qualquer enfrentamento. Bronfenbrenner (1979/1996) ilustrou que as crenças e as ideologias presentes no macrossistema influenciam as práticas de cuidado. Como haverá cuidado se os profissionais acreditam que eles não podem fazer nada para romper o desejo pela droga? Como podem proteger jovens quando creem que eles escolheram estar sendo explorados? Embora não tenha sido foco do estudo analisar a atuação dos profissionais, foi impossível não considerá-la, pois quanto mais a equipe tentava compreender a ESCA, mais se aproximava da relação entre as vítimas e os serviços/instituições. Ficou claro para os pesquisadores que a dinâmica da exploração sexual passa pela ação e pela ausência de ação da rede. Por esse motivo, a equipe continuou contando com a colaboração dos profissionais envolvidos direta ou indiretamente com as vítimas.

Novas indicações do Conselho Tutelar continuaram guiando a Inserção Ecológica. Nove nomes foram apresentados, localizados e contatados, mas apenas uma adolescente, que segundo os conselheiros perambulava pelas ruas e era explorada por vários homens, aceitou participar do estudo. A vítima, uma adolescente de 16 anos, foi contatada em sua própria casa e após a devida autorização dela e de seus responsáveis a entrevista foi realizada. Grávida (fruto da exploração), a menina afirmou não saber quem era o pai e contou ter estado envolvida com a prostituição para ajudar a mãe no sustento da casa. Declarou, ainda, que achava "normal" ter relações sexuais com uma pessoa que oferecia dinheiro para ela comprar o que precisava para dentro de casa e que não percebia estar sendo violentada.

Essa entrevista permitiu à equipe uma discussão ecológica relacionada à pessoa, aos processos proximais estabelecidos com o agressor e à influência dos fatores exossistêmicos (nesse caso, a miséria). A fala da menina mostra a dificuldade de reconhecer o "cliente" como explorador. De acordo com Trindade (2010), essas situações é que mantêm um movimento cíclico violador, instalando-se a ilusão, a falsa ideia de parceria, em que a exploração sexual é "romantizada" como forma de sobrevivência das vítimas.

Para compor a amostra, a busca ativa por meninos e meninas se manteve. Um membro da equipe de pesquisa conseguiu intermediar o contato com a coordenadora pedagógica de uma escola estadual no município, evidenciando que a escola está atenta à realidade de seus alunos e famílias e que pode, e deve, ser parceira no enfrentamento de qualquer tipo de violência, no caso específico, a ESCA. A coordenadora indicou um caso, mas ao conhecer maiores detalhes, verificou tratar-se de uma mãe que buscava ajuda para o seu filho de 6 anos, ao suspeitar que seu outro filho, de 18 anos e usuário de drogas, estava abusando sexualmente do irmão. A situação não contemplava o objetivo da pesquisa. Por isso a entrevista não foi realizada, mas uma orientação foi oferecida à escola e à mãe. Novamente foi possível verificar a confusão entre abuso e exploração sexual, o que enfatiza a necessidade de informação e capacitação dos agentes da rede de proteção, principalmente, como alternativas/estratégias no efetivo enfrentamento, orientação e apoio às vítimas de violência sexual e seus familiares.

Logo a seguir, a equipe contatou uma ex-conselheira tutelar que indicou uma adolescente de 16 anos (conhecida como "10 reais"), portadora de um distúrbio mental moderado, aliciada pela cunhada e pela mãe. A menina era explorada diariamente, tanto na casa da aliciadora, como na rua, sujeita a toda espécie de violência. A equipe questionou se seria possível ou não entrevistá-la diante das características pessoais (limitação cognitiva). Após inúmeras discussões, foi acordado que seria importante dar voz à menina. A própria literatura registra que crianças e adolescentes com alguma necessidade especial são vítimas mais vulneráveis (Groce, 2005; Sánchez, 2007). Diante da decisão, a pesquisadora visitou a adolescente indicada que aceitou participar do estudo. A entrevista ocorreu na residência em que a jovem vive com uma representante legal. A menina afirmou ter sido aliciada e obrigada a fazer sexo com inúmeros homens, embora em alguns momentos ela não soubesse explicar com detalhes o que tinha acontecido, expressava com propriedade, a dor de quem vivenciou uma das piores formas de escravidão que se conhece atualmente.

O Conselho Tutelar voltou a sugerir alguns nomes, sendo que todas as indicações foram averiguadas e a inserção no contexto da comunidade foi se construindo. A equipe conseguiu realizar o contato com mais uma menina, de 12 anos, que após a conversa informal e a explanação da pesquisa, não demonstrou interesse em participar, nem em continuar a conversar informalmente. Ela negou qualquer envolvimento com a ESCA (embora já tenha sido atendida pelos serviços da rede em relação à exploração sexual). Não se perceber como vítima de exploração foi um dado recorrente nessa pesquisa.

Visitas frequentes e em horários alternativos foram feitas a outra menina de 15 anos, moradora do mesmo bairro; no entanto, ela não foi encontrada em sua moradia, nem nos locais em que habitualmente transitava. Um adolescente travestido de mulher foi encontrado nas proximidades de um motel, mas não deixou a equipe se aproximar dele. O não acesso às vítimas permite que estas sejam cada vez mais silenciadas nesse universo de violência.

Três adolescentes do sexo masculino também foram indicados como vítimas de exploração sexual. Em bairros distintos do município pesquisado, somente um dos indicados foi encontrado no local em que reside. Uma conversa inicial com a mãe revelou a homossexualidade do filho e a possibilidade de estar envolvido com a exploração sexual. A partir da autorização da mãe, iniciou-se uma conversa informal com o jovem. O adolescente de 15 anos apresentou muitas respostas confusas e estava constrangido em afirmar sua orientação sexual, que em seu entender era mais agravante do que ter algum envolvimento com ESCA. Segundo Alencar, Ribeiro, Gorenstein e Sanchez (2009, p. 178), "a formação machista, patriarcal e preconceituosa quanto à orientação sexual da sociedade brasileira, induz o pensamento dominante a invisibilizar a violência sexual sofrida pelos meninos, que também são frequentemente alvos desse tipo de prática". As crianças e adolescentes do sexo masculino ainda são mais prejudicados nessa prática violadora, pois as crenças macrossistêmicas permeadas de preconceito favorecem o silêncio e promovem a perpetuação desses meninos e jovens no mundo da exploração sexual.

A rede de exploração também foi contatada nesse estudo. Visitas sistemáticas foram feitas aos estabelecimentos que estão localizados em uma "zona de meretrício" reconhecida no município, sendo que em uma delas foi possível uma conversa informal com uma mulher adulta trabalhadora do local. Essa mulher indicou uma boate na mesma rua e apontou que lá seria possível encontrar adolescentes realizando "programas". Ao chegar ao estabelecimento mencionado, duas meninas aparentando ter entre 16 e 17 anos, ou menos, adentraram a boate, mas não retornaram. Aguardando resposta ou sinalização de alguma conversa a respeito da exploração sexual, o momento de inserção tornou-se delicado e perigoso, pois surgiu uma espécie de segurança (ou "cafetão") que questionou a presença da pesquisadora e com gestos intimidadores não permitiu qualquer conversa mais esclarecedora sobre o estudo desenvolvido. Essa situação proporcionou uma discussão sobre a organização do mercado do sexo, no qual a preocupação com os lucros/negócios aliada à criminalidade faz que a rede de exploração se estabeleça firmemente na vida de crianças e adolescentes envolvidos.

Após cinco meses de imersão contextual (e apenas cinco entrevistas realizadas), a equipe pôde avaliar que o caminho árduo e desafiador percorrido trouxe informações valiosas que não seriam alcançadas somente por meio das entrevistas, pois quando um pesquisador se insere ecologicamente passa a olhar a pessoa, o processo, o contexto e o tempo (Eschiletti-Prati, Couto, Moura, Poletto, & Koller, 2008; Morais, 2009). Nesse sentido, na tentativa de acesso às vítimas, muitos outros fatores foram sendo expostos. À medida que a inserção desenhava a trajetória de pesquisa, a equipe deparava com as relações e interações entre as vítimas da ESCA, seus ambientes de desenvolvimento, as redes de proteção e as redes de exploração.

Após a Inserção Ecológica...

Quando a Inserção Ecológica se encerra, os cuidados com a análise dos dados e a devolução dos achados devem ocupar a equipe (ver Capítulo 3, neste livro). Nesse estudo, a análise qualitativa dos dados deu origem a uma dissertação de mestrado (Vega, 2011) e os resultados obtidos a partir das entrevistas, dos diários de campo e das observações realizadas durante a inserção deram início a uma importante discussão na rede de proteção do município.

O estudo da exploração sexual compromete o pesquisador com o enfrentamento e a proteção da criança e do adolescente, pois essa violação representa o estado do não exercício do direito à vida e à saúde, à liberdade, ao respeito, à dignidade, à convivência familiar e comunitária, à educação, à cultura, ao esporte e ao lazer. Por esse motivo, os principais resultados foram compilados e organizados em um relatório resumido que foi entregue e discutido com as instituições participantes do estudo. O pesquisador precisa articular o conhecimento científico às políticas públicas sociais, e um primeiro passo certamente é a devolução dos dados. Bronfenbrenner (1974) já tratava dessa questão ao ressaltar a importância da ciência para a formulação das políticas públicas para o bem-estar e o desenvolvimento dos seres humanos.

Considerações finais

Este capítulo apresentou a Inserção Ecológica no contexto da ESCA realizada no estudo de Vega (2011). Quando a equipe se inseriu no contexto esperava encontrar um cenário conhecido e estereotipado (meninas e meninos perambulando pelas ruas, bares, postos de gasolina e entre clientes). Em alguns momentos essas cenas foram visíveis, mas os protagonistas eram adultos. Dessa forma, aos poucos a pesquisa foi mostrando que essas imagens não passavam de crenças da própria equipe, que pôde compreender o quão velado está o envolvimento de crianças e adolescentes.

Capturar cenas e vestígios da exploração foi um grande desafio. Foi preciso exercitar o olhar e conhecer as inúmeras faces dessa violação, uma vez que quando as evidências apareciam, na maioria das vezes, estavam travestidas. Neste estudo, raras vezes a exploração esteve declarada. A aproximação de meninas e meninos explorados sexualmente evidenciava a violência a que tinham sido submetidos, mas também mostrava quem são, onde vivem e como dialogam com a rede de proteção e com a rede de exploração.

Os obstáculos encontrados no estudo foram tão significativos quanto as informações descobertas. Certamente, o caminho descrito aqui não contemplou todas as dimensões da ESCA, mas vislumbrou alguns cenários de violência e muitas histórias silenciadas. A Abordagem Bioecológica do Desenvolvimento Humano (ABDH), proposta por Urie Bronffenbrenner (1996/1979), subsidiou a discussão e orientou o olhar sobre as pessoas investigadas. O deslocamento da equipe não envolveu apenas a inserção em diferentes bairros e em diferentes sistemas ecológicos, envolveu o deslocamento cultural, afetivo e social da equipe de pesquisadores. Todos foram provocados pelas situações observadas, pelas crenças expostas e pelos relatos obtidos, tendo o seu próprio desenvolvimento alterado.

Referências

Alencar, V., Ribeiro, P., Gorenstein, F., & Sanchez, M. (2009). Violência sexual contra crianças e adolescentes e seus mitos. In ANCED (Eds.), *A defesa de crianças e adolescentes vítimas de violências sexuais – reflexões sobre a responsabilização a partir de dez situações acompanhadas por centros de defesa dos direitos da criança e do adolescente no Brasil* (pp. 177-181). São Paulo: ANCED.

Botelho, S. (2003). *Prostituição de adolescente: uma imagem construída na adversidade da sociedade.* Dissertação de Mestrado não publicada, Escola de Enfermagem, Universidade de São Paulo, São Paulo.

Bronfenbrenner, U. (1974). Developmental research, public policy, and the ecology of childhood. *Child Development*, 45, (1-5).

Bronfenbrenner, U. (1996). *A ecologia do desenvolvimento humano: experimentos naturais e planejados.* Porto Alegre: Artes Médicas. (Original publicado em 1979).

Bronfenbrenner, U. (2005). *Making human beings humans.* Thousand Oaks: SAGE.

Bronfenbrenner, U., & Morris, P. A. (1998). The ecology of developmental processes. In W. Damon (Ed. Série) & R. M. Lerner (Ed. Volume), *Handbook of child psychology: theoretical models of human development* (Vol. 1, pp. 993-1.027). New York: John Wiley & Sons.

Cecconello, A. M., & Koller, S. H. (2003). Inserção ecológica na comunidade: uma proposta metodológica para o estudo de famílias em situação de risco. *Psicologia: Reflexão e Crítica, 16*(3), 515-524.

Cerqueira-Santos, E. (2009). *Vítimas da exploração sexual de crianças e adolescentes: indicadores de risco, vulnerabilidade e proteção.* Relatório Técnico. São Paulo: World Childhood Foundation.

Cerqueira-Santos, E., Resende, N., & Correa, P. (2010). Adolescentes vítimas de exploração sexual: um estudo de caso múltiplos. *Contextos Clínicos, 3*(2), 113-123.

Conselho Nacional de Saúde. (1996). *Diretrizes e normas regulamentadoras de pesquisas envolvendo seres humanos. Resolução n. 196/1996, de 16 de outubro de 1996.* Brasília, DF: Autor.

Diógenes, G. (2009). *Os sete sentimentos capitais: exploração sexual comercial de crianças e adolescentes.* São Paulo: Annablume.

Ennew, J. (2008). Explotation of children in prostitution. *Paper Presented at III Congresso Mundial de Enfrentamento da Exploração Sexual de Crianças e Adolescentes*, Rio de Janeiro, Brasil.

Eschiletti-Prati, L., Couto, M. C. P. P., Moura, A., Poletto, M., & Koller, S. (2008). Revisando a Inserção Ecológica: uma proposta de sistematização. *Psicologia: Reflexão e Crítica, 21*(1), 160-169.

Groce, N. (2005). *Violence against Disabled Children – Summary Report.* UNICEF: New York.

Instituto Brasileiro de Geografia e Estatística. (2010). *IBGE Cidades@ – Rio Grande do Sul.* Recuperado em 18 jan. 2011, de www.ibge.gov.br

Leal, M. (1999). *A exploração sexual comercial de meninos, meninas e adolescentes na América Latina e Caribe: relatório final, Brasil.* Brasília, CECRIA.

Leal, M. L. P., & Leal, M. F. (2002). *Pesquisa sobre tráfico de mulheres, crianças e adolescentes para fins de exploração sexual comercial no Brasil* (Relatório Nacional PESTRAF). Brasília, DF: CECRIA.

Libório, (2005). Adolescentes em situação de prostituição: uma análise sobre a exploração sexual comercial na sociedade contemporânea. *Psicologia: Reflexão e Crítica, 3*(18), 413-420.

Morais, N. A. (2009). *Trajetórias de vida de crianças e adolescentes em situação de vulnerabilidade social: entre o risco e a proteção*. Tese de Doutorado não publicada, Curso de Pós-Graduação em Psicologia do Desenvolvimento, Universidade Federal do Rio Grande do Sul, Porto Alegre.

Organização Internacional do Trabalho (2008). *Guia para a localização dos pontos vulneráveis à exploração sexual infantojuvenil ao longo das rodovias federais brasileiras*. Brasília: OIT.

Paludo, S. & Koller, S. (2004). Inserção ecológica no contexto da rua. In S. H. Koller (Ed.), *Ecologia do desenvolvimento humano: pesquisa e intervenção no Brasil* (pp. 219-244). São Paulo: Casa do Psicólogo.

Sánchez, P. (2007). Sexualidad y de los niños, niñas y adolescentes especiales asociadas con las necesidades educativas discapacidad. *Paper Presented at IX Congresso Nacional da Ciência do Instituto Tecnológico da Costa Rica*. Cartago: Costa Rica.

Serpa, M. (2009). *Exploração sexual e prostituição: um estudo de fatores de risco e proteção com mulheres adultas e adolescentes*. Dissertação de Mestrado não publicada, Instituto de Psicologia, Universidade Federal do Rio Grande do Sul, Porto Alegre.

Sousa, D. (2008). *Sexo não é brincadeira: o sentido da infância para adolescentes inseridas na exploração sexual*. Dissertação de Mestrado não publicada, Instituto de Psicologia, Universidade Federal do Rio Grande do Norte, Natal.

Trindade, E. (2010). *As meninas da esquina: diários dos sonhos, dores e aventuras de seis adolescentes do Brasil*. Rio de Janeiro: Record.

Vega, L. (2011). *Exploração sexual de crianças e adolescentes e as redes de proteção: um estudo socioambiental na cidade do Rio Grande*. Dissertação de Mestrado, Curso de Pós-Graduação em Educação Ambiental, Universidade Federal do Rio Grande, Rio Grande.

Vega, L., & Paludo, S. (2011). Um olhar ecológico sobre a exploração sexual de crianças e adolescentes. *Revista Eletrônica do Mestrado em Educação Ambiental/REMEA, 26*, 293-305.

8

O método em contexto:

Inserção Ecológica em Angola

Airi Macias Sacco
Sílvia Helena Koller

Este capítulo visa ilustrar a utilização da Inserção Ecológica a partir da apresentação do método de uma pesquisa sobre direitos da criança e educação realizada em Angola. O objetivo do estudo foi elaborar um diagnóstico situacional sobre o sistema de ensino público primário local, investigar como seria a escola dos sonhos dos angolanos e, com base nisso, orientar a criação de um modelo de escola baseada em direitos para o país (Unicef, 2009).

A Inserção Ecológica foi a opção metodológica escolhida em virtude de sua estreita ligação com a Abordagem Bioecológica do Desenvolvimento Humano (ABDH) e da pouca familiaridade da equipe de pesquisa, composta por três pesquisadoras brasileiras, com o contexto angolano. A Inserção Ecológica, assim, foi considerada a maneira mais adequada para acessar a realidade angolana e atingir os objetivos do estudo. Durante quatro meses no país, as pesquisadoras tentaram fazer parte do contexto no qual estavam inseridas, experienciando a vida local e aprendendo o máximo possível sobre a história de Angola, sua cultura e a situação da educação e dos direitos da criança no país.

A elaboração de um diagnóstico situacional sobre o sistema de ensino primário de um país requer a análise de uma série de fatores relacionados a escolas, comunidades, recursos humanos e financeiros, estudantes, políticas educacionais e eventos históricos, entre outros. Em termos teóricos, isso implica a necessidade de serem considerados os níveis micro, meso, exo e macrossistêmicos. Em um estudo ecológico, a melhor maneira de entrar em contato com esses e outros tópicos importantes é, além de observar e se engajar no contexto, considerar o que têm a dizer as pessoas diretamente envolvidas com o cotidiano em análise. Assim, este estudo contemplou a opinião de autoridades municipais e provinciais de educação, diretores e funcionários de escolas, professores, pais e cuidadores, comunidade local e, especialmente, crianças.

O foco do estudo foi o sistema de ensino público primário, representado por quinze escolas localizadas em cinco das dezoito províncias angolanas: Bié, Cunene, Huíla, Luanda e Moxico. A Inserção Ecológica e a coleta de dados duraram quatro meses. Neste período, a equipe permaneceu durante três meses em Luanda, sede da pesquisa, uma semana em cada uma das outras províncias e um dia em cada escola.

Contextualização

Angola é um país localizado na costa ocidental da África e constituído por aproximadamente dezenove milhões de habitantes (UNDP, 2010). O idioma oficial é o português, mas também vigoram diversas línguas nacionais relacionadas a grupos linguísticos, como umbundu, kikongo, kimbundu, entre outros, principalmente nas províncias do interior (Zau, 2007).

Colônia de Portugal até 1975, Angola conquistou sua independência após quatorze anos de conflito armado. Nesse mesmo ano teve início uma guerra civil que durou mais 27 anos e devastou o território nacional. Em paz desde 2002, o país está em período de reconstrução. A educação e o sistema de ensino como um todo foram muito afetados pelas guerras (MED, 2010). A população angolana adulta tem escolaridade esperada de 4,4 anos, o que corresponde ao ensino primário incompleto, e 30,4% da população não é alfabetizada (UNDP, 2010). Com relação ao sistema de ensino público primário, algumas das principais dificuldades estão relacionadas à insuficiência de recursos financeiros, materiais e humanos, à precariedade das infraestruturas, à diversidade linguística e à baixa qualidade do ensino. As escolas não têm mobília e manutenção adequadas, além de existir um elevado número de salas de aula ao ar livre (MED, 2010).

Procedimentos

Em geral, Angola é um país no qual as instituições, principalmente aquelas relacionadas ao governo, são rigidamente hierarquizadas. A coleta de dados desta pesquisa, portanto, envolveu uma série de questões burocráticas, principalmente por estar ligada ao sistema de ensino público. Não houve nenhum impedimento à pesquisa, mas as visitas às escolas foram acertadas com bastante antecedência e, em cada província, diversas autoridades precisaram ser contatadas para que fosse concedido o acesso às instituições. Essas questões logísticas limitaram o tempo disponível nas províncias e escolas, mas não prejudicaram os resultados do estudo, que teve como foco o ensino público primário como um todo, e não uma escola em particular. Além disso, todo esse processo também fez parte da Inserção Ecológica e da pesquisa de campo e constituiu uma importante fonte de informações a respeito do funcionamento do sistema.

Antes de a equipe de pesquisa acessar as escolas, foram realizadas algumas reuniões no Ministério da Educação do país (MED) para alivanhar o estudo e conhecer melhor a estrutura organizacional do sistema de ensino público primário angolano. Com o aval do MED, os dirigentes de educação de cada uma das províncias, bem como os dirigentes municipais, foram entrevistados individualmente. Eles responderam ao mesmo instrumento, composto por questões abertas relativas ao sistema de ensino como um todo, às políticas educacionais e aos aspectos positivos e negativos da educação no país e na localidade específica em que atuavam.

Após esse contato inicial com as autoridades de cada província e município, as pesquisadoras foram conduzidas às escolas, nas quais realizaram entrevistas individuais com as direções, cujo conteúdo era focado na realidade do sistema de ensino local e no funcionamento cotidiano da instituição. Os momentos formais da pesquisa também foram compostos pela aplicação de questionários produzidos especialmente para o estudo e pela realização de entrevistas em grupo com pais, cuidadores e comunidade local – convidados previamente pelas direções a comparecer às escolas – e com professores, funcionários e crianças. Nas entrevistas em grupo, as pesquisadoras explicavam que eram brasileiras e que gostariam de conhecer a instituição que estavam visitando, mas que para isso precisariam da ajuda dos participantes do grupo, os quais, por todo o seu envolvimento com o contexto, eram as pessoas mais capacitadas para falar sobre ele. Em cada um desses grupos os participantes foram convidados a apresentar sua escola, descrever aspectos positivos e negativos da instituição e falar sobre sua relação com ela. Todos os participantes, desde as autoridades até as crianças, também foram solicitados a imaginar e descrever como a escola dos seus sonhos seria.

A participação no estudo foi voluntária e aberta às pessoas que estivessem interessadas em colaborar. Todos os participantes foram informados sobre os objetivos do estudo e foi garantida a sua liberdade para interromper a participação em qualquer momento da coleta de dados, sem que isso acarretasse qualquer tipo de dano para si ou para outros. Por saber que sua presença, por si só, já se configura em um elemento estranho no cotidiano dos participantes, as pesquisadoras tentaram alterar o mínimo possível a rotina das escolas, no intuito de não prejudicar o andamento das aulas.

No que diz respeito às entrevistas em grupo, não houve um limite predeterminado de participantes. As pequisadoras buscaram dar espaço a todos que quisessem manifestar sua opinião e deixar os participantes livres para se expressarem sem qualquer tipo de apreensão ou censura. A equipe de pesquisa tentou desenvolver uma atitude empática com os participantes, enfatizando sua importância para o desenvolvimento do estudo e destacando que elas eram as pessoas mais preparadas para falar sobre o contexto educacional em análise. De maneira geral, os grupos contaram com a participação ativa dos envolvidos, que demonstraram muito interesse em colaborar com a pesquisa.

Todas as entrevistas em grupo ocorreram nas escolas, mas em uma ampla variedade de condições. Algumas foram realizadas em ambientes fechados. A maioria, porém, aconteceu em espaços abertos, em salas de aula ao ar livre, embaixo de árvores ou ao redor da escola, lugares nos quais são conduzidas as aulas. Embora teoricamente, e seguindo os preceitos de rigor metodológico, esses não sejam os locais ideais para a realização de entrevistas, essas condições são as mesmas que os participantes vivenciam todos os dias nas escolas, devido à falta de estrutura a que estão habituados. Assim, considerando a proposta da Inserção Ecológica e o objetivo de experienciar a realidade dos participantes em uma pesquisa naturalística, levá-los a um lugar fechado – supostamente mais apropriado – significaria criar uma situação artificial de pesquisa, o que não condizia com o intuito do estudo. Contudo, mesmo nas entrevistas realizadas ao ar livre, as pesquisadoras atentaram para que as únicas pessoas presentes fossem aquelas envolvidas no debate, preservando assim a opinião dos participantes e a confidencialidade dos relatos inerentes ao próprio grupo. Isso propiciou liberdade para que os participantes falassem sobre temas delicados. As crianças, por exemplo, puderam fazer críticas à escola e aos professores sem temor de repressão, o que não seria possível caso eles estivessem presentes.

Momentos informais

A participação em momentos informais da comunidade/instituição participante do estudo constitui um dos principais pontos da Inserção

Ecológica. Além das entrevistas e da aplicação de questionários, a equipe de pesquisa também se envolveu em uma série de outras atividades com os participantes, tais como brincadeiras, jogos, danças, caminhadas pela escola conduzidas pelas crianças, observações e, especialmente, conversas informais. Essa interação contribuiu para um melhor entendimento sobre os modos de funcionamento do contexto observado e tornou possível para a equipe entrar em contato com as mais diversas situações, comuns ou inesperadas, que faziam parte do cotidiano das escolas e dos participantes. Esses momentos propiciaram a emergência de assuntos e informações fundamentais para a compreensão de alguns aspectos da realidade, mas que não seriam acessíveis por meio da utilização exclusiva de entrevistas formais e questionários. Eles também contribuíram para o estreitamento dos processos proximais entre pesquisadores e participantes, uma vez que reforçaram o caráter recíproco da interação entre ambos.

O registro das informações provenientes dos momentos informais do estudo foi realizado em diários de campo individuais preenchidos por todas as pesquisadoras. Neles, a equipe descrevia os principais acontecimentos do dia nas instituições, incluindo descrições objetivas e impressões pessoais, mas deixando clara a distinção entre ambas. O diário de campo é uma importante ferramenta para posterior análise dos processos proximais (Morais, 2009) e, neste estudo, exerceu a função de auxiliar na discussão dos resultados e, assim, incrementar a validade ecológica do estudo. Considerando que o contexto está relacionado à percepção da pessoa sobre o ambiente, e não apenas às características objetivas que ele possa ter (Bronfenbrenner, 2005), a validade ecológica implica tentar entender como os participantes vivenciam o contexto no qual estão imersos (Bronfenbrenner, 1979/1996). De acordo com Bronfenbrenner (1979/1996), apesar de não ser possível, e nem necessário, obter uma análise completa de como cada pessoa percebe o ambiente ao seu redor, essa é uma meta que deve ser sempre almejada pelos investigadores, no intuito de compreender melhor como se dão as interações da pessoa em desenvolvimento com os contextos que a cercam e, portanto, constituem-na.

Modelo PPCT

A Inserção Ecológica está intimamente relacionada à ABDH e ao modelo PPCT – composto por processo, pessoa contexto e tempo (Bronfenbrenner, 2005). Estes orientaram o olhar da equipe durante toda a pesquisa. Os processos proximais constituíram a base da investigação e ocorreram por meio de interações recíprocas e progressivamente mais complexas entre participantes, objetos e símbolos, assim como entre esses agentes e a equipe de pesquisa. Participantes e pesquisadores, como seres em constante processo de desenvolvimento, exerceram influência um sobre o outro, sobre o contexto e também sobre os dados obtidos. Dessa maneira, ambos foram considerados na análise do segundo "P" do modelo, referente à pessoa. A equipe de pesquisa não é neutra e é considerada, em si própria, um meio para a observação, seleção, análise e interpretação dos dados. Nesse sentido, sua percepção da realidade necessariamente esteve permeada por suas próprias crenças, conhecimentos e experiências (Eschiletti-Prati, Couto, Moura, Poletto, & Koller, 2008) e isso foi considerado no momento da análise dos resultados.

Durante a pesquisa realizada em Angola, a Inserção Ecológica ocorreu no nível microssistêmico, no qual se desenvolvem as relações face a face, estáveis e significativas (Bronfenbrenner, 1988). A utilização desse método, contudo, requer a consideração não apenas do microssistema, mas dos quatro níveis contextuais e suas interações (Eschiletti-Prati *et al.*, 2008). Assim, as características do micro e do mesossistema foram capturadas por meio dos relatos dos participantes e das observações da equipe, realizadas nos diversos ambientes nos quais esteve engajada. Para a análise do exossistema, as pesquisadoras consideraram sua experiência nos níveis mais altos do sistema educacional, incluindo os departamentos municipais e provinciais de educação. Além disso, foi levada em consideração a percepção dos participantes sobre como esses contextos, com os quais não tinham contato direto, influenciavam sua vida e o cotidiano escolar (Cecconello & Koller, 2004). Por fim, a avaliação do macrossistema envolveu a análise das pesquisadoras e dos participantes sobre o impacto das condições socioeconômicas, da história, da cultura e da sociedade angolana no sistema de ensino público primário.

Ao considerar o macrossistema é impossível não mencionar o tempo, inerente a qualquer análise histórica e contextual. Desde os intervalos mínimos até os mais longos e complexos, o tempo é essencial para o fenômeno de continuidades e mudanças que afeta os seres humanos e as sociedades (Bronfenbrenner, 2005). Compreender o impacto do tempo nos processos proximais e no ciclo do desenvolvimento, assim como sua influência sobre a evolução histórica de culturas e sociedades, é fundamental para um entendimento amplo dos outros três elementos do modelo PPCT. No caso desta pesquisa, o tempo desempenhou papel fundamental na Inserção Ecológica e na análise da influência de eventos históricos sobre o sistema de ensino angolano. A Inserção Ecológica e o modelo PPCT promoveram uma análise contextualizada que compreendeu uma série de elementos da realidade estudada, o que talvez não fosse possível se a pesquisa ficasse restrita à realização de entrevistas fechadas e à aplicação de questionários.

Adequações operacionais

A Inserção Ecológica prima pelo rigor metodológico das investigações nas quais é utilizada. Rigor, no entanto, não é sinônimo de rigidez. Visto que uma das principais virtudes da inserção reside na validade ecológica dos dados obtidos, alguns pontos planejados inicialmente para a coleta dos dados deste estudo foram alterados em virtude de peculiaridades relativas ao contexto e aos participantes da pesquisa.

A primeira grande alteração realizada no planejamento da equipe diz respeito às entrevistas em grupo com as crianças. Inicialmente estava prevista a realização de grupos focais com seis crianças: três meninos e três meninas. Após uma conversa inicial sobre as instituições nas quais estudavam, os participantes seriam convidados a desenhar sua escola atual e, posteriormente, a escola dos seus sonhos. Os desenhos seriam utilizados como elementos disparadores para a discussão. Com o início da coleta de dados, no entanto, a equipe percebeu que uma série de questões prejudicaria essa dinâmica. Em primeiro lugar, nas escolas não havia espaços físicos adequados para realização dos grupos focais no formato planejado. Com salas de aula funcionando ao ar livre, não haveria como garantir a privacidade necessária para a execução da atividade. As seis crianças seriam reunidas embaixo de uma árvore, por exemplo, e outras tantas ficariam curiosas ao redor observando o que estava acontecendo. Além disso, um grande número de alunos se mostrou interessado em participar das entrevistas, e as pesquisadoras consideraram que a interação com todos eles traria mais riqueza para a pesquisa do que a realização dos grupos focais com um número reduzido de participantes. Por fim, o aproveitamento dos desenhos como disparadores da discussão foi considerado secundário em virtude da intensa participação e verbalização das crianças. Assim, levando todos esses elementos em consideração, a equipe decidiu alterar o plano de trabalho original e substituir os grupos focais por entrevistas realizadas em grupo, as quais contribuíram efetivamente para o cumprimento dos objetivos do estudo.

Outro ponto que precisou ser modificado após o início da coleta de dados foi o modo de registro das informações provenientes das entrevistas em grupo. Inicialmente, a equipe considerou a possibilidade de gravar o áudio de todas as entrevistas, uma vez que a utilização do gravador, com posterior transcrição das falas, era considerada a melhor maneira de captar os relatos dos participantes. Contudo, a condução das entrevistas em meio aberto e com um número de participantes maior que o previsto tornou essa prática inviável em virtude da grande quantidade de ruído no ambiente. O gravador captava muitos chiados, o que tornavam as falas incompreensíveis. Em decorrência disso, a equipe optou por abrir mão desse instrumento e registrar manualmente, em cadernos de campo, o sentido global das respostas do grupo e, em casos específicos, as frases literais que se destacassem por alguma peculiaridade, por serem enfatizadas pelos participantes e por representarem a fala do grupo como um todo. Duas pesquisadoras faziam as anotações e esses dados eram discutidos posteriormente para tentar reduzir de algum modo o inevitável enviesamento atrelado a essa escolha metodológica. As informações do diário de campo, na medida em que diziam respeito à percepção de cada membro da equipe sobre a coleta de dados, também auxiliaram na triangulação dos dados.

As adequações operacionais mencionadas tiveram como elementos norteadores as características do ambiente no qual a equipe estava inserida. Os pesquisadores que trabalham com a Inserção Ecológica precisam ser flexíveis e estar aptos para adaptar suas técnicas de acordo com a realidade vivenciada pela população em estudo, visto que em uma pesquisa ecológica é a equipe quem deve adequar sua rotina à dos participantes, não contrário. Qualquer opção metodológica traz consigo ganhos e perdas, mas cabe aos pesquisadores assumir os ônus e bônus atrelados à sua escolha e, se for o caso, registrá-los nas contribuições e limitações do estudo, como no caso desta pesquisa.

Considerações finais

A realização deste estudo representou um grande desafio para a equipe de pesquisa. O envolvimento de pesquisadoras brasileiras sem experiência anterior no contexto angolano talvez possa ser considerado uma limitação ao desenvolvimento do estudo. No entanto, as pesquisadoras tentaram utilizar a Inserção Ecológica como uma ferramenta para que conseguissem entrar em contato com a realidade estudada e, assim, compensar sua falta de experiência em Angola. Os quatro meses de inserção propiciaram uma imersão na vida do país e um estudo aprofundado sobre vários aspectos históricos e culturais que o constituem. Assim como preconizado pela literatura da área (Eschiletti-Prati *et al.*, 2008; Morais, 2009), a inserção das pesquisadoras no contexto dos participantes possibilitou uma análise abrangente sobre processo, pessoa, contexto e tempo, ampliando o alcance do estudo e aumentando a qualidade dos dados coletados.

A Inserção Ecológica favoreceu a captura de informações advindas de diversas fontes: (a) observações, percepções e sentimentos da equipe de pesquisa; (b) opinião dos participantes; e (c) lentes ecológicas fornecidas pela ABDH (Cecconello & Koller, 2004). O modelo PPCT guiou não apenas o delineamento do estudo, mas também as atitudes das pesquisadoras durante toda a coleta de dados e a análise dos resultados. No decorrer dos quatro meses de Inserção Ecológica em Angola, a equipe de pesquisa interagiu ativa e reciprocamente com o ambiente em que estava inserida, entre si e com os participantes do estudo. Todas as pessoas envolvidas no cotidiano escolar desempenharam a função de agentes ativos na pesquisa e estiveram sempre em posse do conhecimento mais importante para o desenvolvimento do estudo, ou seja, aquele relacionado à sua experiência no contexto analisado.

Além dos participantes mencionados, várias outras pessoas não participaram formalmente do estudo, mas colaboraram, mesmo sem ter consciência disso, para que as pesquisadoras conhecessem melhor o país e seus habitantes durante o período de inserção. Ao final, é possível que a inexperiência da equipe tenha representado um acréscimo à validade ecológica dos dados. Na medida em que não tinham muitas concepções prévias sobre a realidade que iriam vivenciar, as pesquisadoras puderam encará-la com um olhar menos enviesado, talvez mais aberto, e levar em consideração fundamentalmente a opinião das pessoas que faziam realmente parte do contexto em estudo. A Inserção Ecológica contribuiu, assim, para que a equipe compreendesse o significado que as pessoas atribuem ao contexto no qual estão inseridas e às suas próprias experiências.

Ao promover o engajamento da equipe no ambiente natural dos participantes, a Inserção Ecológica valoriza as características próprias do contexto em análise, além de qualificar as informações obtidas e os resultados das pesquisas (Morais, 2009). O estudo apresentado neste capítulo buscou dar vez e voz para as pessoas envolvidas com o sistema educacional angolano e a Inserção Ecológica desempenhou importante papel para que os objetivos propostos fossem alcançados. A análise qualitativa dos dados relativos às crianças deu origem a uma dissertação de mestrado (Sacco, 2011), que pode ser consultada para maiores informações sobre o método utilizado e dos resultados obtidos.

Referências

Bronfenbrenner, U. (1988). Interacting systems in human development. Research paradigms: Present and future. In N. Bolger, A. Caspi, G. Downey & M. Moorehouse (Eds.), *Persons in context: Developmental processes* (pp. 25-49). New York: Cambridge University Press.

Bronfenbrenner, U. (1996). *A ecologia do desenvolvimento humano: experimentos naturais e planejados* (M. A. V. Veronese, Trans.). Porto Alegre: Artes Médicas (Original work published in 1979).

Bronfenbrenner, U. (2005). Ecological systems theory. In U. Bronfenbrenner (Ed.), *Making human beings human: Bioecological perspectives on human development* (pp. 106-173). Thousand Oaks, CA: Sage. (Original work published in 1992).

Cecconello, A. M., & Koller, S. H. (2004). Inserção ecológica na comunidade: uma proposta metodológica para o estudo de famílias em situação de risco. In S. Koller (Ed.), *Ecologia do desenvolvimento humano: pesquisa e intervenção no Brasil* (pp. 267-291). São Paulo: Casa do Psicólogo.

Eschiletti-Prati, L., Couto, M. C. P. P. de, Moura, A., Poletto M., & Koller, S. H. (2008). Revisando a Inserção Ecológica: uma proposta de sistematização. *Psicologia: Reflexão e Crítica, 21*(1), 160-169.

Ministério da Educação de Angola – MED (2010). *Reflexões sobre educação em Angola.* Retrieved in November, 18, 2010, from http://www.med.gov.ao/PublicacoesD.aspx?Codigo=651.

Morais, N. A. (2009). *Trajetórias de vida de crianças e adolescentes em situação de vulnerabilidade social: entre o risco e a proteção.* Unpublished doctoral dissertation, Universidade Federal do Rio Grande do Sul, Porto Alegre.

Sacco, A. M. (2011). *"Como é a escola dos teus sonhos?": direitos da criança, educação e Inserção Ecológica em Angola.* Unpublished master thesis, Universidade Federal do Rio Grande do Sul, Porto Alegre.

United Nations Children's Fund – UNICEF (2009). *Child friendly schools manual.* New York.

United Nations Development Programme – UNDP (2010). *Human Development Report 2010.* New York.

Zau, M. E. (2007). *Uma revolução silenciosa em Angola. O ensino técnico profissional antes e depois da independência: uma contribuição para a história da educação.* Salvador: Aldeia Global Comunicação.

9

O método da Inserção Ecológica e sua aplicação ao campo da psicologia de emergência e desastres

Fernanda Menna Barreto Krum
Denise Ruschel Bandeira

O presente capítulo focará o uso da metodologia da Inserção Ecológica, embasada na Abordagem Bioecológica do Desenvolvimento Humano de Bronfenbrenner (1979/1996) como parte de um delineamento qualitativo de pesquisa com comunidades afetadas por desastres naturais. Utilizando o grupo focal como instrumento de coleta de dados realizada com integrantes de uma comunidade afetada por um tornado, o objetivo desta pesquisa foi avaliar o impacto e as estratégias de *coping* dos participantes no enfrentamento do evento. O modelo bioecológico, conforme exposto anteriormente neste livro, intenta estudar o desenvolvimento humano por meio dos núcleos processo, pessoa, contexto e tempo inter-relacionados entre si.

O processo, principal mecanismo responsável pelo desenvolvimento, ocorre na interação recíproca, progressivamente mais complexa, de um ser humano ativo, biopsicologicamente em evolução com as pessoas, os objetos e os símbolos presentes no seu ambiente imediato.

Os processos interacionais foram denominados pelo autor como processos proximais (Bronfenbrenner & Ceci, 1994).

A pessoa é observada a partir das características biopsicologicamente determinadas e das construídas na sua interação com o ambiente ao longo da vida. Elas tanto são produto como produzem o seu próprio desenvolvimento (Cecconello & Koller, 2003).

O contexto não se limita a um ambiente imediato, mas é analisado pelas interconexões de quatro níveis ambientais: o microssistema, o mesossistema, o exossistema e o macrossistema. Esta concepção foi proposta por Bronfenbrenner (1979/1996), topologicamente como uma organização de encaixe de estruturas concêntricas, uma contida na outra, chamada meio ambiente ecológico.

O tempo, quarto e último componente, é o que permite examinar a influência para o desenvolvimento humano de mudanças e continuidades que acontecem ao longo do ciclo de vida. Essa análise é realizada por meio de três dimensões incluindo o microtempo, o mesotempo e o macrotempo, os quais focalizam a pessoa em relação aos acontecimentos presentes em sua vida, desde os mais próximos até os mais distantes, como, por exemplo, os históricos (Bronfenbrenner & Morris, 1998).

Desta forma, Bronfenbrenner e Morris (1998) destacaram que os pesquisadores devem estar atentos à dinâmica interacional desses quatro núcleos – processo, pessoa, contexto e tempo – evidenciando a interdependência entre eles. Somado a isso, considerando que o processo proximal é bidirecional, coloca-se a necessidade de uma observação do fenômeno em estudo, do ponto de vista de todos os participantes envolvidos, pois as relações que acontecem nesse ínterim são sempre recíprocas.

A abordagem bioecológica, dentro dessa perspectiva, enfatiza o processo proximal como central em qualquer investigação científica. Isto se entende retomando, inicialmente, sua definição como uma transferência de energia entre um ser humano em desenvolvimento e os indivíduos, objetos e símbolos presentes no seu ambiente imediato. Essa ideia se aplica ao pressuposto de que qualquer delineamento de pesquisa implica interação do pesquisador com os participantes e, portanto, deve abordar esses processos, focalizando as transferências de energia presentes no ambiente imediato (Bronfenbrenner & Evans, 2000). Um estudo que combina a abordagem qualitativa com a técnica de grupo focal provoca interações ainda mais frequentes e intensas, pois não só o pesquisador interage com os participantes em um nível de recíproca aprendizagem (Banyard & Miller, 1998), como por meio do grupo focal, os próprios participantes interagem entre si, em uma transferência de energia que produz um único conteúdo expresso pelo grupo.

Assim, torna-se evidente que a perspectiva paradigmática da pesquisa qualitativa encaixa-se adequadamente no que diz respeito aos aspectos inerentes à sistematização da Inserção Ecológica. O pressuposto de Banyard e Miller (1998) reforçou esta evidência ao afirmar que o mundo é mais bem entendido pelo estudo da maneira como as pessoas percebem, experienciam e dão sentido aos fenômenos, e que esta relação se coloca como aprendizagem recíproca. Dessa forma, conforme Cecconello e Koller (2003), a metodologia qualitativa somada à Inserção Ecológica permite que os pesquisadores possam se colocar como instrumento de observação, investigação, produção, análise e interpretação dos dados. Cecconello e Koller (2003) também afirmam que é por meio disso que ele se transforma no principal instrumento de pesquisa. Sendo assim, a parte das suas características pessoais, sua postura e atuação constituem a principal fonte de instigação do discurso do entrevistado. O objetivo central é construir uma familiarização que possibilite certa intimidade com a situação observada, a fim de acessar o fenômeno investigado, tal como ele ocorre em seu ambiente natural.

As vantagens da técnica do grupo focal apontadas por Carey (1994) como a produção de *insights* e a oportunidade de tomada de consciência através da troca de experiências conectam-se perfeitamente às ideias bioecológicas abordadas anteriormente. Além disso, De Antoni *et al.* (2001) apontaram que as informações trazidas por um(a) participante podem ser tomadas como dados provenientes do grupo, revelando a compreensão coletiva sobre o tema.

Ao considerar todos os pontos que se interconectam e a ideia de Víctora, Knauth e Hassen (2000) de que a busca pela apreensão do contexto de determinado fato propicia um conhecimento aprofundado e uma consequente compreensão e explicação deste, tais métodos combinados preenchem as necessidades que uma investigação desse tipo requer. Finalmente, o processo proximal abordado por meio do método da Inserção Ecológica tem a função de viabilizar a realização da investigação em si, constituindo-se uma ferramenta pela qual o pesquisador conduz o estudo e gerencia a energia produzida pelas interações.

A psicologia de emergências e desastres vem evoluindo rapidamente no Brasil em virtude do aumento de eventos adversos, sobretudo de origem climática, que resultam em situações de proporções catastróficas (CFP, 2011). Em termos mundiais, a Organização Mundial da Saúde e o Alto Comissariado das Nações Unidas para os Refugiados (World Health Organization & United Nations..., 2015), em conjunto com outras diversas organizações humanitárias, entendem emergências humanitárias como uma variada gama de situações agudas e crônicas que resultam de conflitos armados e de desastres naturais ou industriais (ou também conhecidos como tecnológicos). Contextos de emergências frequentemente envolvem um deslocamento massivo da população atingida, excedendo a capacidade de resposta das autoridades locais no suprimento das necessidades básicas de seus cidadãos. O campo da psicologia de emergência e desastres estuda e intervém por meio dos fundamentos e das práticas da saúde mental e da área de trauma em contextos de emergência. A perspectiva e a abordagem psicossocial também são normalmente aplicadas em tais contextos pelos grupos multiprofissionais de ajuda humanitária.

Entendendo que uma pesquisa no campo da psicologia de emergências e desastres pode incluir diferentes estágios do evento traumático (pré, durante e pós evento), bem como diferentes níveis de interações entre os direta e indiretamente afetados além dos grupos de ajuda, tais métodos mostram-se extremamente apropriados no intuito de capturar as nuances e a complexidade das respostas psicológicas e sociais que podem surgir. Um olhar coletivo e ao mesmo tempo individual por meio da combinação entre abordagem qualitativa e Inserção Ecológica, que possibilita uma ampla flexibilidade na aplicação de instrumentos e de coleta de dados de diferentes fontes ao longo dos processos proximais, fornece as ferramentas ideais para a execução de um estudo completo e profundo.

Coletando dados

A pesquisa que servirá de modelo para a discussão da Inserção Ecológica como método visou investigar o impacto e as estratégias de *coping* de uma comunidade afetada por um tornado em 29 de agosto de 2005, na cidade de Muitos Capões, no nordeste rio-grandense, a uma distância de 276 km de Porto Alegre. O início da inserção no campo deu-se desde o primeiro contato realizado com um oficial da Brigada Militar que, atualmente, está sob a coordenação da Regional de Passo Fundo da Defesa Civil (Redec), que atende 107 municípios. Esse oficial foi denominado major, cargo ocupado por ele dentro da academia militar, e recebeu a primeira autora e pesquisadora deste capítulo em um encontro no aeroporto de Porto Alegre no dia 16 de abril de 2006. Naquela oportunidade, a pesquisadora expôs o objetivo do estudo e as características necessárias da amostra, enquanto o major explicou sua participação no evento do tornado de Muitos Capões. Em função de sua atividade como coordenador da Redec, foi ele o líder da equipe da Defesa Civil, que atendeu à situação de emergência instaurada na cidade. Ele afirmou que, de acordo com os objetivos da pesquisa, as dezoito famílias atingidas pelo tornado seriam as indicadas como população-alvo de investigação. Dentre estas, dez foram as que se mostraram disponíveis a participar. Todas as famílias foram atingidas em suas residências na faixa de passagem do tornado, sendo estas danificadas com comprometimento material significativo. Outros personagens que participaram em diferentes etapas do evento (Defesa Civil, outros residentes) também foram, de algum modo, incluídos como participantes.

O primeiro contato da pesquisadora com a comunidade foi por meio de um vídeo fornecido pelo major, produzido pela própria Defesa Civil. Este apresentava algumas fotos da cidade antes de ser atingida, os estragos logo após o evento, o processo de reconstrução e a entrega das casas para a comunidade. O contato efetivo deu-se no dia 5 de abril de 2006, oportunidade em que o major havia sido convidado a participar da Festa do Pinhão e Rodeio, tradicional na cidade anualmente. O major informou que este seria um bom momento para que se desse a inserção inicial, na qual aconteceriam naturalmente algumas apresentações, as quais eram quase sempre introduzidas por ele da mesma maneira: "esta moça é lá de Porto Alegre e veio aqui para entender por que o povo de Muitos Capões ficou mais feliz depois do tornado, que até em festa a cidade está". Apesar de compreender que tal apresentação poderia gerar um viés na pesquisa, o fato foi percebido, posteriormente, como uma boa estratégia de aproximação empregada, ao enfocar o lado positivo que o evento havia deixado. A inserção da pesquisadora também foi facilitada pela própria presença do major como referência, pois este pareceu ser extremamente considerado e admirado pela comunidade, pelas expressões de gratidão sinceras e intensas e da lembrança das histórias vividas durante a reconstrução da cidade presenciadas. A pesquisadora foi apresentada a diferentes integrantes da comunidade, tais como: a prefeita da cidade e outros funcionários municipais que auxiliariam no processo de seleção e contato com os participantes, bem como no oferecimento da estrutura para o desenvolvimento da pesquisa; certos potenciais participantes da amostra, dos quais alguns se efetivaram; os profissionais da área da saúde e assistência como forma de iniciar uma rede de apoio, e até mesmo o motorista do ônibus que fazia o caminho de Vacaria até Muitos Capões.

O terceiro contato foi na semana seguinte, dia 12 de maio de 2006, quando a pesquisadora retornou a Muitos Capões, permanecendo por dois dias trabalhando no processo de seleção dos participantes, na abordagem inicial e na realização do primeiro grupo focal. Como perguntas norteadoras aos grupos focais foram propostas as questões: *Como foi para vocês ter passado pela situação do desastre? O que vocês fizeram para enfrentá-lo?* Além disso, foram incluídas as perguntas sobre a relação psicológica entre os indivíduos e o ambiente que iniciou por: *Como era viver aqui antes do desastre? Como é viver aqui agora?* Da mesma forma, outras questões surgiram no decorrer das sessões, as quais também foram consideradas na análise dos dados.

Ainda nesta oportunidade, a pesquisadora estruturou seu ambiente de trabalho em uma sala da prefeitura, onde teve acesso a um computador e auxílio de uma funcionária que lhe informava todo e qualquer dado necessário à investigação. Outros ambientes também foram utilizados, como o auditório da prefeitura para os encontros dos grupos e as próprias casas dos participantes para as entrevistas iniciais e individuais.

O quarto e último contato da fase de coleta de dados com a comunidade foi durante os dias 18 e 19 de maio de 2006, momento em que a pesquisadora finalizou o processo com a realização do segundo grupo focal e das entrevistas individuais. Este também foi o momento da despedida e da solicitação de alguns contatos posteriores com funcionários da prefeitura para o repasse de material sobre o município.

Durante todas as estadas na cidade ocorreram diversas conversas informais, as quais foram registradas no diário de campo e utilizadas como subsídio para a análise e discussão dos resultados. Da mesma forma, as percepções e sensações da pesquisadora acerca do ambiente e das interações observadas foram registradas à medida que o trabalho acontecia. Como se pôde observar, a Inserção Ecológica propriamente dita foi percebida e sentida pela pesquisadora como construída em um processo gradual ao longo de toda a etapa de coleta dos dados, por meio dos mais variados processos proximais que ocorreram. O contato inicial com o major e sua descrição do evento, bem como o vídeo sobre este foram fundamentais para a contextualização da pesquisadora com a realidade a ser investigada. Posteriormente, a primeira visita à cidade na qual foram feitas introduções em nível mais social mostrou-se também essencial para que a comunidade e os participantes tivessem uma resposta positiva e uma postura aberta para a proposta da pesquisa e para a presença da pesquisadora na cidade. Esta etapa da inserção pôde ser considerada como o *rapport* geral utilizado, mesmo que sem planejamento, o qual gerou os sinais de que era possível avançar. Situações como os convites verbais para que a pesquisadora retornasse estão entre os indicadores que guiaram para atividades mais complexas ao longo do estudo.

Os instrumentos de pesquisa foram apresentados aos participantes na segunda visita à cidade, na qual a pesquisadora iniciou o *rapport* com cada uma das dez famílias selecionadas, separadamente. As famílias reagiram de maneira positiva e disponível, recebendo a pesquisadora em suas próprias casas. Em quase todos os casos, mais de um membro esteve presente durante toda a entrevista, todos colaborando com as informações que foram solicitadas, bem como com suas experiências pessoais em relação ao tornado.

Neste processo recíproco, não só foi possível para a pesquisadora coletar os dados demográficos, as vivências diretas de cada família e como estas enfrentaram o evento, mas inserir-se diretamente no ambiente e na cultura da comunidade. Em contrapartida, o espaço de escuta proporcionado fez que os participantes se engajassem de maneira ativa, apontando até mesmo fisicamente de que forma o tornado atingiu suas residências e como estes se posicionaram para se proteger. Foi perceptível que para cada família foi um momento de reviver o trauma por meio de sua rememorização e dramatização.

A segunda e terceira visitas constituíram-se na aplicação dos dois grupos focais, em que um representante de cada família contatada participou, somando, assim, um total de dez representantes (cinco em cada grupo). O critério de seleção foi o de que estes deveriam ter participado do *rapport* inicial e ser considerados adultos. O compartilhamento de suas perspectivas pessoais e das mudanças sofridas em suas vidas possibilitou a reflexão e a elaboração destas. Além disso, a troca observada entre os participantes oportunizou a construção de uma visão conjunta de como a comunidade enfrentou o evento e as lições que puderam ser aprendidas. Tais lições foram percebidas pelos próprios participantes como fatores que os afetaram em nível individual, familiar e comunitário. A pesquisadora, ao interagir com as famílias e a comunidade, pôde apreender, pelas unidades de análise extraídas do discurso destes, categorias analíticas importantes que vislumbram algumas respostas aos questionamentos iniciais do estudo e novas proposições teóricas e metodológicas.

No quarto contato, foram ainda realizadas entrevistas individuais com cinco dos participantes selecionados aleatoriamente dos grupos focais. Esta foi uma oportunidade de aprofundar os aspectos estudados desde o início da inserção da pesquisadora no contexto. Muitos dos efeitos físicos e psicológicos também foram detectados e esclarecidos nesta última visita.

Somado a esses processos proximais, outros membros da comunidade que, de alguma forma, tiveram contato com a pesquisadora, puderam dar sua contribuição, desenvolver *insights* e aprender algo com a interação. Muitos desses contatos forneceram dados essenciais para o entendimento da dinâmica da comunidade e como esta se relacionava. A última entrevista realizada foi com o major, com o principal objetivo de preencher as lacunas no que dizia respeito às características do fenômeno em termos geofísicos, às informações sociodemográficas sobre a região, aos efeitos socioeconômicos causados e aos procedimentos de resposta ao desastre.

Durante toda a Inserção Ecológica do estudo, os instrumentos utilizados moldaram-se adequadamente a tal método. As entrevistas, por terem sido caracterizadas como semiestruturadas e algumas ainda tendo sido aplicadas sem nenhum roteiro previamente estabelecido, forneceram flexibilidade suficiente para colaborar na concretização dos critérios necessários para que os processos proximais acontecessem. Estas tornaram-se mais do que somente entrevistas para coleta de dados, tornaram-se atividades nas quais ambos, pesquisadora e familiares, engajaram-se de forma ativa e interacional. Todas aconteceram em uma base relativamente regular de tempo, tornando-se progressivamente mais complexas, já que de algumas apresentações durante uma festividade comunitária tais entrevistas evoluíram para conversas informais, *rapport* iniciais, entrevistas familiares, grupos focais e entrevistas individuais, as quais ainda foram permeadas por cafés da tarde, almoços etc., demonstrando a inserção concreta no ambiente ecológico dessa comunidade. Todos os tipos de instrumento mencionados oportunizaram uma reciprocidade nas relações por meio do estímulo da atenção, exploração, imaginação e manipulação dos objetos e símbolos representados pelas questões, dramatizações e reflexões compartilhadas durante toda a investigação.

Apesar de todas as evidências acima descritas, o questionamento interno, as reflexões e os debates sobre se a Inserção Ecológica estaria sendo aplicada efetivamente permearam o estudo do início ao fim. Dúvidas em relação ao critério da base regular de tempo na investigação e se esta iria ao encontro do que caracteriza uma Inserção Ecológica, bem como a avaliação sobre se as atividades estariam se tornando cada vez mais complexas são exemplos das perguntas levantadas ao longo do processo. De certo modo, o constante monitoramento constituiu-se uma significativa ferramenta de verificação da consistência da metodologia, bem como da validade ecológica do estudo.Tal método deve ser utilizado com responsabilidade ética pelos pesquisadores, uma vez que passam a integrar o cotidiano dos participantes. O limite entre a Inserção Ecológica e o pertencimento danoso pode ser tênue, caso o investigador não tenha claro seu papel no processo. As questões éticas dessa pesquisa foram analisadas pelo Comitê de Ética responsável, entretanto, a garantia de que estas foram analisadas e implementadas foi de inteira responsabilidade dos pesquisadores por meio de sua postura ética.

Em termos da ética do método em sua aplicabilidade, a Inserção Ecológica pode, ainda, ser utilizada isoladamente para obtenção de dados de qualquer natureza, sendo capaz de servir como base para aconselhamento psicopedagógico e terapêutico. Porém, não pode ser utilizada como ferramenta única para tomada de decisão sobre a vida de um indivíduo em situações que requerem uma avaliação diagnóstica mais especializada. O mais indicado, dessa forma, é seu emprego como método de pesquisa sempre garantindo, pelo compromisso ético, a proteção aos direitos de seus participantes.

Analisando os dados obtidos

O panorama dos estudos revisados na área de desastres (Ibañez, Buck, Khatchikian & Norris, 2004; Norris *et al.*, 2001) aponta que a compreensão deste contexto – que atinge mais que indivíduos, mas comunidades inteiras – deve ser avaliada pelo discurso de sua coletividade. Nesse sentido, a proposta da utilização da técnica de grupo focal como forma de levantamento dos dados veio com o propósito de dar voz ao coletivo, diferenciando-se de praticamente todas as investigações revisadas que, apesar de ter contato com a comunidade afetada, realizaram suas avaliações de forma individual.

Os dados demográficos, as entrevistas individuais e o diário de campo foram, também, instrumentos utilizados na pesquisa. Porém, tais instrumentos se mostraram úteis em seus dados para fornecer sustentação e confirmação aos resultados obtidos nos grupos focais. As entrevistas tiveram por objetivo aprofundar o tema, considerando a possibilidade de coletar informações adicionais acerca da vivência do desastre. O diário de campo que foi feito durante a Inserção Ecológica da pesquisadora no local e na comunidade forneceu inúmeros dados adicionais e foi a ferramenta principal de verificação do processo de Inserção Ecológica ao longo de toda a etapa de coleta de dados. Por fim, entrevistas com o major tiveram o intuito de agregar informações adicionais sobre o tornado em si e sobre sua visão como coordenador da missão para o evento. Todos esses elementos analisados interconectadamente permitem afirmar a validade ecológica do estudo.

Considerando o grupo focal um instrumento central nessa pesquisa, a análise de conteúdo foi eleita como método de tratamento dos dados por considerar o discurso do coletivo como a produção mais importante. O único estudo (Nelson, Wangsaard, Yorgason, Kessler & Carter-Vassol, 2002) encontrado que utiliza a técnica de grupo focal na área de trauma foi com casais que, apenas um ou ambos, experenciaram situações traumáticas, tais como abuso sexual, acidente automobilístico com morte de filho e guerra/conflito. Os dados observados não se mostraram tão diferentes das reações de indivíduos traumatizados descritas em outras pesquisas, bem como da dinâmica comumente verificada em conflitos conjugais em geral. Contudo, sua contribuição reside exatamente na proposta diferenciada de método e na especificidade da lente utilizada pelos autores na interpretação das histórias de trauma trazidas pelos participantes. A leitura sistêmica dos sintomas decorrentes do trauma e de sua dinâmica na relação do casal e destes com seus outros subsistemas por meio do discurso grupal revelaram implicações clínicas e de pesquisa importantes para a área. É nessa linha que o discurso do coletivo mantém sua justificativa de escolha, caracterizando-se como uma forma adicional de escuta, seja ela clínica e/ou de investigação científica. Bandeira (1999) salienta a característica fundamental de tal metodologia que considera as falas individuais representantes do pensamento do grupo devendo ser analisadas como falas grupais. Essa técnica, de acordo com De Antoni *et al.* (2001), tem sido bastante utilizada em delineamentos qualitativos com o objetivo de levantar dados a partir da interação grupal, que, segundo Carey (1994) e Morgan (1997), enriquece a percepção destes e dá-lhes confiabilidade. Tal característica é o que diferencia o grupo focal dentro da extensa categoria de entrevistas em grupo, pois, a partir da interação são produzidos além de informações, *insights* que seriam menos acessíveis sem esse aspecto encontrado nos grupos; entende-se, portanto, que o impacto do *setting* grupal pode aumentar a qualidade dos dados.

O conceito de grupo focal não é preciso, conforme Carey (1994), no entanto, aparece amplamente definido como "uma sessão grupal semiestruturada, moderada por um coordenador grupal, em um *setting* informal com o propósito de coleta de informações sobre um tópico específico" (p. 226). Os encontros podem promover informação e senso de suporte social aos participantes, porém, eles não se caracterizam por serem do tipo educacional, de apoio ou mesmo terapêutico. A questão é: coletar experiências e crenças pessoais relacionadas ao tema determinado.

Para Carey (1994), o grupo focal pode ser especialmente útil em estudos na área da saúde que envolvam questões complexas com muitos níveis de sentimentos e de comportamentos. Suas vantagens residem na produção de *insights*, fornecendo tanto melhores dados para o pesquisador, como uma oportunidade de tomada de consciência por meio da troca de experiências. Contribui, também, para a exploração de novos conceitos ou novas populações, pois por um pequeno número de grupos obtém-se um extenso volume de ideias sobre as categorias do assunto em questão. Além disso, favorece o conhecimento das características típicas de uma população, suscitando as especificidades de suas experiências, linguagem, comportamentos e valores (Carey, 1994; Morgan, 1997). Em função de todas essas características, De Antoni *et al.* (2001) apontam que as informações trazidas por um participante podem ser tomadas como dados provenientes do grupo, revelando a compreensão coletiva do tema.

As desvantagens emergem, de acordo com Carey (1994), de fatores psicossociais não controláveis pelos pesquisadores. O fenômeno da primeira impressão influencia as interações e as contribuições dos membros, visto que os grupos focais costumam contar com apenas um único encontro. As características pessoais trazidas ao *setting* formam percepções e julgamentos entre os participantes que afetam o comportamento e a forma de expressão perante o grupo, consequentemente afetando os dados. Contudo, os aspectos mais negativos dos grupos focais são a conformidade e a censura, ambos caracterizados pelo ajustamento da postura do indivíduo em resposta às possíveis impressões dos outros membros. A conformidade ocorre quando a pessoa ajusta seu posicionamento na mesma linha de pensamento dos outros participantes e do que ela acredita que o moderador está esperando das contribuições. Já a censura aparece no suprimento de informações potencialmente relevantes, muitas vezes em função do desejo de não exposição ou devido à esperada falta de crédito do moderador ou dos colegas. Algumas destas questões aparecem também como vieses em outros tipos de técnicas, por isso é necessário que o pesquisador tenha consciência de tais limitações durante o planejamento e condução do grupo e na interpretação dos dados. Apesar disso, a autora aponta o grupo focal como uma técnica útil em pesquisa e a qual os participantes relatam como agradável e informativa, provendo suporte e um senso de comunalidade da experiência. A oportunidade de fornecer sua opinião sobre um tema faz que os indivíduos sintam-se importantes e empoderados para isto. Ibañez *et al.* (2004) descrevem que é normal sobreviventes de desastres julgarem bem-vinda a oportunidade de expressar sua experiência, a qual mais serve de auxílio na elaboração do trauma do que é vista como um fator gerador de ansiedade.

De qualquer maneira, amplamente, o grupo focal é um conjunto de procedimentos de análise das comunicações (Bardin, 1979). Seu princípio, segundo Laville e Dionne (1999), reside em demonstrar a estrutura e os elementos do conteúdo de determinado material para esclarecer suas diferentes características e extrair seu significado. Por meio de um minucioso estudo das palavras e frases, tem por finalidade a descrição objetiva e sistemática do conteúdo manifesto da comunicação (Bardin, 1979; Laville & Dionne, 1999).

O processo de análise de conteúdo propriamente dito consiste de alguns passos determinados por Bardin (1979) como necessários para sua concretização. Ele envolve a pré-análise que compreende a escolha e leitura flutuante dos documentos a serem analisados, a formulação de hipóteses e objetivos e a elaboração de indicadores para a interpretação final.

A segunda fase é a de exploração do material e consiste na análise propriamente dita. Tal processo chama-se codificação e corresponde à transformação sistemática (a partir de regras preestabelecidas) dos dados brutos pelo recorte, enumeração e agrupamento (Bardin, 1979). O recorte de conteúdos dá origem às unidades de registro ou também denominadas unidades de análise por Laville e Dionne (1999). A palavra *unidade* é importante, como ressaltam estes autores, pois designa que cada fragmento de conteúdo deve ser completo em si mesmo quanto ao seu sentido. Nem todas as palavras serão de interesse do pesquisador, que vai se deter, principalmente, em palavras-chave ou palavras-tema, as quais traduzem ideias conectadas ao objeto de pesquisa. A riqueza da análise cresce à medida que se amplia o interesse para expressões ou frases que podem se revelar mais eloquentes até chegar ao tema. O tema é definido como uma unidade de significação complexa validada pela ordem psicológica, podendo ser uma afirmação ou até mesmo uma alusão. Laville e Dionne (1999) ressaltam a dificuldade de delimitação e o modo misturado com que se apresentam os temas, entretanto apontam que a procura pelos temas pode aproximar o pesquisador do sentido do conteúdo, pois ele se vê obrigado a construir suas unidades a partir da compreensão de tal conteúdo.

Após a elaboração das categorias analíticas, procede-se, então, à categorização definitiva das unidades de registro, que se configura na última parte da fase de exploração. Este processo é definido por Bardin (1979) como a classificação de elementos que constituem um conjunto, segundo diversos critérios. O mais comumente aplicado a discursos simples e diretos é de análise temática, já explanada anteriormente.

O último momento é descrito por Bardin (1979) como de tratamento dos resultados, inferência e interpretação. Aqui, ocorre a transformação dos dados de maneira a serem significativos e válidos. De acordo com Laville e Dionne (1999), o primeiro passo consiste em decidir qual modalidade de tratamento será utilizada, pois, por mais literal que se encontre o material após a categorização, esta fase pode assumir um caminho quantitativo ou qualitativo de interpretação.

Na análise qualitativa conserva-se a forma literal dos dados, detendo-se nas peculiaridades, nuanças e relações de sentido que, muitas vezes, escapam ao mensurável. Assim, o processo é menos codificado e as regras são mais flexíveis, contudo não se abre mão do rigor e da sistematização, conseguidos por meio da transparência, explicitação e justificação dos procedimentos. São utilizadas, normalmente, três estratégias de análise qualitativa que obedecem estes pressupostos. O emparelhamento associa os dados a determinado modelo teórico de maneira comparativa para verificação de correspondência. A organização lógica da grade operacional é essencial neste modelo, pois ela será a base de toda a análise e interpretação. A segunda estratégia não difere da primeira em sua estrutura, entretanto, a chamada análise-histórica preocupa-se com a evolução de um fenômeno ao longo de certo tempo. Por fim, a construção iterativa de uma explicação diz respeito a uma elaboração gradual do objeto em estudo sem supor um ponto de vista teórico prévio. O iterativo é aquilo que é repetido, em um processo que progride por aproximações sucessivas, em um ir e vir entre reflexão, verificação e interpretação do conteúdo. Esta modalidade é conveniente aos estudos exploratórios nos quais o campo de investigação se mostra menos conhecido (Laville & Dionne, 1999).

As inferências e interpretações servem como forma de fechamento do círculo e da abertura de novos horizontes. Estes procedimentos são o prolongamento das reflexões até o momento inicial do processo de pesquisa, no qual se encontra a intenção original do estudo. Ocorre um retorno aos fundamentos teóricos, aos objetivos e às hipóteses da investigação para a elaboração de um esquema explicativo coerente e consistente. Inicialmente, responde-se a possibilidade de solução do problema, da dúvida, da corroboração ou não das hipóteses. Na sequência, discutem-se tais respostas por meio da interpretação e explicação pela teoria, apontando as semelhanças e as contradições acerca do tema. É aqui também que são levantadas críticas ao método e a sua operacionalização, no sentido da sua influência quanto à forma de olhar o objeto de estudo. Por fim, uma boa pesquisa deve suscitar tantas novas questões quantas não será capaz de responder. A alusão a diferentes perspectivas de hipóteses de entendimento do fenômeno e a propostas de inovações metodológicas são necessárias para a manutenção das inerentes características do campo do conhecimento científico: a dúvida e o desafio de solucioná-la (Laville & Dionne, 1999).

Com base nesses pressupostos, os dados foram levantados pela análise de conteúdo sendo os grupos focais gravados em áudio e transcritos para futuro tratamento das informações coletadas. O processo consistiu de três fases. Na primeira, a pré-análise, as transcrições dos encontros na íntegra foram divididas pelas falas de cada participante em uma tabela que serviu de base para o exame do conteúdo. A partir disso, a pesquisadora foi desmembrando as falas e extraindo as partes que correspondessem significativamente ao assunto da pesquisa de acordo com as questões norteadoras já mencionadas. Quanto às estratégias de *coping*, fez-se o assinalamento de qualquer referência de estratégia que tivesse a finalidade de auxiliar no enfrentamento de situações de desastres. Para fins operacionais, tomando a ideia de Folkman, Lazarus, Gruen e De-Longis, (1986) como entendimento de estratégias de *coping* estas foram definidas como "qualquer esforço dos participantes com objetivo de lidar com as demandas geradas pelo desastre" (p. 62).

Na segunda fase, a de exploração e codificação, a codificadora classificou de maneira independente os resumos das falas mencionadas para composição das unidades de análise ou registro. Tais unidades foram reunidas e, com o auxílio das unidades de contexto, foi organizado o agrupamento dos temas em categorias analíticas. Tal organização foi derivada do modelo misto, no qual algumas categorias foram propostas *a priori*, assim como outras acabaram surgindo das próprias unidades de registro analisadas.

Após estas duas primeiras fases, a análise foi apreciada pela orientadora da pesquisa. Posteriormente, em conjunto com a pesquisadora, objetivou-se chegar a um acordo consensual no exame dos dados. Havendo discordâncias, a dupla discutiu a dúvida até chegar a uma resolução.

Na terceira fase, a de tratamento dos resultados, de inferência e de interpretação, a pesquisadora tornou os resultados significativos utilizando-se da abordagem qualitativa dos dados, que prima por se deter às nuances de sentido entre as unidades e categorias. Assim, a pesquisadora participou durante todas as fases da análise, mantendo contato com as transcrições de todos os encontros e aplicando todos os passos descritos.

Os dados obtidos das entrevistas individuais, bem como as informações apontadas no diário de campo da pesquisadora durante todo o processo de coleta de dados por meio da sua Inserção Ecológica, não foram levantados pela análise de conteúdo. Esses dados foram somente utilizados como informação adicional aos resultados dos grupos, quando identificados elementos que confirmassem ou contradissessem as categorias encontradas. Como explicado anteriormente, tais informações também tiveram a função de colaborar para a validade ecológica do estudo.

Discutindo os dados

Este estudo, conforme ementa acerca de realização de pesquisa em psicologia com seres humanos proposta pela *Resolução n. 016/2000* do Conselho (CFP, 2000), não se enquadra na qualificação de pesquisa com risco mínimo, também pelo fato de a participação no grupo focal evocar a experiência vivenciada da situação de trauma, mobilizando afetos que podem gerar ansiedade aos participantes. Com o objetivo de minimizar tal situação e seus efeitos, foi realizado um *rapport* com os participantes na ocasião do contato inicial, procurando estabelecer um vínculo e uma relação de confiança, conduta que foi apontada por De Antoni *et al.* (2001) como crucial em situações nas quais o tema da pesquisa tem caráter estressante. Aos participantes que demonstraram mobilização intensa, foi garantido o acesso a atendimento psicológico durante e após o término do estudo por meio do contato com a rede de saúde mental do município, a qual foi contatada antes mesmo de a pesquisadora se inserir na comunidade como forma de discutir a proposta e solicitar o apoio deste departamento caso fosse necessário. Os profissionais da rede se mostraram interessados no estudo, provendo informações acerca dos potenciais participantes, por exemplo, se estes estiveram ou ainda estavam em tratamento psicológico em função do trauma. Da mesma forma, o grupo se colocou à disposição para fornecer o suporte necessário à comunidade se este fosse considerado importante.

Além disso, os cuidados com as normas da ementa sobre a realização de pesquisa em psicologia com seres humanos (CFP, 2000) foram considerados neste estudo. Incluem-se o encaminhamento do projeto ao Comitê de Ética em Pesquisa da UFRGS, a assinatura do Termo de Consentimento Livre e Esclarecido (TCLE) e o tratamento dos dados de forma científica e sigilosa – na conclusão da pesquisa, todo material será arquivado no banco de dados do pesquisador responsável.

Retomando os cinco critérios dos processos proximais e relacionando-os com o contexto da coleta de dados da presente pesquisa, observou-se a real Inserção Ecológica realizada com base nos pontos abaixo:

1) Para que aconteça o processo proximal, é necessário que a pessoa esteja engajada em uma atividade – neste estudo, pesquisadora e participantes interagiram e se envolveram nas atividades dos grupos focais e das entrevistas.
2) Para ser efetiva, a interação deve se dar em uma base relativamente regular, por meio de períodos estendidos de tempo, não sendo possível ocorrer efetivamente durante atividades meramente ocasionais – nesta pesquisa foram realizadas visitas às casas dos participantes para o convite aos encontros dos grupos, os grupos propriamente ditos e as visitas posteriores para as entrevistas individuais. Em todas essas situações, os participantes demonstraram estar sempre disponíveis para o engajamento nas tarefas.
3) As atividades devem ser progressivamente mais complexas, por isso se faz necessário um período estável de tempo – nesta investigação, as visitas informais avançaram para os encontros grupais, que seguiram para as entrevistas individuais e sempre tiveram duração igual ou superior a uma hora.
4) Para que a efetividade dos processos proximais seja alcançada deve haver reciprocidade nas relações interpessoais – nesta pesquisa, a interação da pesquisadora com os participantes foi o alicerce para todo o processo de investigação. Nesse sentido, as entrevistas ocorreram na forma de conversa, estando a pesquisadora à disposição para responder às dúvidas dos participantes e prover apoio sempre que necessário.
5) Por fim, para que a interação recíproca ocorra, os objetos e símbolos presentes no ambiente imediato devem estimular a atenção, exploração, manipulação e imaginação da pessoa em desenvolvimento – neste estudo, os temas abordados nas entrevistas e nos grupos focais despertaram o interesse dos participantes, pois estavam relacionados com sua própria vivência do desastre, bem como com suas histórias de vida.

Tais pontos demonstram a efetividade da Inserção Ecológica de uma forma gradual, tornando-se mais complexa à medida que a pesquisadora e os participantes engajavam-se nas atividades propostas. O espaço de reflexão e construção de um discurso coletivo proporcionou a elaboração de alguns traumas e a emergência de significados para a experiência vivida.

A opção por outro método não possibilitaria o processo de tal forma, vindo, a abordagem qualitativa de Inserção Ecológica, ao encontro dos anseios da pesquisadora por uma investigação na qual se pudesse sentir, ouvir, vivenciar o mais próximo e intenso possível a situação de interesse, bem como refletir sobre ela. Tal processo foi possível, tal experiência foi sentida, ouvida, vivenciada e refletida de forma intensa durante todo o estudo, graças à própria metodologia da Inserção Ecológica. Nesse sentido, arriscar-se-ia dizer que a Inserção Ecológica pode ser considerada como método que inclui, da mesma forma, as etapas de pré e pós coleta de dados.

Diversos questionamentos e ideias em relação a quanto e como, dentro de um método científico, a alma da pesquisa poderia ser transmitida foram, muitas vezes, os guias para o rumo que esta tomou. Os constantes debates internos da pesquisadora durante a inserção trouxeram a perspectiva de que e necessário um equilíbrio entre o respeito, a privacidade e a segurança dos participantes e a necessidade de avanço do conhecimento científico na área. Esta postura, muitas vezes, leva a decisões e negociações difíceis, exigindo do pesquisador um posicionamento firme e consciente de todo o processo como bem ressaltado por Raftery (1997). É dentro disso que um fator essencial colocado por Cecconello e Koller (2003) deve ser retomado. Na Inserção Ecológica o pesquisador se coloca como o principal instrumento de investigação, e sua postura e atuação constituem a principal fonte de estímulo do discurso do entrevistado. O objetivo central é justamente chegar a um nível de familiarização e intimidade com a situação observada mais elevado possível, por fim, acessar o fenômeno investigado, tal como ele ocorre em seu ambiente natural.

Da mesma forma, a combinação de diferentes métodos de análise possibilitou uma compreensão mais holística. A técnica de grupo focal em triangulação com os dados do diário de campo e das entrevistas individuais foram métodos de análise que não somente contribuíram para o enriquecimento do estudo, mas para uma análise mais complexa do evento investigado.

O projeto de pesquisa exposto neste capítulo poderia ser modificado no que diz respeito a adicionar etapas posteriores, como um trabalho em conjunto com a rede de saúde mental que propusesse a continuidade dos grupos focais como método clínico. Nesse sentido, o espaço poderia ser estendido aos outros membros familiares, no qual todos poderiam seguir elaborando a vivência de uma forma coletiva e comunitária. Infelizmente, este estudo foi o resultado de uma dissertação de mestrado a qual não propiciou a possibilidade de uma etapa interventiva em função do limite de tempo para sua conclusão. Tal lacuna fica como sugestão para futuros pesquisadores que tiverem interesse na área dos desastres e no método de Inserção Ecológica, o qual, por si só, fornece elementos que podem ser considerados clínicos.

Referências

Bandeira, D. R. (1999). *Avaliação de um projeto social do ponto de vista do desenvolvimento psicológico de seus participantes*. Dissertação de Doutorado não publicada, Programa de Pós-Graduação em Psicologia do Desenvolvimento, Instituto de Psicologia, Universidade Federal do Rio Grande do Sul, Porto Alegre.

Banyard, V. L., & Miller, K. E. (1998). The powerful of qualitative research for community psychology. *American Journal of Community Psychology, 26*(4), 485-505.

Bardin, L. (1979). *Análise de conteúdo* (L. A. Reto & A. Pinheiro, Trans.). São Paulo: Edições 70/ Martins Fontes.

Bronfenbrenner, U. (1996). *A ecologia do desenvolvimento humano: experimentos naturais e planejados*. Porto Alegre: Artes Médicas. (Original publicado em 1979).

Bronfenbrenner, U., & Ceci, S. J. (1994). Nature-nurture reconceptualized in developmental perspective: a bioecological model. *Psychological Review, 101*(4), 568-586.

Bronfenbrenner, U., & Evans, G. (2000). Developmental science in the 21st century: emerging questions, theoretical models, research designs and empirical findings. *Social Development, 9*(1), 115-125.

Bronfenbrenner, U., & Morris, P. (1998). The ecology of developmental processes. In W. Damon (Eds.), *Handbook of child psychology:* vol. 4 (pp. 993-1027). New York: John Wiley & Sons.

Carey, M. A. (1994). The group effect in focus group: planning, implementing, and interpreting focus group research. In J. M. Morse (Eds.), *Critical Issues in the qualitative research methods* (pp. 224--241). Thousand Oaks: Sage.

Cecconello, A. M., & Koller, S. H. (2003). Inserção ecológica na comunidade: uma proposta metodológica para o estudo de famílias em situação de risco. *Psicologia: Reflexão e Crítica, 16*(3), 515-524.

Conselho Federal de Psicologia (2000). *Resolução para pesquisa com seres humanos*. Resolução n. 016/2000. Brasília, DF.

Conselho Federal de Psicologia (2011). *Psicologia de emergências e desastres na América Latina: promoção de direitos e construção de estratégias de atuação*. Brasília, DF.

De Antoni, C., Martins, C., Ferronato, M. A., Simões, A., Maurente, V., Costa, F., & Koller, S. H. (2001). Grupo focal: método qualitativo de pesquisa com adolescentes em situação de risco. *Arquivos Brasileiros de Psicologia, 53*(2), 38-53.

Folkman, S., Lazarus, R. S., Gruen, R., & DeLongis, A. (1986). Appraisal, coping, health status, and psychological symptoms. *Journal of Personality and Social Psychology, 50*(3), 571-579.

Ibañez, G. E., Buck, C. A., Khatchikian, N., & Norris, F. H. (2004). Qualitative analysis of coping strategies among Mexican disaster survivors. *Anxiety, Stress, and Coping, 17*(1), 69-85.

Laville C., & Dionne J. (1999). *A construção do saber: manual de metodologia da pesquisa em ciências humanas*. Porto Alegre: Artes Médicas.

Morgan, D. L. (1997). *Focus group as qualitative research*. Newbury Park, CA: Sage.

Nelson, B. S., Wangsgaard, S., Yorgason, J., Kessler, M. H., & Carter-Vassol, E. (2002). Single- and dual-trauma couples: clinical observations of relational characteristics and dynamics. *American Journal of Orthopsychiatry, 72*(1), 58-69.

Norris, F. H., Weisshaar, D. L., Conrad, M. L. I., Diaz, E. M., Murphy, A. D., & Ibañez, G. E. (2001). A qualitative analysis of posttraumatic stress among Mexican victims of disaster. *Journal of Traumatic Stress, 14*(4), 741-756.

Raftery, J. (1997). Doing better than the media: ethical issues in trauma research. *Australasian Journal of Disaster and Trauma Studies, 1*(2), No pagination specified.

Víctora, C. G., Knauth, D. R., & Hassen, M. N. A. (2000). *Pesquisa qualitativa em saúde: uma introdução ao tema*. Porto Alegre: Tomo Editorial.

World Health Organization & United Nations High Commissioner for Refugees (2015). *mhGAP Humanitarian Intervention Guide: Clinical management of mental, neurological and substance use conditions in humanitarian emergencies*. Geneve: WHO.

10

Criando contextos ecológicos de desenvolvimento e direitos humanos para adolescentes[1]

Ana Paula Lazzaretti de Souza
Luciana Dutra-Thomé
Eva Diniz Bensaja Dei Schiró
Camila de Aquino Morais
Sílvia Helena Koller

A Inserção Ecológica é um método de investigação no qual os pesquisadores se inserem no contexto natural dos participantes (Cecconello & Koller, 2003). Contextos naturais influenciam no desenvolvimento dos indivíduos, pela estabilidade nas relações, respeito à hierarquia de poder e presença de laços afetivos e reciprocidade. Este relato de uma experiência de pesquisa-intervenção baseia-se em programa de educação em direitos humanos e no protagonismo para adolescentes em situação de vulnerabilidade social, realizado com o método de Inserção Ecológica.

A Abordagem Bioecológica do Desenvolvimento Humano (ABDH) propõe-se a compreender os fenômenos do desenvolvimento, ao longo

---

[1] Artigo publicado na revista *Paideia* (Souza, A. P. L., Dutra-Thomé, L., Schiró, E. D. B., Aquino Morais, C., & Koller, S. H. (2011). Criando contextos ecológicos de desenvolvimento e direitos humanos para adolescentes. *Paidéia* [Ribeirão Preto], *21*, 273-278).

do ciclo vital, em uma perspectiva histórica, cultural e interacionista. O ambiente ecológico foi descrito por Bronfenbrenner (1979/1996) como um conjunto de estruturas concêntricas no qual a pessoa se insere. É uma sequência de eventos que envolve a transformação biológica do organismo pelo ciclo vital. A relação da pessoa com o ambiente é multidirecional e concomitante, ambos se influenciam e desenvolvem (Bronfenbrenner & Evans, 2000).

O modelo de desenvolvimento, com base nas dimensões processo, pessoa, contexto e tempo (PPCT) foi proposto como produto do intercruzamento destas (Bronfenbrenner, 1979/1996). A percepção do *desenvolvimento no contexto* (Cecconello & Koller, 2003) inclui vários níveis de análise da influência do ambiente no processo de desenvolvimento, que serão descritos a seguir.

1) *Pessoa:* as características biológicas, físicas e psicológicas em interação com o ambiente são tanto produto quanto produtoras do desenvolvimento, e influenciam os processos proximais por sua demanda, recurso e força (Bronfenbrenner, 1993, 1995; Bronfenbrenner & Morris, 1998).
2) *Tempo:* cada processo desenvolvimental particular e único é influenciado pelo tempo, pelas políticas e pelos valores dominantes. Indivíduos e grupos da mesma geração partilham histórias de vida e experiências (Bronfenbrenner, 1988). O desenvolvimento é compreendido como um processo marcado pela constância e transformação (Bronfenbrenner, 2005).
3) *Contexto:* o *microssistema* ou ambiente imediato da pessoa – trabalho, casa, creche – propicia interações face a face, com estabilidade e reciprocidade, para promover os processos proximais. *Mesossistema* é a inter-relação de microssistemas. Exossistema é um sistema no qual a pessoa não participa, mas recebe sua influência. Macrossistema reúne aspectos sociais, culturais, crenças, valores e ideologias dos demais (Bronfenbrenner, 1979/1996).

4) *Processo:* o padrão de interação da pessoa com o ambiente que engloba outras pessoas, objetos e símbolos é definido como *processo proximal*, ou seja, é o motor do desenvolvimento (Bronfenbrenner, 1995; Bronfenbrenner & Morris, 1998). Estes são fundamentais para a criação de novos microssistemas.
5) *Inserção ecológica:* o desenvolvimento acontece pelo estabelecimento de processos proximais no contexto de uma pessoa, envolvendo seu tempo histórico e processos proximais (Cecconello & Koller, 2003).

Neste relato de experiência, foi dada uma nova perspectiva à Inserção Ecológica pela criação de um novo microssistema, inexistente na história anterior dos participantes, mas que permitiu o estabelecimento de relações estáveis, recíprocas e face a face. Pesquisadores/equipe de intervenção e participantes em processo de desenvolvimento aplicaram um programa de educação em direitos humanos. Anteriormente, inserir-se ecologicamente consistia na ação de se deslocar para o contexto no qual se propunha o estudo (Aquino Morais, 2008; Cecconello, 2003; Morais, 2009; Vasconcelos, Yunes, & Garcia, 2009). Tanto participantes quanto pesquisadores vivenciaram um espaço de transição ecológica para novos papéis, pois, ao mesmo tempo em que estavam inseridos ecologicamente no microssistema, construíam-no.

Os processos proximais foram centrais para participação em atividades comuns mantidas com base regular de tempo, progressivamente mais complexas, despertando atenção e interesse de todos, com reciprocidade, disponibilidade e foco comum na educação para os direitos humanos. As supervisões regulares permitiram a discussão e a busca de soluções, avaliação do trabalho e estudos de caso individualizados. Foi espaço ecológico de compartilhamento dos sentimentos e percepções vividos pela equipe e participantes. O objetivo deste relato é, portanto, apresentar uma nova maneira de utilizar o método da Inserção Ecológica a partir da experiência no programa "Juventude em Cena".

Método

Programa de educação em direitos humanos

O "Juventude em Cena" foi criado como um programa de ensino, pesquisa (aprovado pelo Comitê de Ética em Pesquisa do Instituto de Psicologia da UFRGS/ Protocolo n. 2008/017) e extensão, com foco em preparar adolescentes para o enfrentamento das adversidades sociais de seus contextos e estimular a participação ativa na vida política e social de sua comunidade. O conteúdo do programa de capacitação foi elaborado de acordo com os princípios da Convenção dos Direitos da Criança (ONU, 1989) e Estatuto da Criança e do Adolescente (ECA) (Lei n. 8.069, 1990) com base nos três "Ps" – provisão, proteção e participação. Esses princípios regulam o desenvolvimento da criança a partir da provisão de suas necessidades, da proteção contra negligência e diversas formas de violência, além da participação nas decisões sobre suas vidas (Verhellen, 2000). Oito eixos transversais embasaram a intervenção: 1) identidade; 2) solidariedade; 3) cidadania; 4) saúde; 5) risco e proteção (violação de direitos, escola, família e trabalho); 6) políticas públicas; 7) direitos da criança e do adolescente; 8) protagonismo juvenil/participação social. A teoria dos Quatro Pilares da Educação para o Desenvolvimento Humano também serviu de subsídio: "aprender a conhecer", "aprender a fazer", "aprender a conviver" e "aprender a ser" (Delors, 1998; Hassenpflug, 2004).

Participantes

O programa foi iniciado em 2008, com setenta adolescentes, de ambos os sexos, com idades entre 12 e 18 anos. Os participantes eram integrantes de programas sociais e compareciam à intervenção acompanhados por técnicos da rede de proteção infantojuvenil de seus municípios de origem. Esses municípios fazem parte da Região Metropolitana de Porto Alegre (RS).

Procedimento

Foram realizados dez encontros quinzenais ao longo de cinco meses. Os encontros consistiram em instrumentalização teórica, com uso de filmes e exposição das temáticas como cidadania, protagonismo e direitos, tanto para os técnicos quanto para os adolescentes. Em seguida, os adolescentes participavam de dinâmicas em pequenos grupos. O fechamento dos conteúdos trabalhados baseava-se em reflexão sobre as atividades, e todos tinham espaço para expressar o que haviam aprendido, visando à integração e à conclusão objetiva da atividade. O trabalho com os técnicos possibilitou que estes se tornassem mediadores dos adolescentes no processo de protagonismo. Eles proporcionaram a comunicação entre a equipe executora e os adolescentes no dia a dia na comunidade, constituindo-se como referência para o esclarecimento de dúvidas, orientações e suporte na execução das tarefas de casa. O processo da intervenção foi avaliado, no decorrer de sua execução, em reuniões de equipe semanais e no registro, em diário de campo, das impressões, sentimentos e observações por todos os membros da equipe.

Resultados e discussão

Inserção Ecológica e a criação de um novo microssistema

O formato do programa de intervenção configurou a emergência de um "novo" microssistema intitulado "Juventude em Cena", no qual se desenvolveram as atividades que possibilitaram o estabelecimento de processos proximais entre os participantes e a equipe de execução. Tal constituição foi marcada pelas novas interações com pessoas, objetos e símbolos, em um ambiente diferente daqueles que os adolescentes costumavam ter acesso. A intervenção aconteceu nas instalações da universidade, o que implicava a inserção dos participantes em novo ambiente, contato com recursos desse local que representa a escolarização, o saber e o conhecimento científico. Ademais, a configuração do espaço físico ofereceu novas experiências que, embora simples, eram inusitadas no cotidiano desses adolescentes. Na equipe, esteve sempre presente o cuidado com expectativas e necessidades do grupo, na tentativa de criar uma relação de reciprocidade entre todos. A adesão crescente às atividades mostrou a adaptação das expectativas de todos às propostas da intervenção.

Impressões diversas foram geradas a partir do contato com os participantes. Em um primeiro momento, a equipe deparou com adolescentes agitados, com necessidade de supervisão, sempre curiosos, mas às vezes desconfiados e inicialmente resistentes à intervenção. As interações de adolescentes e técnicos traduziram a influência – a partir da manifestação das características de demanda da pessoa – no ambiente e traziam informações de seu contexto para o novo microssistema que estava se formando. Nesse sentido, o contato gradualmente mais próximo com os adolescentes permitiu que a equipe conhecesse de forma mais detalhada suas histórias de vida – características dos recursos da pessoa. Foram sempre necessárias diferentes maneiras de conduzir as atividades e de estabelecer relações – características diversas de força da pessoa – ao longo da intervenção. Os desafios desse tipo de trabalho e a necessidade de ajustes, durante sua realização, demonstravam a importância de estar atento não somente às peculiaridades dos contextos de origem dos participantes, mas das características de cada um e da própria equipe.

Movimentos de superação significativos foram aparecendo ao longo do processo, uma vez que se tratava de adolescentes com oportunidades escassas e expostos a diversos fatores de risco – pobreza, violência e exploração. Tais atributos da pessoa não exerciam influência isolada no desenvolvimento, pois disposições, recursos e demandas influenciavam-se mutuamente e precisavam ser compreendidos, a partir da interação com diversos contextos que constituíam a rede social da pessoa (Bronfenbrenner & Morris, 1998).

As atividades realizadas foram progressivamente mais complexas, pela integração de conteúdos – direitos, cidadania, protagonismo, entre outros –, propondo reflexão constante e crítica sobre a realidade vivida. À medida que os adolescentes entendiam as propostas e se sentiam à vontade com o grupo no microssistema criado, expressavam-se a respeito dos temas e interagiam com os pares e com a equipe. Os pequenos grupos possibilitaram proximidade entre todos. Algumas tarefas permitiram o estabelecimento de interação progressivamente mais complexa, relacionada aos interesses e curiosidades com interação com objetos, símbolos e ambiente social, promovendo seu desenvolvimento. A transformação de comportamentos ao longo das tarefas era denotada nos processos de continuidade e mudança.

A equipe executora também percebeu mudanças em seus componentes, não apenas pessoais, como a revisão de valores e o "dar-se conta" das diferentes realidades da vida dos participantes do programa, mas também modificações nas relações entre seus membros. Portanto, os processos proximais no desenvolvimento conduziram à modificação de comportamentos em todo o grupo, que, ao longo das atividades e das relações estabelecidas, transformaram-se e tornaram-se funcionais. Inicialmente, os adolescentes tinham uma atitude desordenada, barulhenta e pouco estruturada: as saídas das salas de atividades eram constantes, o espaço físico da faculdade foi danificado com grafites e o lixo era deixado pelo chão. Com o tempo, a modificação dessas atitudes foi claramente percebida, com o respeito e adesão às regras propostas, assim como à preservação do espaço utilizado pelo grupo.

Os demais sistemas ecológicos (família, escola, comunidade) vivenciados pelos adolescentes puderam ser acessados. As interações contínuas, realizadas ao longo do processo de execução do programa, permitiram, por meio de conversas informais e de atividades estruturadas, conhecer e captar aspectos do contexto mais amplo. Os quatro níveis dos contextos de inter-relação dos participantes do programa (Bronfenbrenner, 1979/1996) foram mapeados. Assim, a realidade social, cultural e física do(s) contexto(s) dos adolescentes tornou-se presente de diferentes formas. Desse modo, mesmo não ocorrendo a Inserção Ecológica "tradicional" (Cecconello & Koller, 2003), no próprio contexto de desenvolvimento cotidiano da pessoa, este foi apreendido de forma indireta, sem minimizar seu impacto e a importância no desenvolvimento.

No decorrer da intervenção, o microssistema proporcionou o estabelecimento de novas relações, o que caracterizou a transição ecológica a uma rede social ampliada (Bronfenbrenner, 1979/1996). Por exemplo, um adolescente, que havia iniciado o trabalho de aprendiz (Brasil, 2005), compartilhou com o grupo sua decisão de economizar dinheiro para investir nos estudos. Na conversa estabelecida, ele contou que "sua mãe não acreditava que ele pudesse crescer na vida e ter melhores condições", afirmando que ele iria se "perder nas drogas como os outros meninos do bairro". Mas o adolescente afirmou querer mostrar à mãe que "seria capaz de fazer e ser diferente".

O macrossistema expressava-se pela realidade da pobreza e sua implicação social, o que perpassava as temáticas e as experiências relatadas. Ao longo dos encontros, uma das principais motivações dos adolescentes para estarem no programa era o fator alimentação. Para muitos deles, esta provisão era precária em suas casas. Desse modo, a expectativa de ter almoço e lanche assumia um caráter motivador. Sabendo desta situação, a equipe buscou prover melhores refeições, a fim de suprir necessidades básicas dos adolescentes e, também, utilizar isso como estratégia de adesão ao longo do processo de vinculação com o programa e a equipe.

Outros fenômenos como a drogadição e a sexualidade estiveram presentes como aspectos que marcaram as influências macrossistêmicas. Durante o programa, a equipe identificou, por meio das conversas informais com os adolescentes, que estes estavam começando a ingerir bebidas alcoólicas. A equipe buscou por meio dos eixos temáticos já estabelecidos, como saúde, risco e proteção, criar espaços para abordar esses comportamentos. A via de compreensão foi norteada pelo reconhecimento da adolescência, suas tensões, bem como pelo contexto social e cultural.

Comentários sobre sexualidade/afetividade foram marcantes desde o início do programa, ao se iniciarem as "paqueras", entre eles, e as divergências. Criaram, então, um mural no qual pudessem trocar recados entre si, utilizavam os espaços de lazer e almoço para se aproximarem, verbalizavam em seus grupos de amigos acerca de um ou outro que lhes interessavam. A equipe reconheceu essa necessidade e propôs horários livres e espaços de convivência. Nas ocasiões em que algum preconceito ou homofobia foram aparentes, pontuaram-se o respeito e o reconhecimento do outro em sua individualidade.

O "Juventude em Cena" era constituído por adolescentes da mesma faixa etária, do mesmo nível socioeconômico e que partilharam, simultaneamente, um conjunto de atividades. O desenvolvimento deste programa ocorreu em um tempo histórico, no qual se assistia, no contexto sociopolítico, à valorização dos direitos da criança e do adolescente, assim como à importância do protagonismo juvenil. Além disso, despertou sentimentos e vivências em função de outras experiências e acontecimentos passados, incorporados, transformados e atualizados no desenvolvimento vigente, influenciados pelo tempo histórico em que ocorreram. Os acontecimentos exteriores ao macrotempo sociopolítico e cultural vigente influenciavam seu desenvolvimento em momentos de vida e processos de maturação biológica equivalentes e foram incluídos no programa. Por exemplo, em época de eleições, foi convidada uma figura política que era candidata, por sua trajetória de protagonismo e envolvimento político, desde a juventude, que conversou com o grupo sobre cidadania e intervenção política e social, como algo que poderia ser desenvolvido individualmente na vida deles. O período de eleições configurava-se no macrotempo e influenciou o programa, pelas mudanças de administração política nos municípios. Tais mudanças exossistêmicas garantiram ou atrapalharam a participação e/ou permanência no programa.

A noção de microtempo implica o desenvolvimento de atividades em uma base regular, seguida de atividades progressivamente mais complexas que mantêm a atenção dos envolvidos (Bronfenbrenner, 1977). Esses requisitos foram atendidos à medida que essas atividades foram desenvolvidas ao longo de encontros quinzenais durante cinco meses, em um processo crescente de interação e conhecimento mútuo. O grau de complexidade das tarefas foi assegurado, ao se desenvolverem propostas novas, às quais os adolescentes e a equipe, em seu dia a dia, não tinham possibilidade de aceder.

No decorrer do programa, a evasão de participantes, a não adesão de técnicos, e os desajustes no planejamento de atividades apareceram, mas eram esperados pelas dimensões e características do grupo. À medida que foram estabelecidos os processos proximais, foi possível perceber as necessidades de todos e adaptar as atividades e demais procedimentos para responder às expectativas. Atividades mais dinâmicas, como gincanas culturais, foram mudanças de estratégia para despertar maior interesse e engajamento nas atividades. À medida que as dificuldades eram resolvidas e novas estratégias implantadas, foi possível notar o desenvolvimento dos processos proximais estabelecidos, adesão e cooperação com as atividades.

A centralidade do conceito de processo proximal na ABDH mostrou-se evidente durante toda a Inserção Ecológica no programa, uma vez que tal processo apareceu como unidade de análise crucial para a compreensão do desenvolvimento humano. A Inserção Ecológica surgiu como alternativa metodológica para acessar os contextos de desenvolvimento, de forma que qualquer espaço em que se identifique o estabelecimento de processos proximais (ambiente doméstico, laboral, comunitário, escolar da pessoa, entre outros) torna-se propício à realização de pesquisas nesta perspectiva.

A criação do microssistema "Juventude em Cena" propiciou a reflexão sobre o que é estar ecologicamente inserido. Ao contrário das intervenções tradicionais da Inserção Ecológica, este programa criou um novo contexto para todos (Aquino Morais, 2008; Cecconello, 2003; Morais, 2009). Nesse sentido, o estabelecimento dos processos proximais com outros sistemas ecológicos surgiu ao longo das atividades estruturadas, mas principalmente no decorrer dos momentos livres, como horário de almoço e momentos culturais.

Considerações finais

Na perspectiva da ABDH, a pesquisa sobre o desenvolvimento humano preconiza a inclusão de experiências que visem à melhoria e à reestruturação dos sistemas ecológicos dominantes, de modo que as ideologias e regras institucionais preestabelecidas sejam reformuladas por meio da redefinição de objetivos, papéis e atividades que proporcionem a ligação a novos sistemas (Bronfenbrenner, 1977). Dessa maneira, o novo microssistema vem responder a essa demanda da ABDH. A construção de um novo microssistema caracterizou um espaço de transição ecológica à medida que relações foram estabelecidas, possibilitando o acesso de todos a conteúdos e experiências diversos. Por meio do "Juventude em Cena", diferentes recursos – noções acerca dos direitos, da possibilidade de elaborar um projeto de vida e de buscar melhores condições de existência – foram disponibilizados, revelando a importância da ampliação dos multiambientes em que pessoas em desenvolvimento estavam inseridas. Quanto maiores as possibilidades de relações estabelecidas e a inserção em diferentes microssistemas, maiores as oportunidades de obtenção de recursos que favorecem o desenvolvimento humano. Considera-se que a ideia de dar continuidade ao programa de capacitação, a partir de novas edições, revela uma maneira de procurar assegurar o impacto dessa obtenção de recursos para o desenvolvimento humano.

A mudança de comportamentos e a aquisição de papéis vivenciados no novo microssistema proporcionaram transformações, as quais puderam ser transpostas aos demais sistemas – família, escola e comunidade. A ação protagonista idealizada pelo programa – que os adolescentes, cientes de seus direitos, pudessem buscar a garantia de tais direitos e melhores condições de vida – foi desenvolvida ao longo da intervenção. Naturalmente, foi observado como foi ampliada para outros contextos, uma vez que os adolescentes tornaram-se multiplicadores nas suas comunidades. Esse processo pôde ser acompanhado por meio da continuidade do programa e pela constatação de que alguns passaram a se engajar em outras ações de participação social em seus municípios de origem.

As dificuldades encontradas ao longo do programa permitiram refletir sobre a necessidade de estreitar parcerias com os profissionais e a rede de atenção infantojuvenil dos municípios, buscando minimizar as barreiras que cada sistema apresenta. Assim, foram reunidos recursos de cada sistema, a fim de concretizar ações para o favorecimento do desenvolvimento das pessoas. A experiência vivenciada pela equipe e os resultados alcançados – maior engajamento nas atividades e interesse em ser protagonista, indo em busca dos seus direitos – enfatizam o impacto que intervenções deste tipo podem proporcionar.

A disponibilidade para o estabelecimento de relações recíprocas e a motivação pessoal da equipe foram fatores fundamentais para a construção dos processos proximais e do novo microssistema. E, em decorrência dessas relações estabelecidas, mudanças foram alcançadas ao longo da intervenção, à medida que os adolescentes se sentiam olhados, escutados, reconhecidos e valorizados. Conforme postulado por Bronfenbrenner (2005), foi possível observar, durante a execução do programa, que os processos proximais estão na base do desenvolvimento humano e que, por meio deles, resultados são alcançados.

Considera-se que a busca pela construção de um pensamento político e crítico acerca dos direitos da criança e do adolescente e a proposta de ação protagonista dos adolescentes no meio em que eles vivem, a fim de gerar mudanças sociais, tiveram êxito ao longo do projeto. Estas transformações estão em consonância com o cerne ideológico da ABDH, a saber, a aplicação dos estudos em políticas públicas e sociais que possam fazer diferença na qualidade de vida das pessoas envolvidas (Bronfenbrenner, 2005).

Dos Quatro Pilares da Educação para o Desenvolvimento Humano (Hassenpflug, 2004), os que mais se salientaram foram o conhecer e o conviver, uma vez que os eixos temáticos visavam instrumentalizar os adolescentes acerca de seus direitos, de valores de solidariedade e de cidadania. Entretanto, os pilares *aprender a fazer* e *aprender a ser* estavam claros no processo, configurando a articulação entre os restantes.

O programa "Juventude em Cena" proporcionou, por meio dos conteúdos trabalhados, das ações realizadas e das inter-relações estabelecidas, o desenvolvimento de todos em diversas dimensões humanas – cognitiva, social e pessoal. O trabalho desenvolvido promoveu o protagonismo juvenil, ao investir nas capacidades individuais dos adolescentes, auxiliando-os a percebê-las e se apropriarem delas. Nesse sentido, o programa fomentou o interesse dos participantes em buscar seus direitos e incitou a possibilidade de mudanças nas comunidades de origem e em suas trajetórias de vida.

Este relato demonstra o importante papel da universidade que, além da formação de profissionais e da produção de conhecimento científico, cumpre sua função social por meio de ações de extensão capazes de contribuir para o desenvolvimento da comunidade. Ademais, como cientistas sociais e humanos, os profissionais da psicologia têm o compromisso de se aproximar da realidade das pessoas com as quais trabalham – em intervenções e pesquisas –, buscando compreender as características dos diversos sistemas. Desse modo, é construído um conhecimento que realmente proporcione uma vida mais digna. Programas que priorizem a participação juvenil, permitindo que os adolescentes expressem suas necessidades, poderão ser preventivos em relação a vários fatores de risco para essa parcela da população, suas famílias e a sociedade em geral. A universidade é um contexto propício para que iniciativas desse tipo sejam realizadas. Portanto, são necessários estudos futuros com análises mais aprofundadas e que demonstrem as mudanças a partir da intervenção.

Referências

Aquino Morais, C. (2008). *Saúde, doença mental e serviços de saúde na visão de adolescentes e seus cuidadores.* Dissertação de mestrado não publicada, Universidade Federal do Rio Grande do Sul, Porto Alegre.

Brasil (2005). *Decreto 5598.* Presidência da República. Casa Civil. Subchefia para Assuntos Jurídicos. Brasilia, DF.

Bronfenbrenner, U. (1977). Toward an experimental ecology of human development. *American Psychologist, 32,* 513-531.

Bronfenbrenner, U. (1988). Interacting systems in human development. Research paradigms: Present and future. In N. Bolger, A. Caspi, G. Downey & M. Moorehouse (Eds.), *Persons in context: development process* (pp. 25-49). New York: Cambridge Press.

Bronfenbrenner, U. (1993). The ecology of cognitive development: research models and fugitive findings. In R. Worriak & K. Fischer (Eds.), *Development in context: acting and thinking in specific environments* (pp. 3-44). Hillsdale, NJ: Erlbawn.

Bronfenbrenner, U. (1995). Developmental ecology: Through space and time. In P. Moen, G. H. Elder & K. Luscher (Eds.), *Examining lives in context: perspectives on the ecology of human development* (pp. 619-647). Washington, DC: APA.

Bronfenbrenner, U. (1996). *A ecologia do desenvolvimento humano: experimentos naturais e planejados* (M. A. Veríssimo, Trad.). Porto Alegre: Artes Médicas. (Original publicado em 1979).

Bronfenbrenner, U. (2005). The bioecological theory of human development. In U. Bronfenbrenner (Ed.), *Making human beings humans* (pp. 3-15). Thousand Oaks, CA: Sage.

Bronfenbrenner, U., & Evans, G.W. (2000). Development science in the 21st century: emerging questions, theoretical models, research designs and empirical findings. *Social Development*, *9*, 115-125.

Bronfenbrenner, U., & Morris. P. A. (1998). The ecology of developmental processes. In W. Damon & R. M. Lerner (Eds.), *Handbook of child psychology: theoretical models of human development* (Vol. 1, pp. 993-1.027). New York: John Wiley & Sons.

Cecconello, A. M. (2003). *Resiliência e vulnerabilidade em famílias em situação de risco*. Tese de Doutorado não publicada, Universidade Federal do Rio Grande do Sul, Porto Alegre.

Cecconello, A. M., & Koller, S. H. (2003). Inserção ecológica na comunidade: uma proposta metodológica para o estudo de famílias em situação de risco. *Psicologia: Reflexão e Crítica, 16*, 515-524.

Delors, J. (Org.). (1998). *Educação: um tesouro a descobrir*. Relatório para a Unesco da Comissão Internacional sobre Educação para o século XXI. São Paulo: Cortez/Brasília/MEC/Unesco.

Eschiletti-Prati, L., Couto, M. C. P. P., Moura, A. S., Poletto, M., & Koller, S. H. (2008). Revisando a Inserção Ecológica: uma proposta de sistematização. *Psicologia: Reflexão e Crítica*, *21*, 160-169.

Hassenpflug, W. N. (2004). *Educação pelo esporte: educação para o desenvolvimento humano pelo esporte*. São Paulo: Saraiva/Instituto Ayrton Senna.

Lei n. 8.069, de 13 de julho de 1990. (1990). Estatuto da Criança e do Adolescente. *Diário Oficial da União*, seção 1.

Morais, N. A. (2009). *Trajetórias de vida de crianças e adolescentes em situação de vulnerabilidade social: entre o risco e a proteção*. Tese de Doutorado não publicada, Universidade Federal do Rio Grande do Sul, Porto Alegre.

Organização das Nações Unidas. (1989). *Convenção sobre os direitos da Criança*. Recuperado em 09 out. 2009, de http://www.unicef.org. brazil/dir_cri.htm.

Vasconcelos, Q. A., Yunes, M. A. M., & Garcia, N. M. (2009). Um estudo ecológico sobre as interações da família com o abrigo. *Paidéia (Ribeirão Preto)*, *19*, 221-229.

Verhellen, E. (2000). *Convention on the rights of the child*. Leuven, Belgium: Garant.

PARTE 3

AS POSSIBILIDADES DE INTERLOCUÇÃO TEÓRICO-METODOLÓGICA

11

Análise do funcionamento familiar de ribeirinhos amazônicos: a Inserção Ecológica, observações naturalísticas e uso de situações estruturadas

Simone Souza da Costa Silva
Fernando Augusto Ramos Pontes
Sarah Daniele Baia da Silva
Daniele Castro Reis
Leila Said Assef Mendes

Desenvolver um estudo que vise entender a dinâmica da cultura e da família e como estas se influenciam mutuamente consiste em uma árdua tarefa, principalmente no que se refere às tomadas de decisão que precisam ser feitas em termos metodológicos. Parte do desafio é considerar as possibilidades metodológicas disponíveis, as especificidades do contexto envolvido e as formas operacionais de viabilizar uma pesquisa ecologicamente inserida.

Uma concepção ecológica, tal como a de Bronfenbrenner (1979/1996), demanda a compreensão de contexto em vários níveis que não estão restritos somente ao que a pessoa mantém relações. Em termos metodológicos, tal concepção salienta o conceito de "validade ecológica", a qual implica, para pesquisa do desenvolvimento em contexto, uma atenção para o quanto as suposições feitas pelos pesquisadores refletem a forma que os sujeitos experienciam determinado ambiente. Como forma de operacionalizar este conceito, Cecconello e Koller (2003) e Eschiletti-Prati *et al.* (2008) propuseram o procedimento de "Inserção Ecológica" (IE) dos pesquisadores no contexto de investigação.

Cecconello e Koller (2003) entendem que a base de toda investigação que adota a Inserção Ecológica é possibilitada por desenvolvimento de processos proximais caracterizados pelo engajamento de pesquisadores e participantes em atividades caracterizadas por interações de base regular, progressivamente mais complexa, recíproca, com objetos e símbolos presentes no contexto imediato potencialmente estimuladores de processos cognitivos, tais como atenção, exploração, manipulação e imaginação.

A necessidade de envolvimento mútuo está implicada no método de IE, pois o modelo de análise não serve somente para fins do cumprimento dos objetivos de dada pesquisa, mas também para viabilização de processos proximais envolvidos na própria pesquisa. É nesse sentido que Cecconello e Koller (2003) entendem que "o processo proximal, além de constituir o foco da pesquisa, adquire uma função de viabilizar sua realização, revelando-se um procedimento através do qual o pesquisador conduz a investigação" (p. 521). Parece implícito que tais interações devem acontecer regularmente em períodos estendidos de tempo, não em encontros ocasionais. Encontra-se colocada a noção de que os processos proximais investigados são viabilizados por processos proximais entre pesquisadores e participantes; os critérios de caracterização nos dois casos são os mesmos.

Toda produção de conhecimento implica uma "construção do objeto" (Brandão, 2000). As decisões metodológicas implicam, entre outros aspectos, a capacidade de optar pelo viés metodológico mais adequado a determinado contexto de análise pretendida. A descrição do caminho epistêmico cumpre uma tarefa que vai além da mera enumeração dos procedimentos utilizados; procura, acima de tudo, explicar, justificar, sistematizar as relações estabelecidas, esclarecer os seus vínculos, e avaliar os seus resultados e aplicações. Este capítulo descreve, na perspectiva da IE, as decisões metodológicas envolvidas na avaliação do funcionamento familiar, isto é, a observação naturalística e situações estruturadas no contexto ribeirinho.

A investigação do funcionamento familiar e os desafios de pesquisa

A investigação do funcionamento familiar, mais do que caracterizar a estrutura das famílias estudadas, possibilita também, em função das pressuposições teóricas aqui envolvidas, conhecer etnograficamente a própria cultura da população estudada. Deste modo, a abordagem epistemológica aqui adotada entende uma via dupla entre o desvendar da estrutura e da dinâmica familiar e o revelar do perfil etnográfico da cultura em que essas famílias estão envolvidas, isto é, o específico na condição de revelador do mais geral, e o mais geral enquanto contendo propriedades do mais específico. Neste sentido, ao investigar as peculiaridades de cada família, pretende-se abstrair as propriedades mais gerais que as caracterizam enquanto membros de determinada comunidade.

Pesquisas que pretendam, sob a perspectiva da IE, investigar o funcionamento familiar como característica do macrossistema em que tal família encontra-se envolvida, particularmente no caso de populações rurais, apresentam pelos menos três tipos de desafios. O primeiro refere-se à natureza epistêmica dos métodos disponíveis de avaliação do funcionamento familiar, o segundo remete-se a aspectos da contextualização de tais métodos e o terceiro diz respeito às necessidade de ponderações relativas a operacionalização de tais adaptações.

Na perspectiva sistêmica, a psicologia familiar desenvolveu um conjunto de instrumentos para avaliação das famílias. De acordo com Baker (2000), dos modelos mais longamente experimentados, destacam-se o modelo de McMaster e o modelo de processo. As dimensões de avaliação utilizadas por estes modelos são muito semelhantes e podem ser concebidas no geral nos seguintes aspectos: realização de tarefas, desempenho de papéis, comunicação (incluindo a expressão afetiva), envolvimento afetivo, controle e valores e normas.

Bodin (1968) classifica os métodos e as técnicas de avaliação familiar em dois tipos: as objetivas e as subjetivas. As técnicas subjetivas são por ele divididas em: 1) tarefas familiares; 2) inventários de força egoica familiar e 3) produções artísticas familiares. As técnicas objetivas são, por sua vez, divididas por Bodin (1968) em três categorias: 1) técnicas baseadas na comunicação; 2) técnicas baseadas nas teorias dos jogos e 3) técnicas baseadas em resolução de conflitos.

Carneiro (1983) entende que uma classificação mais pertinente seja aquela que considera métodos objetivos, métodos subjetivos e mistos, ou seja, aqueles que mantêm elementos tanto objetivos como subjetivos. O seu próprio método desenvolvido, a Entrevista Familiar Estruturada (EFE) pode ser classificado como misto.

Atualmente, várias propostas de instrumentos de avaliação estão sendo testadas e utilizadas pelas comunidades de pesquisadores e terapeutas, tais como, o Family Aperception Test (Eaton, 1998; Sotile, Julian III, Henry, & Sotile, 1991; Lundquist, 1987), Family Adaptability and Cohesion Evaluation Scales – FACES (Olson, Portner, & Bell, 1982; Olson, Portner, & Lavee, 1985), Family System Test – FAST (Gehring, 1998), Familiograma (Teodoro, 2006; Teodoro & Käppler, 2003) etc. Contudo, todas ainda podem ser classificadas nos parâmetros colocados por Carneiro (1983).

Considerando as especificidades de nossos interesses e as características de tais instrumentos de avaliação familiar, poder-se-ia colocar que estes seriam de pouca utilidade para os objetivos estabelecidos, tanto por seu aspecto racional epistemológico como de contextualização.

Em termos racionais, tais instrumentos realmente têm origem em uma lógica diferente da proposta para nosso estudo. Muitos dos instrumentos desenvolvidos nascem dentro das preocupações do contexto terapêutico, em que as identificações do funcionamento familiar são extremamente relevantes para estudar patologias e disfunções presentes nos subsistemas familiares. Esse viés tende a direcionar os resultados para fins de classificação das famílias, de diagnóstico familiar, o que pode trazer interesses conflitantes com os objetivos de relações entre sistemas, particularmente o cultural.

Deve-se, contudo, entender que, desde que desconsiderados os aspectos classificatórios relativos às funcionalidades ou às desfuncionalidades, eles podem revelar padrões de relacionamento típicos de determinado contexto cultural, maneiras como as famílias se organizam para lidar com suas tarefas (Durham, 2004). Apesar de esta ser uma utilização diferente da proposta para os principais métodos de avaliação familiar, ela de modo algum é incongruente com a perspectiva sistêmica que fundamenta o modelo bioecológico.

Considerada a possibilidade de uso, outro aspecto a ser salientado é a contextualização de tais instrumentos. É preciso considerar que a maioria dos instrumentos foi desenvolvida para populações letradas urbanas e requer a utilização de equipamentos e lógicas que podem ser estranhas ao contexto rural. Tais aspectos podem dificultar a aplicação ou invalidar os resultados obtidos quando os instrumentos forem aplicados diretamente a contextos ou populações diferentes daquelas que originalmente foram alvo; esse é, também, o caso de instrumentos desenvolvidos no Brasil.

Para adaptação, deve-se considerar, em primeiro lugar, os objetivos da tarefa ou atividade proposta pelo instrumento de avaliação e depois adequá-la a uma equivalência contextualmente relevante. Para que essa adaptação seja efetiva é necessário certo grau de imersão ou de Inserção Ecológica no contexto. Somente com ela é possível ao pesquisador identificar objetos e símbolos presentes no ambiente imediato capazes de estimular a atenção, a exploração, a manipulação e a imaginação da pessoa em desenvolvimento, o que caracteríza os processos proximais.

Entende-se que por outro lado, tais instrumentos podem ser úteis desde que seja conhecida a lógica que os sustenta. De fato, a pretensão de adaptar e validar determinado instrumento tende a ser um impedimento temporal na realização de determinado cronograma de pesquisa. Nesse sentido, os itens de determinado instrumento podem ser adaptados de modo isolado, sendo utilizados como elementos inspiradores de atividades que podem revelar o funcionamento familiar.

Se considerarmos os aspectos suprassalientados, seria de se esperar que uma das alternativas tranquilas seja a utilização de abordagens etnográficas para revelação de características do funcionamento familiar, visto que tais técnicas encontram-se mais próximas do procedimento de

IE. Contudo, o problema colocado é que tais técnicas demandam um período de ambientação extenso, principalmente considerando comunidades rurais. Adicionalmente, ambientes familiares tendem a ser os mais complicados para entrada do pesquisador. Nem sempre se dispõe de tempo e recursos para desenvolvimento de pesquisa em tais condições.

As pesquisas desenvolvidas no Brasil que têm por base o conceito de IE foram desenvolvidas em contextos nos quais foi possível a presença contínua do investigador, pois se realizaram, em sua maioria, em áreas urbanas de acesso facilitado (ver Cecconello, 2003; De Antoni, 2005; De Antoni & Koller, 2000, 2001; Morais, 2005; Neiva-Silva, 2003). Em contextos urbanos, o requisito sugerido de que os encontros entre pesquisadores e participantes não sejam fortuitos pode facilmente ser cumprido.

Contudo, o envolvimento mútuo requerido apresenta desafios a serem superados em pesquisas de campo realizadas em contextos que apresentam dificuldades operacionais para um contato contínuo entre os envolvidos, em razão da distância geográfica do lócus da pesquisa, aliada à carência de meios de transporte e comunicação na região – esse é particularmente o caso de pesquisas envolvendo comunidades ribeirinhas amazônicas distanciadas dos grandes centros urbanos. No caso de investigações de estrutura e dinâmicas familiares em tais comunidades, os impedimentos operacionais envolvidos poderiam dificultar o processo de Inserção Ecológica dos pesquisadores.

No geral, os instrumentos de avaliação familiar foram desenvolvidos porque permitem revelar padrões familiares que demorariam muito tempo para serem captados no contexto terapêutico normal. Os comportamentos verbais e não verbais trazidos por um conjunto de itens e tarefas dispostas pelos instrumentos disponíveis, possibilitaram identificar como os membros familiares se comportam uns em relação aos outros, ou seja, obter o máximo de informação em um mínimo de tempo.

Nesse sentido, entendemos que desde que processos proximais sejam estabelecidos de modo adequado, o uso de situações estruturadas inspiradas nas técnicas de avaliação familiar podem ajudar a precipitar um conjunto de elementos do funcionamento familiar, tais como comunicação, regras, papéis, liderança, conflitos, fronteiras etc. Ademais, o uso de tais situações pode e deve ser utilizado combinado com um conjunto de técnicas etnográficas.

A especificidade ribeirinha amazônica

A classificação dos ecossistemas amazônicos é bastante complexa (Ab'Saber, 2002). Contudo, para fins deste trabalho, pode-se, superficialmente, entender que a região é composta por dois grandes tipos de ecossistemas: áreas inundáveis (terras de várzeas, igapós e furos) e florestas de terra firme (florestas altas e densas, florestas baixas, savanas, cerrados e campos naturais (Scherer, 2004a).

Diferente do caboclo da terra firme, os ribeirinhos vivem, em sua maioria, à beira dos rios, igarapés, igapós e lagos que compõem o vasto e complexo estuário amazônico, ecossistema que define grande parte de seu modo de vida. Como o fenômeno da enchente e da vazante regula grande parte de seu cotidiano, o mundo do trabalho e das relações obedece ao ciclo sazonal (Scherer, 2004a). As preocupações diárias dos ribeirinhos são determinadas pelas cheias/vazantes dos rios, pelo sol e chuva, pelos dias e noites. A temporalidade é própria de quem vive nas várzeas (Scherer, 2003; 2004b) e o tempo é definido pela natureza e pela cultura, pelos mitos e tradições. A crença em diversos seres sobrenaturais tem influência sobre as atividades de caça e da pesca ribeirinha (Wagley, 1952). A reprodução do modo de vida dessa população é assegurada por meio da história oral (Fraxe, 2000).

A literatura define o ribeirinho com base na forma de trabalho essencialmente extrativista e agrícola centrado na produção familiar (Noda, Noda, Pereira, & Martins, 2001). Contudo, de modo mais flexível, as práticas de sobrevivência variam, sendo possível encontrar comunidades essencialmente extrativistas e outras com práticas agrícolas. A comunidade do Araraiana estudada apresenta como modo de sobrevivência o extrativismo.

Afora os modos de sobrevivência, a dinâmica de morar às margens do rio na Amazônia configura uma característica relevante neste estudo. Os ribeirinhos estão isolados, não apenas da cultura mais geral (nenhum acesso à mídia escrita e pouco ou restrito acesso à mídia televisiva e radiofônica), mas também dos próprios moradores da comunidade (a distância entre as residências está em torno de 200 metros). Em termos interacionais, o rio atua como constritor e fonte de contato, como barreira e ponte ambiental, criando e restringindo as possibilidades de interação principalmente entre as crianças. Para Harris (2000) o rio representa a "metonímia do ser ribeirinho", aquilo que ao mesmo tempo cria vínculos e isolamentos entre as pessoas dessas populações. Assim, a peculiaridade dessa população constitui um aspecto que delineia a relevância deste estudo. Acredita-se que, comparativamente às famílias de comunidades urbanas, há uma maior frequência de interação entre os membros familiares, o que pode redundar em estrutura familiar e trajetórias de desenvolvimento tipicamente acomodadas a este modo de vida.

Esquecido pelas ações públicas e escondido na genérica denominação de trabalhador rural, o ribeirinho enfrenta problemas de toda ordem. Em termos educacionais, o índice de analfabetismo é muito alto e as escolas das comunidades, em sua maioria, só funcionam até o 5º ano (antiga 4ª série) do ensino fundamental. Na saúde existem sérios problemas decorrentes (entre outros) da falta de saneamento básico; em geral, não há programas de saúde dirigidos a essa população. Em termos de economia, há pouca possibilidade de ascensão social, devido ao baixo domínio tecnológico embutido nos produtos que vendem. Relegadas ao abandono, algumas comunidades apresentam um Índice de Desenvolvimento Humano (IDH) baixíssimo. Todos esses fatores contribuem para uma condição de vulnerabilidade social (Scherer, 2004b) que implica invisibilidade política e os relega ao papel de massa de manobras em períodos eleitorais.

Os dados coletados no projeto "Contextos de desenvolvimento em uma comunidade ribeirinha do Marajó: pares, família e escola" (2004-2007) revelam que a cultura ribeirinha da comunidade pesquisada apresenta um modo específico de organização, observado particularmente no desenvolvimento do ciclo familiar e no ciclo do indivíduo (Silva, 2006). A partir de dados preliminares pode-se identificar que o ciclo vital é marcado pela entrada no mundo do trabalho (principalmente por parte das mulheres) e pela formação precoce de famílias (jovens entre 14 e 17 anos). Esses momentos demarcam o fim da escolaridade e demandam reestruturação das relações, tanto dos indivíduos em foco quanto da estrutura familiar (original e nova) e dos papéis a desempenhar.

O contexto geográfico e sociodemográfico investigado

A Ilha do Marajó, conhecida como a maior ilha fluviomarítima do mundo, está situada na região amazônica e faz parte do Estado do Pará. É constituída por treze municípios, sendo que Ponta de Pedras – local da pesquisa – é um dos mais pobres desta região, pois apresenta um dos mais baixos níveis de renda per capita de toda a ilha. O Município de Ponta de Pedras faz parte da mesoregião geopolítica do Marajó, sendo um dos municípios mais próximos da capital (Belém). Sua área está em torno de 3.365 km^2, com uma população de 20.067 habitantes, tendo, portanto, uma densidade demográfica de 5,96 hab/km^2 (Governo do Estado do Pará, 2007). No município de Ponta de Pedras é possível encontrar várias comunidades ribeirinhas, dentre as quais, a do rio Araraiana.

A comunidade investigada é composta de um total de 22 famílias, totalizando 125 pessoas, sendo sessenta adultos e 65 crianças e adolescentes. Não existe transporte sistemático para essa comunidade, somente é possível o acesso por intermédio de fretamento de barco para o local. De Belém para o rio Araraiana são 32,7 milhas marítimas (equivalente a pouco mais de 60 km). De barco, a duração do deslocamento de Belém a Ponta do Malato se dá em torno de cinco a seis horas de viagem. A população estudada caracteriza-se pelo modo de sobrevivência essencialmente extrativista, por seu isolamento geográfico e sociopolítico (pouco ou nenhum acesso aos serviços básicos de educação, saúde, saneamento e energia elétrica), além do pouco contato com as pessoas que se encontram no mesossistema da comunidade, como os vizinhos. Tais aspectos revelam um cotidiano de exclusão social e de relações essencialmente estabelecidas no interior da família.

Situações estruturadas no contexto ribeirinho

O aspecto fundamental considerado por nós para o desenvolvimento de situações estruturadas que possibilitassem a avaliação familiar no contexto ribeirinho foi o requisito de que tais situações deveriam permitir o desenvolvimento de processos proximais tanto entre os familiares quanto entre familiares e pesquisadores. Para fins dos objetivos da pesquisa, a situação proposta deveria permitir emergir aspectos relativos aos padrões relacionais dos membros familiares. As relações familiares com os pesquisadores tornam-se, por sua vez, fundamentais, pois viabilizam o objetivo e o desenvolvimento de processos proximais entre os próprios familiares.

Como já observado, de todos os pré-requisitos propostos por Bronfenbrenner (1999) para o desenvolvimento de processos proximais, os mais fundamentais para o desenvolvimento de situações estruturadas dizem respeito ao aspecto que objetos e símbolos presentes no ambiente imediato devem estimular a atenção, a exploração, a manipulação e a imaginação da pessoa em desenvolvimento. Particularmente esse aspecto condiz com a adequação da situação estruturada ao contexto de modo que fosse significante aos participantes, envolvendo-os motivacional e emocionalmente na proposta.

Esse pré-requisito dificilmente será obtido sem que haja uma inserção dos pesquisadores no contexto, de modo que os permita captar aspectos relevantes ao seu cotidiano e seu modo de vida. Assim, os outros elementos característicos dos processos proximais (engajamento de pesquisadores e participantes em atividades caracterizadas por interações de base regular, progressivamente mais complexa e recíproca) são fundamentais de se atingir para a construção de situações estruturadas. É necessário certo período de ambientação e contato com o contexto; o uso de diários de campo é fundamental.

Foram elaboradas três situações estruturadas, a saber: o miriti, a solução de problemas e as fotos.

A fim de identificar a aplicabilidade das SEI na produção dos efeitos desejados e de possíveis aperfeiçoamentos no procedimento, foram feitos pilotos com famílias ribeirinhas de perfis semelhantes às estudadas. A escolha de pequenos blocos de situações deveu-se ao fato de nas pesquisas-piloto ter sido identificado maior facilidade desta população entediar-se com tarefas de maior duração. Por esse motivo optou-se por tarefas que duravam no máximo vinte minutos, sendo elas aplicadas em momentos diferentes. Todas as situações foram filmadas.

O miriti

Baseado na sexta tarefa familiar de Minuchin (1974)[1], foi desenvolvida a tarefa do miriti[2]. A utilização do miriti enquanto pivô foi baseada nas observações que demonstraram a existência de uma verdadeira cultura em torno do miriti; dele tudo pode ser aproveitado e a maioria dos moradores da comunidade tem habilidade para manipular esta palmeira para o fabricação tanto de utensílios como de brinquedos. Desde pequenas, as crianças já manipulam o miriti com facas para fazer réplicas de barcos ou miniatura de móveis.

---

1 A sexta questão da tarefa familiar de Minuchin apresenta o seguinte comando: "Copiar graficamente um modelo construído em madeira que existe na sala".

2 O miriti (*Maurita flexuosa L.*) é uma palmeira das mais importantes da Amazônia, desempenhando papel relevante no cotidiano das populações da região, porque dela tudo se aproveita. Também denominada de buriti do brejo, é uma palmeira abundante na Amazônia, predominando nos locais baixos e alagadiços. Por intermédio dela é possível tirar o "vinho" do fruto, do talo de sua palma é possível extrair material para construção de brinquedos, os conhecidos "brinquedos de miriti", muito utilizados pelas crianças da região e também retirar sua tala para fazer o matapi (armadilha para pegar camarão). Seu tronco serve ainda como entreposto entre o rio e a terra firme ou a beira das casas caboclas, uma vez que flutua na água, subindo e descendo conforme a maré.

Com a família reunida, a pesquisadora solicitava que gostaria de ver como a família trabalhava com o miriti. Em seguida era dado um conjunto de palmas de miriti aos membros da família e era solicitado que confeccionassem qualquer objeto, que poderia ser um brinquedo, um utensílio doméstico etc. Não era estabelecido se esta atividade deveria ser feita em grupo ou individualmente.

A semelhança do eixo de avaliação proposto por Minuchin, o nível de ação provocado pela tarefa, que é essencialmente não verbal, permite identificar padrões relativos a competição, cooperação, liderança, agressão etc.

A "intimidade" cultural com a tarefa possibilitou o engajamento que poderia acontecer de modo isolado ou em conjunto. Tanto em um caso como no outro, essa situação propiciou o aparecimento de aspectos estruturais familiares, como papéis, competição, cooperação, hierarquia, liderança e conflito.

A solução de problemas

Todas as tarefas de solução de problemas foram inspiradas na tarefa 1 do instrumento Entrevista Familiar Estruturada (EFE) desenvolvido por Terezinha Féres-Carneiro (Carneiro, 1983)[3]. A solução de problemas consistiu na solicitação aos membros da família que solucionassem um problema previamente estabelecido pelo pesquisador a partir de três histórias hipotéticas. O objetivo desta tarefa era verificar como a família funcionava quando era necessário fazer, em conjunto, algo que lhe fosse solicitado com certa pressão externa. Foram escolhidas três tarefas para o mesmo objetivo com o intuito de proporcionar diferentes possibilidades para um melhor envolvimento da família.

História hipotética 1

[3] A tarefa 1 da EFE apresenta o seguinte comando: "Vamos imaginar que vocês teriam que se mudar da casa onde moram no prazo de um mês. Gostaria que vocês planejassem agora, em conjunto, essa mudança".

"Todos vocês saíram para viajar para Ponta de Pedras em uma sexta-feira à noite. Quando já estavam distante do Araraiana, a baía começa a ficar agitada, a noite fica muito mais escura do que o habitual, começa a chover, um tronco de árvore solto no rio bate e fura o barco. O que vocês fariam?" Na sequência pede-se para que cada um fale sobre o que faria nesta situação.

História hipotética 2

"Chegou a época do Círio de Nazaré[4]. A família toda viajou para Belém para acompanhar a procissão, sendo que tinha muita gente na procissão, muito barulho, muito tumulto, empurra de um lado, empurra do outro e nessa confusão uma das crianças se perdeu. O que vocês fariam?" Na sequência pede-se para que cada um fale sobre o que faria nesta situação.

História hipotética 3

"Imaginem que vocês ganharam na loteria e estão com bastante dinheiro, porém vocês só receberão o dinheiro se conseguirem dizer cinco coisas que seja do desejo de todos comprar. Caso vocês não consigam chegar a um acordo, vocês não receberão o dinheiro. Que coisas vocês escolheriam?" Estimula-se a participação das pessoas e procura-se confrontar as opiniões.

Em todos os casos, mais importante do que o conteúdo das respostas é a forma como a família lida com a proposta que lhe é feita. À semelhança dos objetivos da EFE, para este trabalho, essas tarefas tinham por objetivo revelar como a família funciona em conjunto, a comunicação familiar, os papéis de cada membro, as regras familiares, como a família lida com conflitos, se surgirem, e aspectos de fronteira ao verificar como

[4] Tradicional procissão religiosa que ocorre em Belém do Pará, no segundo domingo de outubro, tida como a maior procissão religiosa da América Latina, reunindo cerca de um milhão e meio de pessoas nas ruas.

respeitam a individualidade de cada membro. No geral, as três histórias utilizadas permitiram avaliar a noção de unidade familiar presente em cada membro da família. Na primeira e na segunda está em jogo a ameaça de quebra ou de perda da unidade; na terceira história, a unidade familiar pode se confrontar com as possíveis tendências motivacionais peculiares a cada membro. Pela predisposição de suscitarem conflitos, estas tarefas possibilitaram também a avaliação de subsistemas, alianças e coalizões.

As fotos

A situação estruturada das fotos foi planejada com base na terceira questão da tarefa familiar de Minuchin (1974)[5]. Foram dadas aos membros do grupo familiar fotos das pessoas que compõem a família. Estes foram orientados a não mostrar para ninguém a foto que tinham em mãos. A pesquisadora solicitou que com apenas duas palavras, as pessoas dissessem de quem é a foto que tinham em mãos. Diante das dicas verbais o restante do grupo deveria adivinhar a pessoa a que se estava referindo. O único critério nesta tarefa é que essas duas palavras representassem algo bom e algo ruim. Por exemplo, "eu peguei a foto de uma pessoa, aí eu digo, bem a foto que eu peguei é de uma pessoa muito danada e muito carinhosa. Quem é a pessoa?" Essa tarefa possibilitou a identificação de papéis e estereótipos no grupo familiar.

Esta tarefa apresentou-se bastante motivadora para a participação dos membros da família. A maioria das famílias não possui registro fotográfico de seus membros e o confronto com tais imagens é sempre motivo de muita brincadeira e risos. O fato de as fotografias serem posteriormente entregues às famílias tornou-se um elemento adicional motivador.

---

[5] A terceira questão da tarefa de familiar de Minuchin apresenta o seguinte comando: "Designar rótulos para cada membro da família".

Considerações finais

O propósito de desenvolver um estudo cujo objetivo, entre outros, é descrever as relações familiares e associá-las com o modo específico de viver de uma comunidade não é, em termos metodológicos, uma tarefa fácil. Na verdade, pode-se encontrar na literatura inúmeros instrumentos de avaliação e diagnóstico do funcionamento das relações familiares. Contudo, objeções podem ser feitas no nível epistêmico e de contextualização. Para contornar os dois casos, são necessários ajustes de objetivos e adaptações dos referidos instrumentos, pois em sua maioria foram desenvolvidos para fins de classificação de funcionalidade do sistema e foram tomados como parâmetros, principalmente a classe média urbana.

Só existem duas formas de obter informação sobre as dinâmicas familiares, isto é, observando as relações entre os seus elementos e fazendo perguntas que tenham a ver com essas relações. Bogdan e Biklen (1994) aconselham fazer as duas coisas. No caso particular tratado neste capítulo, dados de observações naturalísticas e de situações estruturadas foram combinados de modo que o sucesso no desenvolvimento das situações estruturadas é dependente da sensibilidade das notas de campo. As observações naturalísticas foram realizadas desde os primeiros contatos com a comunidade até as últimas visitas que, geraram notas de campo; estas, associadas às observações desenvolvidas durante as situações estruturadas, possibilitaram construir uma imagem de como são as famílias no seu interior, ou seja, com elas funcionam.

Considerando o modo como foram conduzidas, as situações estruturadas podem ser organizadas em duas categorias: situações essencialmente observacionais, em que o observador estabelece uma tarefa e se mantém em uma condição não participante durante a realização desta; e situações de entrevista com observação, nas quais o observador participava ativamente do diálogo em questão. No primeiro caso, houve apenas a situação do miriti, em que o grupo era solicitado a confeccionar um objeto com ele. O segundo caso era constituído por duas situações, sendo estas as "soluções de problemas" e as "fotos".

Vale destacar que a situação do miriti permite a descrição atual dos padrões estruturais da família, as "situações-problema" refletem os aspectos simbólicos presentes em ocasião de estresse, ao passo que as "fotos" fazem metaforicamente um registro da imagem atual do grupo a partir das representações dos membros que constituem o sistema.

Apesar do cuidado que a equipe de pesquisa teve em adaptar as situações considerando os elementos que faziam sentido para o homem ribeirinho, ficou evidente a grande dificuldade das pessoas em expôr suas opiniões. Na verdade, a introdução da câmera filmadora no espaço doméstico foi realizada com extremo cuidado. O contato com os instrumentos tecnológicos se deu de maneira gradativa. Uma cuidadosa aproximação sucessiva foi feita para dessensibilização sistemática dos instrumentos utilizados; durante muito tempo se manteve certa proximidade das pessoas com uma câmera digital, com a qual eram tiradas fotos, entregues, posteriormente, às pessoas fotografadas. No momento em que foi percebido haver relação de confiança e menos estranhamento, quando os sujeitos já se sentiam à vontade na presença da pesquisadora, foi introduzida a câmera filmadora.

De fato, nestas situações, a maior dificuldade encontrada foi quanto às verbalizações, com exceção de determinados membros de algumas famílias, a maioria dos indivíduos tinha muita dificuldade de se fazer compreender. Esta dificuldade também era evidente durante as observações naturalísticas, o que sugere que a pouca habilidade de se comunicar não está em função da presença da filmadora, mas na existência de uma característica de funcionamento não apenas nos indivíduos que vivem no contexto, mas também nas famílias ribeirinhas estudadas.

As observações naturalísticas geraram notas de campo que foram combinadas com os dados obtidos, posteriormente, por meio das situações estruturadas. A natureza destas notas de campo sofreu alteração ao longo do período de coleta. Inicialmente tratava-se de registros gerais pouco focalizados, uma vez que os objetivos da pesquisa não estavam suficientemente claros. Com o decorrer do tempo, essas anotações foram ficando maduras, e mais centradas nas questões específicas deste trabalho. Ressalta-se que a metodologia de "Construção Coletiva do Conhecimento" (Mendes, 2008) utilizada favoreceu o amadurecimento das ideias tal como percebido nas notas de campo.

No nosso entender, a Inserção Ecológica deve ser encarada como estratégia metodológica que possibilita tanto o desenvolvimento e adequação de determinada metodologia como também a análise de determinado contexto de desenvolvimento; ela medeia e sucede o interjogo entre essas duas técnicas principais aqui assinaladas.

Referências

Ab'saber, A. (2002). Bases para o estudo dos ecossistemas da Amazônia Brasileira. *Revista Estudo Avançado n. 16(45)*, USP/Instituto de Estudos Avançados, São Paulo.

Baker, P. (2000). *Fundamentos da terapia familiar*. Portugal: Climepsi.

Bodin, A. (1968). Conjoint Family Assessment: a envolving field. In McReynolds, P. (Org.). *Advances in Psychological Assessment*, vol. I. Palo Alto: Science and Behavior Books.

Bogdan, R., & Biklen, S. (1994). *Investigação qualitativa em educação: uma introdução à teoria e aos métodos*. Portugal: Porto Editora.

Brandão, Z. (2000). Entre questionários e entrevistas. In M. A. Nogueira, G. Romanelli & N. Zago (Eds.), *Família & Escola* (pp. 171-83). Rio de Janeiro: Vozes.

Bronfenbrenner, U. (1979/1996). *A ecologia do desenvolvimento humano: experimentos naturais e planejados* (M. A. V. Veronese, Trad.). Porto Alegre: Artes Médicas.

Bronfenbrenner, U. (1999). Environments in developmental perspective: Theoretical and operational models. In B. L. Friedmann & T. D. Wachs (Orgs.), Conceptualization and assessment of environment across the life span (pp. 3-30). Washington, DC: American Psychologial Association.

Carneiro, T. F. (1983). *Família: diagnóstico e terapia*. Rio de Janeiro: Zahar.

Cecconello, A. M. (2003). *Resiliência e vulnerabilidade em famílias em situação de risco.* Tese de Doutorado Inédita. Curso de Pós--Graduação em Psicologia do Desenvolvimento, Universidade Federal do Rio Grande do Sul, Porto Alegre.

Cecconello, A., & Koller, S. H. (2003). Inserção ecológica na comunidade: proposta metodológica para o estudo de famílias em situação de risco. *Psicologia: Reflexão e Crítica, 16*(3), 515-524.

Copetti, F., & Krebs, R. J. (2004). As propriedades da pessoa na perspectiva do paradigma bioecológico. In S. H. Koller (Ed.), *Ecologia do desenvolvimento humano: pesquisa e intervenção no Brasil* (pp. 67-89). São Paulo: Casa do Psicólogo.

De Antoni, C. (2005). *Coesão e hierarquia em famílias com história de abuso físico.* Tese de Doutorado Inédita. Curso de Pós-Graduação em Psicologia do Desenvolvimento. Universidade Federal do Rio Grande do Sul, Porto Alegre.

De Antoni C., & Koller. S. H. (2000). A visão de família entre as adolescentes que sofreram violência intrafamiliar. *Estudos de Psicologia, Natal, 5*, 347-381.

De Antoni, C., & Koller, S. (2001). O psicólogo ecológico no contexto institucional: uma experiência com meninas vítimas de violência. *Psicologia Ciência e Profissão, 21*, 14-29.

De Antoni, C., & Koller, S. H. (2004). Violência intrafamiliar: uma visão ecológica. In S. Koller (Eds.). *Ecologia do desenvolvimento humano: pesquisa e intervenção no Brasil.* São Paulo: Casa do Psicológo.

Durham, E. (2004). *A dinâmica da cultura: ensaios de antropologia.* São Paulo: Cosac Naify.

Eaton, C. B. (1988). *The Family Apperception Test: a study of the construt validity of a long and short form.* Unpublished masters thesis. Wake Forest University, Winston-Salem, NC.

Fraxe, T. J. P. (2000). *Homens anfíbios: uma etnografia do campesinato das águas.* São Paulo: Annablume.

Gehring, T. M. (1998). *Family-System-Test (FAST).* Göttingen, Deutschland: Hogrefe & Huber.

Governo do Estado do Pará. (2007) Plano de desenvolvimento territorial sustentável do Arquipélago do Marajó. Grupo Executivo do Estado do Pará. Decreto de 30 de julho de 2007. Belém, PA.

Harris, A. G. (2000). *Life on the amazon: the anthropology a Brazilian peasant village*. New York: Oxford University Press/The British Academyc.

Lundquist, A. (1987). *A projective approach to family systems assessment: a preliminary validity study of the Family Apperception Test*. Unpublished masters thesis. Wake Forest University, Winston-Salem, NC.

Mendes, L. S. A.; Pontes, F. A. R.; Silva, S. S. da C.; Bucher-Maluschke, J. S. N. F.; Reis, D. C. dos, & Silva, S. D. B. da (2008). Inserção ecológica no contexto de uma comunidade ribeirinha amazônica. *Revista Interamericana de Psicología*, *42*, 1-10.

Minuchin, S. (1974). *Families and family therapy*. Boston: Harvard University Press.

Morais, N. A. (2005). *Saúde e doença em crianças e adolescentes em situação de rua: concepções e experiência*. Dissertação de Mestrado Inédita. Curso de Pós-Graduação em Psicologia do Desenvolvimento. Universidade Federal do Rio Grande do Sul, Porto Alegre.

Neiva-Silva, L. (2003). *Expectativas futuras de adolescentes em situação de rua: um estudo autofotográfico*. Dissertação de Mestrado Inédita. Curso de Pós-Graduação em Psicologia do Desenvolvimento. Universidade Federal do Rio Grande do Sul, Porto Alegre.

Noda, S. N. Noda, H.; Pereira, H. S.; Martins, A. L. U. 2001. Utilização e apropriação das terras por agricultura familiar amazonense de várzeas. In Diegues A. C. & A. C. Moreira (Eds.). *Espaços e recursos naturais de uso comum*. Núcleo de Apoio à Pesquisa sobre Populações Humanas e Áreas Úmidas Brasileiras, Universidade de São Paulo, São Paulo,
pp. 181-204.

Olson, D. H., Portner, J., & Bell, R. (1982). *Family Adaptability & Cohesion Evaluation (FACES II)*. Manual publicado pela University of Minnesota, Family Social Science Department, 55108, Minessota.

Olson, D. H., Portner, J., & Lavee, Y. (1985). *FACES III Manual*. St. Paul: Department of Family Social Sciences, University of Minnesota.

Scherer, E. F. (2003). Políticas sociais para os povos das águas. *Cadernos do CEAS*, Salvador, v. 207, pp. 91-107.

Scherer, E. F. (2004a). O defeso e a defesa do meio ambiente. In II Congresso da Associação Nacional de Pós-Graduação e Pesquisa em Ambiente e Sociedade, 2004, Indaiatuba. *II Congresso da Associação de Pesquisa e Pós-Graduação em Ambiente e Sociedade*. Campinas: Editora da Unicamp, 2004.

Scherer, E. F. (2004b). Mosaico Terra-Água: a vulnerabilidade social ribeirinha na Amazônia. In VIII Congresso Luso-Afro-Brasileiro de Ciências Sociais, 2004, Coimbra. *Anais do VIII Congresso Luso--Afro-Brasileiro de Ciências Sociais*. Coimbra: Afrontamento, 2004.

Silva, S. C. (2006). *Estrutura e dinâmica das relações familiares de uma comunidade ribeirinha da região amazônica*. Tese de Doutorado. Instituto de Psicologia, Universidade de Brasília.

Sotile, W. M., Julian III, A., Henry, S. E., & Sotile, M. O. (1991). *Family Apperception Test: Manual*. Los Angeles: Western Psychological Services.

Teodoro, M. L. M. (2006). Afetividade e conflito em díades familiares: avaliação com o familiograma. *Interamerican Journal of Psychology, 40*, 385-390.

Teodoro, M. L. M., & Käppler. K.C. (2003). *Familiograma: desenvolvimento de um novo instrumento para a avaliação das relações familiares* (Psicopatologia do Desenvolvimento – Relatórios Técnicos, pp. 2-21), Laboratório de Neuropsicologia do Desenvolvimento e Laboratório de Psicologia da Família.

Wagley, C. (1952). *Man in the Amazon*. Gainesville: The University Press of Florida.

12

A Inserção Ecológica, o papel do grupo de pesquisa e a construção coletiva do conhecimento

Fernando Augusto Ramos Pontes
Simone Souza da Costa Silva
Celina Maria Colino Magalhães

A abordagem bioecológica (Bronfenbrenner & Morris, 1998) propõe o estudo do desenvolvimento humano envolvendo a interação de quatro núcleos: o processo, a pessoa, o contexto e o tempo (PPCT). Para Tudge (2008), teoricamente tal abordagem apresenta características do paradigma contextualista. Destacam-se dessas características o fato de o conhecimento ser entendido como uma construção social, de que a investigação se deve dar no contexto e, por conseguinte, o processo de pesquisa é comumente coconstrutivo, ou seja, envolve pesquisadores e participantes da pesquisa.

Esta noção de paradigma remete ao que Morin (2008) compreende como "conjunto das relações fundamentais de associação e/ou de oposição entre um número restrito de noções-chave, relações essas que vão comandar-controlar todos os pensamentos, todos os discursos, todas as teorias" (p. 258). Neste entender, paradigma é definido como noções epistemológicas de natureza transdisciplinar.

Considerando outras formas de caracterizar os paradigmas, pode-se compreender que a abordagem bioecológica apresenta vínculos epistemológicos com o pensamento contextual, ecológico, em redes (Capra, 1996), com pensamento ou modelo sistêmico (Vasconcelos, 2002) ou o que Morin (2008) denomina de paradigma sistêmico. Justificam-se esses vínculos a estrutura epistemológica, os parâmetros de relações estabelecidas, as terminologias utilizadas e suas respectivas pertinências.

No paradigma sistêmico destaca-se a noção de "sistema", que é ampla e intensamente utilizada pela abordagem bioecológica. No entanto, há de se pontuar e articular esse conceito de modo que ele não seja utilizado somente no sentido metafórico. Como um conjunto de elementos mutuamente relacionados, o conceito de sistema para Morin (2008) remete a três faces: sistema, interação e organização. O sistema expressa a unidade complexa e o caráter fenomenal do todo, assim como o complexo das relações entre as partes, como um conjunto organizado de modo que seus elementos não sejam definidos *per si,* mas pelas ações que se estabelecem. A interação exprime a combinação das relações, ações e retroações que se efetuam no sistema. E "a organização é o conceito que dá coerência construtiva, regra, regulação, estrutura etc. às interações" (p. 265). Esses três termos são indissolúveis e remetem uns aos outros, sistema é um macroconceito (Morin, 2008).

A utilização do conceito de sistema no sentido desenvolvido por Morin tem implicações tanto na abordagem teórica quanto metodológica. Entende-se que a abordagem bioecológica de Bronfenbrenner (1979/1996) apresenta elementos coerentes com essa utilização, a saber:

- Compreende a integração e a mútua dependência dos elementos proponentes, de modo que os núcleos estejam de tal forma inter-relacionados que é quase impossível remeter isoladamente a somente um núcleo.
- Propõe que as determinações transitam bidirecionalmente do nível micro para o nível macro.

- Estabelece foco nos elementos dos processos (relações) como os motores do desenvolvimento.
- Declara que o fundamental é como as pessoas percebem e experienciam o seu ambiente.
- Propõe seu caráter transdisciplinar.
- Utiliza de maneira pertinente a palavra *ecologia*, com o fim de destacar a interdependência pessoa-contexto.

É evidente que Bronfenbrenner não desenvolve seu modelo dentro deste novo campo paradigmático de Morin. Nunca teve essa pretensão, até mesmo porque sua matriz epistemológica de inspiração nunca foi abertamente declarada. Contudo, entende-se que existe uma aproximação entre a base epistemológica de seu modelo e alguns elementos presentes no paradigma sistêmico. Este capítulo propõe, portanto, um movimento de declaração e radicalização dessa vinculação, uma vez que se entende que a enunciação e a articulação das bases epistemológicas, nas quais os conhecimentos são gerados é uma requisição necessária para a contínua reconstrução de determinado campo de conhecimento, teoria e ou modelo.

No que se refere à metodologia, Bronfenbrenner nunca propôs um método de pesquisa claramente operacionalizado (Cecconello & Koller, 2003; Eschiletti-Prati, Couto, Moura, Poletto, & Koller, 2008). Tudge (2008), por exemplo, declarou a existência de certa inconsistência entre modelo teórico e as preferências metodológicas por parte de Bronfenbrenner. Entende-se que não há como fazer cobrança a Bronfenbrenner acerca da proposição de um método de pesquisa coerente com sua visão teórica, uma vez que os desafios por ele colocados são maiores que sua obra teórica. Cabe aos pesquisadores interessados desenvolverem articulações metodológicas coerentes com o modelo.

Após a execução de algumas pesquisas baseadas na abordagem bioecológica, na necessidade de estruturar método e teoria, surgiu a proposta metodológica denominada Inserção Ecológica (IE) (Cecconello & Koller, 2003; Eschiletti-Prati *et al.* 2008; Paludo & Koller, 2004). A Inserção

Ecológica possibilita não somente uma articulação entre teoria e método, mas uma excelente possibilidade de articulação entre método e matriz epistêmica, ou seja, momento de reajuste e colocação sobre novos eixos. Pela lógica sistêmica envolvida, pelo conjunto terminológico que lhe é inerente, o modelo PPCT e a proposta de IE, inspiram e induzem possibilidades de uma reorganização de eixo paradigmático.

Este capítulo procura demonstrar o vínculo entre o método de Inserção Ecológica e o paradigma sistêmico. Com base neste vínculo são declarados alguns comprometimentos e posturas decorrentes, dentre elas a referente ao papel da equipe de pesquisa na produção do conhecimento. Ao final, expõe-se uma estratégia que tem sido utilizada para lidar com o processo de construção de conhecimento, denominada Construção Coletiva do Conhecimento – CCC (Mendes *et al.*, 2008).

A Inserção Ecológica e o sistema observante

A proposta metodológica de Inserção Ecológica, desenvolvida por Cecconello e Koller (2003), envolve a sistematização dos quatro aspectos do modelo PPCT pela equipe de pesquisa. Este método tem como objetivo avaliar os processos de interação das pessoas com o contexto no qual estão se desenvolvendo, propondo, desse modo, o foco no processo de desenvolvimento. Surge como uma alternativa aos estudos do desenvolvimento, que dicotomicamente, ora enfatizam as características dos indivíduos, ora destacam o contexto sem uma articulação coerente desses elementos. A proposta de Inserção Ecológica procura uma coerência entre Abordagem Bioecológica e o método, assentando o próprio processo de pesquisa nas bases dos núcleos PPCT.

Entende-se que a articulação entre modelo e método está refletida na proposta da Inserção Ecológica. Cada aspecto do núcleo que remete ao sistema observado corresponde também uma contrapartida do sistema observador. É nesse sentido que Cecconello e Koller (2003) discutem que, no referente ao processo:

> [...] é possível afirmar que a interação dos pesquisadores com os participantes, os objetos e os símbolos existentes no ambiente de pesquisa constitui processos proximais. Neste tipo de pesquisa, os investigadores fazem parte do processo proximal, assumindo um papel essencial enquanto gerenciador desta energia. Assim, em determinados delineamentos, o processo proximal, além de constituir o foco da pesquisa, adquire uma função de viabilizar a sua realização, revelando-se um procedimento através do qual os pesquisadores conduzem a investigação (p. 521).

Mais recentemente, Eschiletti-Prati *et al.* (2008) acrescentaram que:

> [...] o processo proximal surge através da interação recíproca, complexa e com base regular de pesquisadores, participantes, objetos e símbolos presentes no contexto imediato, constituindo a base de toda investigação que adota a Inserção Ecológica. O processo proximal, além de ser o foco da investigação é o que permite o desenvolvimento da pesquisa. O processo de investigação-no-contexto, como o proposto pela Inserção Ecológica, envolve o compartilhamento de informações, percepções e sentimentos dentro da equipe, na qual as experiências individuais e os aspectos observados no ambiente são comunicados. Desta forma, o processo de pesquisa também gera processos proximais no desenvolvimento da própria equipe [...]. A importância da presença da equipe de pesquisa em um contexto, de forma séria e comprometida, gera a troca de informações e energia, estabelecendo, portanto, processos proximais (p. 161).

No que se refere aos aspectos da pessoa, de forma equivalente, Eschiletti-Prati *et al.* (2008) entendem que na IE:

> [...] os pesquisadores são valorizados de forma semelhante aos participantes da pesquisa. Cada um tem os seus processos de interação alterados, proporcionando a construção de um campo comum de desenvolvimento. A equipe de pesquisa, inserida no contexto em estudo, estabelece relações de reciprocidade que são

> valorizados e considerados na compreensão dos dados e sistematização dos resultados [*sic*]. (p. 162).

Pode-se desenvolver paralelos entre as proposições da Inserção Ecológica e o paradigma sistêmico, particularmente em contraposição ao modelo mecanicista. Se, sob os moldes mecanicistas há um distanciamento, observador-fenômeno observado, aos moldes sistêmicos essa divisão não faz sentido, pois como observou Maturana (1997): "tudo que é dito, é dito por um observador; e para um observador" (p. 53). Com esta afirmação, Maturana tenta salientar que o contexto não está fora dos observadores, os observados têm a marca de quem observa, de modo que é impossível separar os observadores do sistema observado. Ressalta-se que essa distinção é claramente resgatada ao pensamento sistêmico a partir daquilo que se passou a denominar Cibernética de Segunda Ordem.

A Cibernética de Segunda Ordem propõe uma teoria do(a) observador(a). Os observadores são incorporados no sistema observado, de modo que a observação de um(a) cientista está relacionada às características de sua estrutura. Surge a noção dada por Foerster (1981) de "sistema observante" (ver Figura 12.1). Nele, os observadores, incluindo-se no sistema que eles observam, se observam observando. O observador "A" quando observa o sistema "B" cria um sistema que integrará ambos, um sistema o qual observador se observará observando. O sistema que ele observa é objeto de sua observação, visto que é fruto do próprio processo do que trata a abordagem bioecológica.

Figura 12.1 Representação esquemática do sistema observante. *A* representa o observador (pesquisador) e *B*, o participante, cada qual com sua dinâmica sistêmica própria, contudo a partir do momento que o observador começa a observar o sistema cria-se um sistema que intregará ambos.

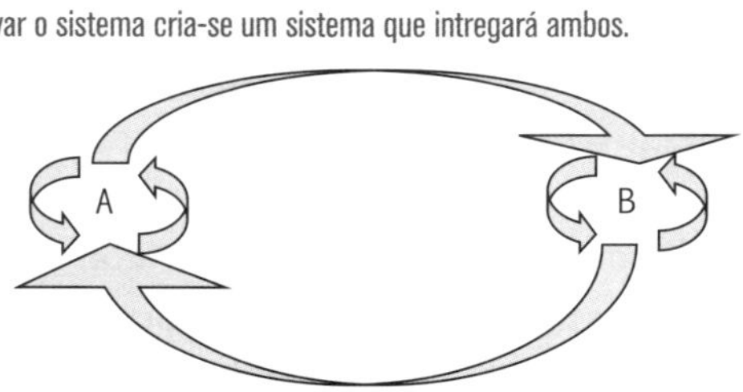

Aqui não está em jogo a diminuição do efeito de observador(a). Nos modelos tradicionais de observação sempre se fala sobre a necessidade de diminuir o papel de interferência dos observadores, de modo que, com um processo de ambientação ou habituação, possa-se diminuir o efeito dessa variável interveniente no processo de pesquisa. O que se pretende declarar é que o sistema observado é construído pelo sistema observador. Desse modo, é impossível diminuir o efeito dos observadores, não é imaginável uma observação neutra (Silveira, 1996).

Na atividade de observar o sistema, os observadores constroem com ele outro sistema. Coloca-se em questão a impossibilidade de falar de uma observação objetiva, de uma realidade independente, livre das influências dos observadores; eles estão inseridos na observação que realizam.

O comprometimento com a noção epistemológica de uma unidade entre sistema observador e sistema observado tem profundo impacto na elaboração de uma metodologia. Se aplicado no limite, no modelo PPCT não faz sentido somente entender o sistema observado, mas também o sistema observante, ou melhor, tudo investigado sobre o sistema observado interage com processos em ação nos sistemas observantes. Essa questão torna, por sua vez, mais relevante o domínio por parte dos pesquisadores do próprio método que os guiam, de modo que o percebido está organizado na estrutura do modelo, compondo o sistema observante como um elemento do sistema dos observadores.

Pelo que é possível derivar das concepções descritas, pode-se compreender a Inserção Ecológica enquanto um direcionamento por parte dos pesquisadores no contato com seu objeto de estudo e no contexto de pesquisa, sendo que as regras embutidas no modelo teórico transformam-se em regras metodológicas. Assume-se, também, que os processos investigados não são restritos aos objetos de estudo, mas também fazem parte dos investigadores e, nesse sentido, voltam recursivamente ao objeto, de modo que pesquisadores e objetos compõem um sistema fechado, um "Sistema Observante".

É evidente que a atrelagem epistemológica do método de Inserção Ecológica ao paradigma sistêmico implica desafios de pesquisa, pois não se pode referir a ela como somente um instrumento conceitual metodológico de pesquisa, mas como um processo de execução de uma pesquisa, que por sua vez é responsável pela execução de tal faceta instrumental.

A Inserção Ecológica e a equipe de pesquisa

Um modelo complexo demanda não somente um método que dê conta de tal complexidade. Considerando a variedade de elementos a serem cotejados, essa só é possível de ser almejada em uma equipe de pesquisa. Na IE em função da inter-relação existente entre os quatro núcleos do modelo, os projetos que envolvem tal empreitada são, em sua maioria, projetos integrados. Desenvolvidos por uma equipe de pesquisa, diferentes pesquisadores enfocam questões diferentes do modelo teórico. Em alguns casos, a divisão de responsabilidades na equipe se dá em função da ênfase maior de cada pesquisador(a) envolvido(a) em um dos núcleos. Outra estratégia possível se dá em função do foco em objetos diferentes de um dos elementos do núcleo. É neste caso que uma equipe interessada em questões envolvidas nas características da pessoa pode se dividir em função dos participantes investigados.

Deve-se considerar que o que anteriormente aplicar-se-ia aos pesquisadores ou observadores, aplica-se agora à equipe. Se anteriormente dever-se-ia considerar os processos proximais em ação nos pesquisadores, agora se fala de processos proximais na equipe de pesquisa. Por outro lado, os componentes da equipe, na condição de membros, devem considerar processos de desenvolvimento pessoal envolvidos, decorrentes não somente das interações com o contexto de estudo, mas também com a própria equipe de pesquisa. Afinal, são todos seres humanos em desenvolvimento (Eschiletti-Prati *et al.*, 2008).

Se a constituição de uma equipe de pesquisa se torna fundamental, por outro lado, traz uma série de implicações no que se refere ao método de Inserção Ecológica. Não basta o domínio pelos membros da equipe dos conceitos referentes ao modelo, aspectos processuais na interação dos membros da equipe tornam-se fundamentais para o próprio processo de investigação. Isso já foi sinalizado por Cecconello e Koller (2003), Eschiletti-Prati *et al.* (2008) e Paludo e Koller (2004).

Os processos proximais envolvidos na própria equipe de pesquisa são fundamentais para o sucesso do empreendimento da investigação. O foco não é somente nos objetivos finais, mas também nos processos que possam favorecer o objetivo final. Há de se ter carinho e atenção especiais na construção e desenvolvimento da equipe de pesquisa. Dos vários aspectos a serem considerados no desenvolvimento da equipe, é possível destacar dois fundamentais: o compartilhamento e a integração. O primeiro refere-se às essenciais e às necessárias troca e partilha de informação. A relação antes preservada de compartilhamento entre orientadores-orientandos torna-se, agora, ampliada para a equipe de pesquisa. Deve haver um domínio distribuído dos conceitos teóricos, problemas, questões, métodos, dados coletados e interpretações envolvidas. O compartilhamento possibilita o livre fluxo de ideias, domínios, informações sobre as questões envolvidas como um todo, favorecendo, deste modo, a formação dos pesquisadores e a abordagem do fenômeno em questão.

Os projetos integrados estão na dimensão das responsabilidades individualizadas e das informações distribuídas. A ideia tradicional individualista "de este ser o meu projeto", "a minha pesquisa" tende a desaparecer, o projeto passa ser da equipe e a investigação de determinada questão deixa de ser de responsabilidade de uma única pessoa. A integração de um projeto pode ser de vários tipos, desde a simples coleta compartilhada, até os dados cruzados, de modo que existam dependências mútuas. Programas de pesquisa que nasçam de uma concepção sistêmica como a Abordagem Bioecológica, tendem a facilitar o enfoque integrado. Neste caso, um conjunto de pesquisas focadas nos subsistemas de contextos (enfoque no micro, meso, exo e macro) ou na abordagem em determinado núcleo (pessoa, processo, contexto e tempo) ou pelo enfoque nas características de determinadas pessoas envolvidas nos processos proximais em análise, são facilmente integradas. Por outro lado, o desenvolvimento de uma equipe integrada depende de um programa de pesquisa em que seus problemas deveriam, em especial, ser construídos em conjunto ou a partir dos interesses de cada um dos pesquisadores envolvidos. O comprometimento e envolvimento de cada pesquisador(a) dependerá do quanto se identifica com as suas questões de interesse especial. A integração pode ser desenvolvida a partir de dependências mútuas, seja no processo de coleta ou de tratamento.

Dessa forma, para melhor compreender os "meus dados", os pesquisadores deveriam estar atentos às informações que seriam de "maior interesse" de outros. Paludo e Koller (2004) já salientaram a formação da equipe de pesquisa como um primeiro fator a ser considerado no processo de Inserção Ecológica. Como ressaltam Eschiletti-Prati *et al.* (2008) "os pesquisadores vão a campo observar e coletar diversos dados, mesmo os que não se relacionam ao seu tema de pesquisa" (p. 163).

A estruturação de uma equipe integrada é um dos maiores desafios de tais programas de pesquisa, devido a fatores de natureza relacionais presentes nos componentes do grupo e, particularmente, na liderança. Todos sabem que a atividade acadêmica não está imune às vaidades individuais, que quando ardem na pesquisa podem facilmente transformar a equipe em cinzas. Queixas quanto à colaboração e ao desempenho de membros, não compartilhamento de informações e disputas por autorias são alguns dos problemas recorrentes. Deve-se procurar desenvolver um clima amistoso e de cooperação, as questões problemáticas devem ser tratadas de maneira franca e respeitosa, procurando formular regras éticas claras dentro do grupo. Pode-se dizer que o sucesso da equipe está em uma relação direta da quantidade de diálogo entre seus integrantes. Deve-se ter em mente que é fundamental investir em cuidar das relações entre os membros da equipe. Como em qualquer relação e grupo, a disponibilidade para este investimento é fundamental.

Em resumo, pode-se entender que a Inserção Ecológica apresenta uma faceta externa, ou de resultado, ligada ao objetivo da pesquisa;

e outra interna, de processo ou de viabilização, ligada ao desenvolvimento da própria pesquisa, particularmente ao da equipe de pesquisa. No sentido de operacionalizar a proposta da Inserção Ecológica e a sua respectiva vinculação ao pensamento sistêmico, demonstra-se um exemplo da experiência dos autores com uma pesquisa desenvolvida em uma comunidade ribeirinha amazônica. Discute-se, especialmente, a contribuição da estratégia de Construção Coletiva do Conhecimento (CCC). Uma descrição mais detalhada sobre o contexto de pesquisa ribeirinha e das estratégias abaixo descritas podem ser verificadas em Mendes *et al.* (2008).

A equipe de pesquisa e a construção coletiva do conhecimento: a experiência ribeirinha

Entre as comunidades rurais tradicionais, a população ribeirinha apresenta um perfil diferente dos caboclos de terra firme; por viverem à margem de rios, igarapés e lagos seu modo de vida é influenciado por esta peculiaridade. Scherer (2003, 2004b) observa que as preocupações diárias dos ribeirinhos são determinadas pelas cheias/vazantes dos rios, pelo sol e chuva, pelos dias e noites, influenciando na sua temporalidade, nos mitos e nas tradições. Outro aspecto que merece destaque se refere ao isolamento: por estarem distanciadas dos centros urbanos têm restrito acesso à mídia escrita, com um relativo acesso à mídia televisiva e radiofônica. Por outro lado, algumas comunidades ribeirinhas são muito fragmentadas socialmente, por causa do distanciamento entre as residências, o rio atua como constritor e fonte de contato, como barreira e ponte ambiental, criando e restringindo as possibilidades de interação, principalmente entre as crianças, o rio cria vínculos e isolamentos entre as pessoas dessas populações (Harris, 2000).

A peculiaridade dessa população delineia métodos e a relevância da pesquisa. O isolamento tende a propiciar maior frequência de contato entre familiares, o que hipoteticamente deveria ter implicações na estrutura familiar.

Considerando a distância da comunidade investigada do centro urbano onde vivem os autores – Belém, e em função da inexistência de linhas de transporte para o local, a operacionalização da pesquisa tem uma dimensão de tempo e de custos envolvidos no deslocamento e manutenção da equipe. Nessas condições, a única maneira de viabilizar o empreendimento é por intermédio de equipes para coletas periódicas intensivas. Esta forma de investigação apresenta o desafio de suplantar a efemeridade que tais contatos possam representar. A equipe de pesquisa com os ribeirinhos era formada por estudantes de graduação, em sua maioria de psicologia, de pós-graduação (mestrado e doutorado) e um coordenador professor. Os subprojetos eram, em sua maioria, referentes aos projetos de dissertação e tese, que procuravam focalizar problemas e contextos diferentes. Os estudantes de graduação tinham seus planos de trabalho vinculados aos projetos de pós-graduação. Apesar de alguns já terem contatos com comunidades e/ou pessoas ribeirinhas e seus modos de vida, para todos, aquele mundo não fazia parte da rotina, o que representava um desafio para o desenvolvimento de processos proximais e consequente empreendimento de investigação.

O objetivo do programa de pesquisa estabelecido foi investigar as interinfluências existentes do sistema familiar, com os pares e a escola. Para tanto, foi desenvolvido um conjunto de procedimentos que propiciasse a Inserção Ecológica da equipe de pesquisadores no conjunto da comunidade.

A coleta de informações em equipe de pesquisa, organizadas em subprojetos integrados, apresentava um conjunto de aspectos positivos desafiadores. Um primeiro aspecto positivo foi a possibilidade de apreensão mais geral da realidade investigada. A base sistêmica, que fundamenta o modelo de Bronfenbrenner (1976/1996), demanda o conhecimento da influência mútua entre vários contextos. Desse modo, pesquisas desenvolvidas em equipes, organizadas em projetos integrados, possibilitam um maior domínio dos vários contextos de pesquisas individuais focalizadas.

Contudo, para que tal objetivo seja atingido, é necessária uma verdadeira integração da equipe, ou seja, domínio de todos os aspectos envolvidos, de objetivos, métodos, compartilhamento de experiências e informações, e discussão abrangente. Todos esses aspectos levam à necessidade da formação de um grupo que, a despeito dos interesses individuais, estejam interessados e dominem todos os meandros da investigação.

A formação da equipe foi somente o primeiro passo para possibilitar a Inserção Ecológica. No campo, as apreensões deveriam ser compartilhadas pela equipe de pesquisa, para fins de uma melhor apropriação da experiência conjunta. Foi nesse sentido que se desenvolveu a estratégia de "Construção Coletiva do Conhecimento" (CCC).

A CCC permitiu o aprimoramento das técnicas de coleta e da análise dos dados, o que possibilitou a Inserção Ecológica e ampliação do olhar da equipe em torno da realidade. A CCC consistiu na coleta de informações por intermédio de técnicas naturalistas e de observação participante e consequente discussão conjunta das impressões obtidas. A técnica de CCC foi inspirada na prática adotada por diferentes segmentos da terapia familiar, um dos pontos fortes da escola de Milão. Essa prática se caracterizava pelo uso intensivo do espelho unidirecional no cenário terapêutico, pelo qual observadores participavam da sessão e, posteriormente, discutiam e estabeleciam os passos seguintes da intervenção (Boscolo, Cecchin, Hoffman, & Penn, 1993).

Em termos operacionais, a CCC configurou-se a partir da constituição da equipe. Antes de iniciar a pesquisa de campo, foram feitas discussões de temas teóricos e metodológicos relevantes ao trabalho. Dentre as temáticas discutidas, destacam-se os fundamentos do pensamento sistêmico, a abordagem bioecológica, metodologia qualitativa, uso do diário de campo e a pesquisa participante, entrevistas semidirigidas e a organização de categorias qualitativas (Bogdan & Biklen, 1994; Morgan, 1988). Era importante que durante esse período houvesse um domínio compartilhado dos problemas, métodos e interesses de pesquisa em andamento na equipe.

Na casa sede, base da pesquisa, que ficava a cerca de trinta minutos da comunidade, de barco motorizado, os pesquisadores eram divididos em subgrupos de díades ou tríades. A divisão dos grupos obedecia principalmente ao critério de experiência, a fim de evitar a formação de subgrupos de pessoas menos experientes. Após um planejamento das atividades do dia, a equipe era orientada detalhadamente a respeito da rotina de trabalho de cada subgrupo. Logo após o período de coleta, na base de pesquisa, eram feitas reuniões sobre os diários de campo, nos quais o coordenador ou qualquer um dos pesquisadores dirigia as discussões dos aspectos da pesquisa de seu interesse.

A metodologia de discussão obedeceu às seguintes sequência e pauta mínima: 1) relato objetivo de cada subgrupo das informações coletadas (tarefas cumpridas, pessoas entrevistadas etc.); 2) relatos dos diários descritivos de campo; 3) relatos dos diários reflexivos de campo; 4) discussões acerca dos diários de campo. Como o diário de campo deveria estar dentro dos parâmetros da Inserção Ecológica, o eixo de descrição eram os elementos PPCT. Na discussão, todos podiam opinar sobre suas impressões, relacionadas ou não ao seu projeto de pesquisa. Os principais aspectos discutidos eram anotados pelos pesquisadores responsáveis mais interessados pela temática em foco. A partir das discussões desenvolvidas no grupo, os subgrupos reuniam-se para reorganizar o material da pesquisa, mais especificamente o diário de campo, o qual poderia incorporar as considerações feitas pelo grupo. Desse modo, pode-se dizer que os diários de campo iniciavam com uma redação individual e terminavam como "diários de campo coletivos". A diferença desta técnica para a de um diário de campo tradicional é que este último é geralmente escrito na primeira pessoa, o que acarreta um tom pessoal. No "diário de campo coletivo" a pessoalidade se dá na percepção dos outros membros da pesquisa. Os pesquisadores são obrigados a incorporar a reflexão do grupo e, caso necessário, argumentar de modo contrário. Adicionalmente, a discussão em grupo de suas percepções, permitia uma reflexão e um *feedback* imediato na própria situação de campo. Esse aspecto, por sua vez, tornou-se um espaço educativo no qual o compartilhamento de perspectivas possibilitava a troca de experiências acadêmicas, pessoais e de visões de mundo, além de um treino metodológico dos pesquisadores.

Nesse mesmo momento, para fins de preparar a reunião do grupo, o coordenador fazia uma síntese dos principais elementos relatados na discussão. À noite, após o jantar, o grupo voltava a se reunir para fazer a avaliação das atividades e discussões do dia e planejamento do dia seguinte. Nas reuniões da equipe eram avaliadas especialmente as percepções acerca dos vínculos estabelecidos com os participantes, elemento essencial para captura das percepções dos envolvidos. Enfatizava-se a necessidade do engajamento nas atividades rotineiras, que apesar de ser intenso deveria possibilitar aos participantes falarem sobre suas experiências de vida e, assim, melhor captar unidades de sentido relevantes para a pesquisa. Discutia-se as relações entre os itens de análises propostos no modelo e incorporados nos subprojetos de pesquisa.

Essa sistematização possibilitou a configuração de uma equipe de pesquisa integrada, de modo que permitiu o compartilhamento de informações e o confronto de perspectivas, elemento essencial para derivação e refinamento do objeto e problema de pesquisa como também das respectivas metodologias a serem utilizadas.

A CCC também possibilitou uma maior "validade ecológica" para a pesquisa, à medida que as propriedades supostas ou presumidas pelos investigadores do meio ambiente experienciado pelos participantes são confrontadas com a visão de outros membros da equipe de pesquisa. Por outro lado, o compartilhamento intensivo de informações permitia adaptações e ajustes rápidos, necessários em pesquisas de campo como essa, possibilitando, por sua vez, uma melhor Inserção Ecológica dos pesquisadores.

Avaliou-se, também, que o procedimento adotado facilitou o processo de contato pesquisadores-comunidade. A pequena comunidade não tinha nenhum tipo de organização comunitária, o que poderia dificultar as apresentações da equipe de pesquisa para o conjunto da comunidade. Nesse sentido, os pesquisadores eram paulatinamente apresentados com ajuda dos informantes (como o capataz da fazenda, base da pesquisa). O Termo de Consentimento Livre e Esclarecido era entregue somente quando fosse avaliado que determinados componentes da comunidade seriam realmente participantes do estudo. As visitas em díades possibilitaram sempre mesclar alguém já conhecido e com mais experiência no trato com a comunidade, com pesquisadores menos experientes.

A chegada da equipe de pesquisa na comunidade era sempre um evento que chamava atenção de todos os seus membros. A despeito do contato sempre amistoso, algumas famílias apresentavam mais facilidade em conversar sobre os assuntos propostos de interesse da pesquisa. O contato progressivo possibilitou a adaptação das técnicas e instrumentos utilizados ao perfil dos moradores da comunidade. Nesse sentido, por exemplo, a recepção dos pesquisadores era algo que sempre chamava a atenção do conjunto dos familiares e, por esse motivo, muitas das entrevistas eram abertas ao restante dos membros. No entanto, as temáticas de investigação sobre o relacionamento dos membros familiares eram desenvolvidas em momento e lugar à parte. Para que as entrevistas se adequassem mais ao fluxo das relações do local, evitou-se que elas seguissem a formalidade de perguntas e respostas; deveria ocorrer um tipo de conversa na qual o entrevistado assumia também o comando dos temas discutidos. A introdução do gravador para registro das conversas só ocorria quando a equipe avaliasse que o seu uso não seria um elemento disruptivo nos processos proximais em desenvolvimento. Nessas condições, o diário de campo foi extremamente útil, pois é uma técnica menos "invasiva". Contudo, a utilização do gravador não excluía a utilização do diário de campo, que era utilizado consecutivamente a qualquer contato significativo com os participantes da pesquisa. Os procedimentos de contato e suas respectivas adaptações eram parte das discussões do grupo nas reuniões de avaliação do dia de pesquisa.

A metodologia da CCC traz consigo algumas questões e preocupações de natureza ética, especialmente as referentes ao compartilhamento de informações de pesquisa em um grupo maior – o grupo de pesquisa –, pois no conjunto dos aspectos restantes, os cuidados são bastante semelhantes às pesquisas de campo. Entende-se que tais aspectos são semelhantes às considerações éticas que se deve ter em estágios de clínica, nos quais um caso particular é compartilhado com o conjunto de estagiários. De fato, na equipe deve haver uma profunda e contínua discussão sobre a necessidade de uma postura ética. Essa postura não deve estar limitada ao simples uso do Termo de Consentimento Livre e Esclarecido (TCLE) e das responsabilidades pós-pesquisa, uma vez que o compartilhamento dos diários de campo por um grupo maior deve implicar, ao mesmo tempo, um fechamento de tais discussões internamente ao grupo de pesquisa em que tal discussão é pertinente.

A CCC foi também muito útil para adequação da postura dos pesquisadores aos subgrupos. Nesse sentido foi percebido que a comunidade, apesar de bastante pequena, era dividida em subgrupos, sendo em alguns casos essencialmente familiares, outros em função de afinidades, tais como as religiosas ou de lazer. A CCC possibilitou um rápido ajuste dos pesquisadores às naturais formas de organizações da comunidade, tratando com precaução os temas que poderiam causar constrangimentos como as questões de algumas relações familiares, religião e lazer. O contato intenso de confrontação de opiniões entre observadores permitiu o refinamento das questões e a problemática envolvida em cada subprojeto. O método de CCC atingiu a função de possibilitar a Inserção Ecológica, à medida que os subprojetos de pesquisa envolvidos estiverem integrados com base nas unidades de análises propostas pela abordagem bioecológica. A CCC permitiu um projeto de natureza coletiva, um espaço de colaboração aberto às mais diversas formas de compartilhamento, indo desde a diversificação de olhares e metodologias utilizadas, como também de sensibilidades advindas da história pessoal de cada um dos pesquisadores envolvidos.

A convivência intensiva da residência compartilhada na base de pesquisa, a rotina das reuniões pré e pós situação de campo, o clima acadêmico e, ao mesmo tempo, descontraído – após os compromissos acordados todos poderiam desfrutar do local, o que na maioria das vezes era feito em conjunto –, possibilitou uma dinâmica relacional coletiva, em que os motivos do envolvimento eram sempre ressaltados em nome do projeto. Contudo, esse pretenso foco não dificultou o desenvolvimento de relações independentes aos motivos e relativas a outras dimensões, aspectos que foram fundamentais para o próprio envolvimento no projeto.

Considerações finais

Se considerada a Inserção Ecológica sob os moldes da CCC, pode-se verificar a criação de uma dinâmica diferente no sistema observante (Figura 12.2). Não se considera mais o olhar somente dos pesquisadores, mas de uma equipe que, em sua dinâmica interacional, define e estrutura o objeto de estudo. Este, por sua vez, pelas dinâmicas próprias dos contextos relacionais abordados, demandam ajustes por parte da equipe.

Figura 12.2 Representação esquemática do sistema observante na Inserção Ecológica aos moldes da construção coletiva do conhecimento[1].

A perspectiva bioecológica adotada por Bronfenbrenner (1976/1996) pode ajudar a entender o jogo de relações entre as pessoas e os níveis contextuais identificados no decorrer do tempo. Todavia, mais do que um modelo de análise, entende-se que suas diretrizes têm implicações metodológicas, pois, como observam Cecconello e Koller (2003), o processo de construção da pesquisa é permeado por processos proximais que assumem o caráter duplo, tanto de construir o foco da pesquisa quanto de viabilizar sua realização. Neste capítulo procurou-se indicar como tais repercussões se concretizam no processo de pesquisa com uma população ribeirinha,

[1] A, B, C e D representam os grupos de pesquisa e E, F, G e H os participantes da pesquisa, cada qual com sua dinâmica própria de seu grupo, fazendo, contudo parte do mesmo sistema.

cujo distanciamento geográfico dos centros acadêmicos coloca desafios para o desenvolvimento de pesquisas com base no método de Inserção Ecológica.

Processos proximais estão em ação no desenrolar da pesquisa, e a consideração de tais processos é fundamental para o próprio sucesso desta. Assim, a análise dos quatro componentes da Abordagem Bioecológica – processo, pessoa, contexto e tempo – requer que os pesquisadores considerem que estes se revelam dinamicamente. Ou seja, os aspectos referentes ao processo proximal estão na dependência das características da pessoa, do contexto, das mudanças e continuidades que ocorrem no decorrer do tempo (Cecconello & Koller, 2003). A revelação da dinâmica entre esses componentes, por sua vez, só é possível a partir da Inserção Ecológica dos pesquisadores no conjunto de interações e como parte das interações desenroladas no contexto de estudo e no conjunto da pesquisa. A CCC é uma estratégia que permite, portanto, operacionalizar a Inserção Ecológica no funcionamento desses componentes internamente na equipe de pesquisa.

Referências

Bogdan, R., & Biklen, S. (1994). *Investigação qualitativa em educação: uma introdução à teoria e aos métodos*. Portugal: Porto Editora.

Boscolo, L., Cecchin, G., Hoffman, L., & Penn, P. (1993). *A terapia familiar sistêmica de Milão*. Porto Alegre: Artes Médicas.

Bronfenbrenner, U. (1996). *A ecologia do desenvolvimento humano: experimentos naturais e planejados* (M. A. V. Veronese, Trad.). Porto Alegre: Artes Médicas. (Original publicado em 1976).

Bronfenbrenner, U., & Morris, P. A. (1998). The ecology of developmental process. In W. Damon (Ed. Série) & R. M. Lerner (Ed. Volume). *Handbook of child psychology: theoretical models of human development* (Vol. 1, pp. 992-1027). New York, NY: John Wiley & Sons.

Capra, F (1996) *A teia da vida: uma nova compreensão científica dos sistemas vivos*. São Paulo: Cultrix.

Cecconello, A. M., & Koller, S. H. (2003). Inserção ecológica na comunidade: Uma proposta metodológica para o estudo de famílias em situação de risco. Psicologia: *Reflexão e Crítica, 16(3), 515-524.*

Eschiletti-Prati, L., Couto, M. C.P. de, M. Paula, Moura, A., Poletto, M., & Koller, S. H. (2008). Revisando a Inserção Ecológica: uma proposta de sistematização. *Psicologia: Reflexão e Crítica, 21*(1), 160-169.

Foerster, H. V. (1981). *Observing systems*. Seaside, CA: Intersystems Publications.

Fraxe, T. J. P. (2000). *Homens anfíbios: uma etnografia do campesinato das águas*. São Paulo: Annablume.

Harris, A. G. (2000). *Life on the amazon: the anthropology a Brazilian peasant village*. New York: Oxford University Press/The British Academyc.

Maturana, H. (1997). *A ontologia da realidade*. Belo Horizonte: Editoda da UFMG.

Mendes, L. S. A., Pontes, F. A. R., Silva, S. S. da C., Bucher-Maluschke, J. S. N. F., Reis, D. C. dos, & Silva, S. D. B. da (2008). Inserção ecológica no contexto de uma comunidade ribeirinha amazônica. *Interamerican Journal of Psychology, 42*, 1-10.

Morgan, D. L. (1988). *Focus groups as qualitative research*. LA, CA: Sage.

Morin, E. (2008). *Ciência com consciência*. Rio de Janeiro: Bertrand.

Noda, S. N., Noda, H., Pereira, H. S., & Martins, A. L. U. (2001). Utilização e apropriação das terras por agricultura familiar amazonense de várzeas. In A. C. Diegues & A. C. Moreira, A. C. (Eds.), *Espaços e recursos naturais de uso comum* (pp. 181-204). Núcleo de Apoio à Pesquisa sobre Populações Humanas e Áreas Úmidas Brasileiras, São Paulo: Universidade de São Paulo.

Paludo, S., & Koller, S. (2004). Inserção ecológica no contexto da rua. In S. H. Koller (Ed.), *Ecologia do desenvolvimento humano: Pesquisa e intervenção no Brasil* (pp. 219-244). São Paulo: Casa do Psicólogo.

Scherer, E. F. (2003). Políticas sociais para os povos das águas. *Cadernos do CEAS, 207*, 91-107.

Scherer, E. F. (2004a). O defeso e a defesa do meio ambiente. In II Congresso da Associação Nacional de Pós-Graduação e Pesquisa em Ambiente e Sociedade, *Anais do II Congresso da Associação de Pesquisa e Pós-Graduação em Ambiente e Sociedade*. Campinas: Editora da Unicamp.

Scherer, E. F. (2004b). Mosaico terra-água: a vulnerabilidade social ribeirinha na Amazônia. In VIII Congresso Luso-Afro-Brasileiro de Ciências Sociais, 2004, Coimbra. *Anais do VIII Congresso Luso--Afro-Brasileiro de Ciências Sociais*. Coimbra: Afrontamento.

Silveira, F. L. (1996). A metodologia dos programas de pesquisa: a epistemologia de Imre Lakatos. *Revista Catarinense de Ensino de Física*.
3, 219-230.

Tudge, J. (2008). A teoria de Urie Bronfenbrenner: uma teoria contextualista? In L. V. C. Moreira & A. M. A. Carvalho (Eds.), *Família e educação: olhares da psicologia* (pp. 209-231). São Paulo: Paulinas.

Vasconcelos M. J. E. (2002). *Pensamento sistêmico: novo paradigma da ciência*. São Paulo: Papirus.

Wagley, C. (1952). *Man in the Amazon*. Gainesville: The University Press of Florida.

13

O uso do diário de campo no processo de Inserção Ecológica

Camila de Aquino Morais
Alexandra Borba
Sílvia Helena Koller

Este artigo descreve o uso do diário de campo em pesquisas que utilizam a Abordagem Bioecológica do Desenvolvimento Humano. Inicialmente, são apresentados alguns pressupostos teórico-metodológicos que caracterizam a Inserção Ecológica. Em seguida, são abordados aspectos da elaboração do diário de campo no curso da pesquisa, da participação da equipe nesta e na formulação dos registros. Por fim, apresenta-se a utilização deste instrumento a partir de dados de pesquisa sobre a saúde mental de adolescentes e seus cuidadores, realizada com trinta adolescentes e 28 familiares em contexto de vulnerabilidade social, bem como a forma de análise destes dados. Conclui-se ressaltando a relevância do diário de campo como forma de garantia da qualidade do dado coletado e da validade ecológica da pesquisa.

Inserção Ecológica e modelo bioecológico do desenvolvimento humano

A Inserção Ecológica consiste na operacionalização teórico-metodológica da abordagem bioecológica do desenvolvimento humano proposta por Urie Bronfenbrenner (1979/1996). Em todos os seus textos, Bronfenbrenner mencionava a necessidade de utilizar uma metodologia para investigar seres humanos em seu ambiente natural, levando em conta, além do contexto no qual está em desenvolvimento, também aspectos relevantes à sua história, processos psicológicos e perspectivas de ação. Usualmente, criticava pesquisas quantitativas que utilizavam os métodos clássicos de investigação, enquadrados na tradição positivista, que envolve a manipulação de variáveis na tentativa de estabelecer uma relação de causa e efeito. Na maturidade de sua teoria, Bronfenbrenner propôs o modelo processo-pessoa-contexto-tempo (PPCT), o qual preconiza a inter-relação destes componentes e ressalta o papel do componente processo (Bronfenbrenner, 2005; Bronfenbrenner & Evans, 2000; Bronfenbrenner & Morris, 1998). No entanto, o próprio autor da teoria não apresentou uma proposta metodológica fechada sobre como se deve executar uma pesquisa considerando todos estes aspectos.

Segundo Tudge, Mokrova, Hatfield e Karnik (2009), qualquer pesquisa que objetive contemplar efetivamente cada conceito da teoria bioecológica será densa e complexa. A Inserção Ecológica apresentou-se como uma possibilidade metodológica de executar pesquisas à luz dos pressupostos teóricos do modelo bioecológico do desenvolvimento humano de Bronfenbrenner. No entanto, embora todo estudo que usa este método deva basear-se no modelo bioecológico, o contrário não é igualmente verdadeiro. Ou seja, nem todo estudo que faça uso da abordagem bioecológica precisa utilizar a Inserção Ecológica.

A Inserção Ecológica foi proposta por Cecconello e Koller (2003), a partir de um estudo sobre os processos de resiliência e vulnerabilidade em famílias em situação de adversidade social e pessoal. Em seguida, Paludo e Koller (2004) propuseram o uso deste método no trabalho com crianças e adolescentes em situação de rua. Muitas questões acerca da aplicação do método, no entanto, ainda continuavam existindo. Nesse sentido, Eschiletti-Prati, Couto, Moura, Poletto e Koller (2008) revisaram o método e delinearam com mais clareza suas características fundamentais, enfatizando que com o seu uso "os pesquisadores ecológicos estão preocupados em compreender o processo de desenvolvimento das pessoas" (p. 163). No entanto, algumas questões cruciais ainda precisam ser discutidas, dentre estas como elaborar estudos que contemplem as quatro dimensões (PPCT) tanto no delineamento quanto nas formas de análise dos resultados à luz do modelo bioecológico.

Desde que a Inserção Ecológica foi proposta por Cecconello e Koller, em 2003, seu uso foi aplicado a uma maioria de pesquisas que associavam análises quantitativas a qualitativas (Cecconello & Koller, 2003; De Antoni & Koller, 2004; Morais, 2005, 2009; Neiva-Silva, 2003; Paludo & Koller, 2004). Portanto, visavam trazer uma visão mais ecológica da qualidade do dado obtido, por meio da combinação de instrumentos quantitativos (como escalas, inventários, questionários) e qualitativos (entrevistas, conversas informais e observações, por exemplo).

Bronfenbrenner e Morris (1998) propuseram o modelo PPCT. Os estudos baseados neste modelo devem focar os processos proximais ressaltando como estes influenciam e são influenciados pelas características da pessoa e do contexto, e devem mostrar como os processos proximais são relevantes para o desenvolvimento. No modelo PPCT, *Processo* é o padrão de interação da pessoa com o ambiente, outras pessoas, objetos e símbolos. Definido como *processo proximal*, é o motor do desenvolvimento (Bronfenbrenner, 1995; Bronfenbrenner & Morris, 1998).

Pessoa refere-se às características biológicas, físicas e psicológicas que, em interação com o ambiente, são tanto produto quanto produtoras do desenvolvimento e influenciam os processos proximais por sua demanda, recurso e força (Bronfenbrenner, 1993, 1995; Bronfenbrenner & Morris, 1998).

Contexto é o ambiente imediato da pessoa (casa, escola, trabalho) que propicia interações face a face, com estabilidade e reciprocidade, promovendo os processos proximais (Bronfenbrenner, 1979/1996).

O *Tempo* influencia cada processo desenvolvimental particular e único, assim como as políticas e os valores dominantes. Indivíduos e grupos da mesma geração partilham histórias de vida e experiências (Bronfenbrenner, 1988). Portanto, o desenvolvimento é compreendido como um processo marcado por constância e transformação (Bronfenbrenner, 2005).

O conceito de processo proximal, considerado o motor do desenvolvimento, inclui a complexização das atividades na pesquisa, no sentido de avançar do dado coletado apenas com observação. Neste ponto, o uso de instrumentos psicológicos pode ser uma alternativa, mas também uma chamada para a qualificação destes achados para além do dado bruto obtido, em busca de contextualização do mesmo no ciclo de desenvolvimento do ser humano em interação. Aliás, este é um ponto importante, porque o estudo bioecológico do desenvolvimento humano implica interação com outras pessoas, objetos e símbolos do ambiente, tendo em vista sua história, rotinas, intergeracionalidade, e não simplesmente a pessoa como um ser isolado e com seus processos psicológicos internos.

Um ponto importante na concepção do método de Inserção Ecológica baseou-se no fato de que o próprio Bronfenbrenner, em seus estudos, embora enfatizasse a qualidade do dado, nunca executou, ele próprio, uma pesquisa qualitativa. Clamava pela validade ecológica dos dados coletados, enfatizando a necessidade de contrapor os resultados dos instrumentos e as conclusões dos pesquisadores aos fatos contextuais observados e analisados que o desenrolar da pesquisa havia apontado. Estes dados apreendidos por fontes diferentes podem ser complementares ou opositores, o que exige uma compreensão mais complexa dos fenômenos estudados e suas inter-relações. Mais do que isto, enfatizava a importância da aplicação dos resultados de pesquisas em políticas públicas e sociais que pudessem fazer diferença na qualidade de vida das pessoas envolvidas (Bronfenbrenner, 2005). No entanto, embora suas ideias tivessem sido amplamente aplicadas para tal fim, nunca executou uma pesquisa ele mesmo que levasse a esta possibilidade.

Utilizando a Inserção Ecológica na pesquisa sobre saúde e doença mental

A Inserção Ecológica tem sido utilizada em estudos qualitativo-quantitativos (Cecconello & Koller, 2003; De Antoni & Koller 2004; Morais, 2005, 2009; Neiva-Silva, 2003; Paludo & Koller, 2004). Aquino Morais (2008) buscou conhecer a visão de saúde e doença mental de adolescentes e seus cuidadores em uma comunidade da periferia da cidade de Porto Alegre. O uso da inserção nesse estudo possibilitou apreender a realidade do contexto investigado, aceder aos dados quantitativos e garantir a validade ecológica da pesquisa. De acordo com a Inserção Ecológica, os fenômenos são analisados de maneira contextualizada e relacionados com variáveis diretas e indiretas com as quais interagem. Deste modo, na pesquisa foram examinados os quatro componentes do desenvolvimento humano, segundo Bronfenbrenner (1979/1996): a *pessoa* do(a) adolescente e de cada um de seus genitores; a interação delas entre si (*processos*); a influência do ambiente (*contexto*) no desenvolvimento das pessoas; e o espaço de *tempo* em que esses ocorreram. Uma vez que o processo é o principal componente responsável pelo desenvolvimento humano a ser observado e analisado no método de Inserção Ecológica, interações recíprocas foram registradas em diários de campo pela equipe (Bronfenbrenner, 1995; Bronfenbrenner & Morris, 1998).

Os processos proximais foram as formas de interação no ambiente imediato vividas pelos participantes da pesquisa (a pessoa). Na definição de processo proximal, foi identificada a presença simultânea de cinco aspectos relacionados à interação dos participantes com os pesquisadores: 1) o engajamento na pesquisa; 2) a interação estabelecida em uma base regular, através de períodos estendidos de tempo; 3) a complexização das atividades; 4) a presença de reciprocidade nas relações interpessoais; 5) o fato de que os objetos e símbolos presentes no ambiente imediato estimularam a atenção, exploração, manipulação e imaginação das pessoas em desenvolvimento envolvidas na pesquisa. A forma, a força, o conteúdo e a direção dos processos proximais variaram sistematicamente como uma função conjunta das características das pessoas em desenvolvimento, do ambiente – imediato e remoto onde eles ocorreram, da natureza dos resultados evolutivos, das mudanças e continuidades sociais que ocorreram ao longo do tempo, durante o período histórico em que a pesquisa ocorreu (Bronfenbrenner & Morris, 1998).

O contexto foi analisado a partir da interação de quatro níveis ambientais: microssistema, mesossistema, exossistema e macrossitema, que compunham o meio-ambiente ecológico onde foi realizada a pesquisa. O microssistema foi definido como um padrão de atividades, papéis e relações interpessoais experenciados pelos participantes e pesquisadores, como pessoas em desenvolvimento nos ambientes frequentados e nos quais se estabeleceram as relações face a face, com equilíbrio de poder e reciprocidade. O mesossistema consistiu no conjunto de microssistemas que as pessoas frequentaram e nas inter-relações estabelecidas neles, como, por exemplo, as residências das famílias, o centro de formação social de educação profissional comunitário – onde foram coletados os dados – a sala de reuniões da equipe, entre outros. Este foi ampliado sempre que uma nova pessoa passava a se inserir em um novo ambiente. Os processos que operaram em diferentes ambientes eram interdependentes, influenciando-se mutuamente. O exossistema envolveu os ambientes que as pessoas não frequentavam como participantes ativos, mas que influenciaram indiretamente o seu desenvolvimento, como, por exemplo, o trabalho dos pais, as instituições componentes da rede de apoio social, de saúde e comunitária. O macrossistema foi composto pelo padrão de ideologia, crenças, valores, religiões, formas de governo, culturas e subculturas presentes no cotidiano destas pessoas. Os valores, as crenças transmitidas pelas famílias e a cultura na qual foram educados influenciavam na maneira que os pais educavam seus filhos, agindo no desenvolvimento deles (Bronfenbrenner & Morris, 1998).

A utilização do diário de campo na pesquisa bioecológica

Diário de campo é um instrumento de anotações, comentários e reflexões, de uso pessoal do investigador. Nele são registradas as observações de fatos concretos, fenômenos sociais, acontecimentos, relações verificadas, experiências e percepções subjetivas (Falkembach, 1987). Tal instrumento de pesquisa demanda uso sistemático desde o primeiro momento da ida ao campo até a fase final da investigação. Quanto mais rico em anotações, maior será o auxílio que oferecerá à descrição e à análise do objeto estudado (Minayo, 2002).

Para dar um panorama mais descritivo do processo de Inserção Ecológica dos pesquisadores no contexto, o uso do diário de campo pode ser apresentado como uma alternativa bastante apropriada. A descrição do contexto, das pessoas envolvidas, de suas histórias e rotinas (tempo), e de seus processos proximais de desenvolvimento devem ser registrados. Um aspecto importante a ser relembrado aqui, é que os pesquisadores são pessoas em desenvolvimento e, portanto, também participantes de sua própria pesquisa. Ou seja, os processos de desenvolvimento dos mesmos perpassavam os dados obtidos e agregavam qualidade pelos processos psicológicos vividos por eles como pessoas, em seus contextos e com suas histórias de vida. Portanto, a pessoa de cada um(a) dos pesquisadores(as) estava fortemente presente na percepção da realidade da pesquisa, na sua visão sobre os dados obtidos e nos seus relatos sobre os mesmos diários de campo.

O diário de campo consistiu em registros escritos e foram realizados por cada membro da equipe de pesquisa a cada visita a campo. Dos diários, constavam impressões dos fatos presenciados e relatados pelos participantes, durante a Inserção Ecológica e nos intervalos entre as visitas dos pesquisadores às famílias e à comunidade. Ao ser utilizado o método de Inserção Ecológica na pesquisa, era indispensável que a redação do diário contivesse as variáveis da pessoa, do processo, do contexto e do tempo relacionados ao objeto de estudo. A descrição sobre a inserção no contexto do centro profissionalizante, local no qual os adolescentes da pesquisa foram acessados, foi descrita nos diários, sendo apresentada nestes a percepção das pesquisadoras acerca da relevância desse contexto na vida dos jovens. Foram descritas as atividades que o centro propunha, o modo de interação estabelecido entre a equipe profissional e os adolescentes. As pesquisadoras, por meio de conversas informais, ouviram os principais informantes do contexto e exploraram tais questões junto com eles. Ao realizar as visitas no contexto, as pesquisadoras buscavam observar as atividades desenvolvidas no centro, a maneira como os educadores conduziam as atividades e o modo de interagir destes com os adolescentes. Também foi possível conhecer a forma de gestão da equipe profissionalizante e os desafios experienciados por esta no trabalho

No estudo de Aquino Morais (2008), cada um desses aspectos era descrito em relação à dimensão mais ampla da saúde mental, uma vez que era este o objeto de estudo. Sendo assim, todos os aspectos observados, desde as condições de vida, dinâmica da instituição, da comunidade, das famílias, interação com posto de saúde, entre outros, eram relacionados à saúde dos adolescentes. Focalizava-se, especialmente, os fatores de risco, vulnerabilidade e proteção, uma vez que estes contribuíam, ou não, para a promoção da saúde.

Aquino Morais (2008) procedeu, conforme amplamente recomendado em outros estudos que utilizaram esta metodologia, ao treinamento teórico, metodológico e ético de todos os membros da equipe (Paludo & Koller, 2004). Este ocorreu previamente ao início da Inserção Ecológica e à coleta de dados. A equipe de pesquisa foi enriquecida com a presença de duas estudantes europeias de Psicologia, uma da Finlândia e outra da Bélgica, que puderam incorporar um olhar diferenciado sobre a realidade investigada desde a perspectiva delas e de suas vivências como pesquisadoras estrangeiras. Estas escreviam seus registros pessoais de maneira livre, conforme orientado em treinamento, anotando suas percepções sobre o contexto, seja ele a comunidade, o centro profissionalizante ou as casas dos adolescentes. Nos diários, elas expressavam o modo como se sentiram, o que mais lhes chamou atenção, as emoções que emergiram durante a visita, falas importantes que tiveram com os participantes ou informantes, e o que mais sentissem necessidade de registrar. Geralmente, a equipe se reunia posteriormente à visita para discutir os fatos ocorridos e realizar procedimentos e encaminhamentos necessários. Em seguida, o diário era redigido individualmente.

No decorrer da pesquisa, Aquino Morais (2008) oferecia à sua equipe supervisões semanais, com duração de uma hora e meia, nas quais eram compartilhados os diários de campo para discutir o andamento da pesquisa e avaliar a continuidade do estudo. A cada supervisão a Inserção Ecológica era assegurada e casos específicos eram discutidos. Nesse espaço também se compartilhavam os sentimentos e impressões da equipe (suporte afetivo), discutiam-se os impasses vivenciados durante a coleta e gerenciavam-se aspectos burocráticos e operacionais relativos ao uso de material, horários e disponibilidades dos pesquisadores para aplicação de instrumentos e visitas à comunidade. O espaço funcionava como uma supervisão permanente do processo de Inserção Ecológica e do andamento dos diários de campo. Durante essas supervisões, todas as pesquisadoras tinham seu espaço de fala e de compartilhamento, era garantido o espaço de escuta e de acolhimento das impressões pessoais, integrando das diferentes visões apresentadas pelas pesquisadoras em seus relatos. Desse modo, pretendia-se enriquecer a leitura dos contextos e dos processos vivenciados durante a Inserção Ecológica.

Durante a pesquisa, foram elaborados registros escritos dos processos proximais, dos contextos e da interação da equipe entre si e com os participantes. A cada visita à instituição (centro de formação), à comunidade, aos postos de saúde, às escolas, à associação comunitária e às famílias dos adolescentes eram feitos registros, da forma mais fiel e detalhada possível, sendo descritas as situações, as percepções, as visões, os fatos conhecidos (por relato de outrem) e os sentimentos vivenciados. Esses apontamentos eram escritos, de preferência, no mesmo dia e logo após o término da visita, para que a expressão fosse mais fidedigna e contivesse o teor emocional dos pesquisadores implicados. Era salientada a necessidade de clarificar o que fosse descrito enquanto fato ocorrido e observado e diferenciado do que fosse impressão pessoal ou comentário superficial. Nas visitas, buscou-se realizar, por meio de observações, registros sobre as condições de saúde da comunidade, como a rede de saneamento básico e as condições de moradia. Para além disso, as pesquisadoras registravam como elas se sentiram diante dos fatos observados trazendo o teor emocional e pessoal nos seus registros.

O processo de Inserção Ecológica no campo de pesquisa

Os adolescentes e suas famílias foram contatados por intermédio de uma importante instituição da comunidade que realiza trabalhos sociais. Os primeiros contatos da equipe de pesquisa foram realizados nesse contexto, e a partir dele foi ampliado o acesso e investigação aos demais. O centro profissionalizante fazia parte de uma organização institucional maior de caráter social, que atendia à comunidade na área da educação e saúde, além da profissionalização.

O primeiro espaço a ser explorado foi a instituição, local em que se buscou o acesso aos adolescentes. Esse processo aconteceu de setembro de 2007 a abril de 2008, sendo que inicialmente os encontros eram mais sistemáticos com visitas semanais e, posteriormente, mais espaçados, tornando-se mensais. O acompanhamento a cada mês não minimizou a comunicação e a troca de informações com a equipe de pesquisa. Diante das necessidades e impasses que ocorriam em outros contextos, a equipe fazia contato e buscava o auxílio da instituição.

Os contatos iniciais foram estabelecidos com a direção e professores a fim de torná-los cooperadores no processo e conhecer a dinâmica da instituição. Conversando com os profissionais foi possível saber um pouco da história de vida de alguns adolescentes, que na ocasião eram vistos como "problemas" e como estes afetavam o cotidiano do trabalho deles. A partir dessas conversas foi possível observar como a comunidade e as famílias dos adolescentes eram vistas pelos educadores como microssistemas que influenciavam diretamente o comportamento dos adolescentes. O que acontecia fora da instituição acarretava consequências diretas ou indiretas a este contexto, mais visível nos comportamentos dos adolescentes. Os educadores conheciam os alunos que estavam envolvidos com drogas, tráfico, trabalho infantil, situação de violência doméstica, gravidez precoce e abortos, dentre outras situações. Esses fatos traziam repercussões para o comportamento na instituição e a postura dos profissionais, educadores, assistente social, psicóloga era a de buscar mediar essas situações, quando possível, ou oferecer alguma forma de apoio.

A inserção na comunidade foi concomitante à realizada na instituição. A psicóloga conduziu a equipe ao espaço da comunidade e apresentou os principais contextos como: os postos de saúde, escolas, creches, igreja, biblioteca e associação comunitária. O primeiro contato com a comunidade permitiu observar aspectos gerais de estrutura e localização. Somente no decorrer das visitas domiciliares é que foi possível adentrar a dinâmica da comunidade. As conversas informais estabelecidas pela equipe com transeuntes, comerciantes, crianças e jovens, possibilitou conhecer aspectos da comunidade que não foram previstos no início. Dentre estas, constatou-se que no período de execução da pesquisa, setembro de 2007 a abril de 2008, a comunidade vivenciava um período mais tranquilo no que se refere ao tráfico e aos homicídios, pois o maior traficante do morro havia sido preso havia poucos meses. Tal fato gerou uma "quietude" entre os agenciadores do tráfico. Contudo, os pontos de venda de drogas continuavam sendo frequentados, e a própria equipe de pesquisa, por inúmeras vezes, pôde presenciar essas transações. Pela Inserção Ecológica, constatou-se o fenômeno da mobilidade social que ocorria dentro da comunidade e que denotava as "castas" socioeconômicas e iniquidades que aconteciam. Para conhecer a dinâmica da comunidade, a equipe de pesquisa buscou visitar o contexto em diferentes turnos e dias da semana, à medida que fazia visitas domiciliares às famílias dos adolescentes. Ao conhecer melhor a comunidade, novas informações foram levantadas acerca dos participantes do estudo, trazendo uma visão mais complexa da realidade e contextualizando os dados coletados.

Os dados obtidos nos diários de campo da equipe de pesquisa permitiram conhecer a realidade do contexto, das famílias e de seus membros, a partir da perspectiva das pesquisadoras que realizaram a Inserção Ecológica. Ou seja, esse conhecimento foi além do objetivo da pesquisa que visava ao estudo da perspectiva de adolescentes e suas famílias sobre sua saúde mental. A interconexão de informações e apreensão da realidade permitiu perceber de que modo a pesquisa estava sendo recebida e interpretada pelos participantes e também pelos pesquisadores. Essa postura permitiu garantir a validade ecológica da pesquisa e ampliar a compreensão da realidade estudada sem perder o foco da pesquisa. O olhar de diferentes pesquisadoras, inclusive de duas advindas de outro país, pôde enriquecer os dados da pesquisa e salientar aspectos culturais.

Analisando o diário de campo

Os diários de campo foram analisados a partir da organização, da leitura repetida e atenta de seu conteúdo e da discussão dos dados, sendo levantados os temas abordados pelas pesquisadoras em seus registros. Foram realizadas uma pré-análise e a exploração dos materiais produzidos pela equipe e, em seguida, o tratamento dos dados, a inferência e a interpretação. Na pré-análise, os dados foram organizados após a leitura flutuante de todo o material coletado em questionários e entrevistas, em conversas informais, e os registros dos diários de campo. A partir dessa leitura foi traçado um plano de análise. Algumas hipóteses foram emergindo, com base nos objetivos da pesquisa, e os dados foram sistematizados em unidades temáticas. A fase de exploração do material consistiu em codificação dos dados, levando em conta a homogeneidade, representatividade, exaustividade e diferenciação (Bardin, 1979; Minayo, 2000). Desse modo, as categorias estabelecidas foram codificadas a partir da análise de conteúdo dos diários de campo.

Na leitura e análise dos relatos foram identificadas temáticas recorrentes nos conteúdos dos diários de campo. Estas foram condensadas em três unidades temáticas: equipe; participante/contexto; e pontos positivos da pesquisa. Estas, por sua vez, foram divididas em categorias e subcategorias. Os Quadros 13.1, 13.2 e 13.3 apresentam as unidades temáticas, as categorias e subcategorias extraídas dos diários de campo com citação de relatos, os quais foram autorizados pelos integrantes da equipe de pesquisa.

No Quadro 13.1 são apresentados os pontos relacionados à equipe de pesquisa, uma vez que esta também é considerada participante do próprio estudo executado por ela. Como afirmado anteriormente, compreende-se que os pesquisadores são pessoas em desenvolvimento que influenciam e são influenciados à medida que estabelecem novas interações – processos proximais – nos contextos em que se inserem ou que são construídos; no caso, o contexto da pesquisa e o grupo que integra a execução desta. As categorias expressam, em certa medida, os processos de desenvolvimento dos pesquisadores ao retratar o impacto sofrido com as condições de vida, com os impasses entre ser psicólogo e pesquisador e a postura empática para estabelecer vínculo que se refletiu na reciprocidade dos participantes. A descrição detalhada da realidade social nos diários permite identificar fatores que se relacionam e influenciam a saúde mental de adolescentes, os quais não estavam contemplados nos questionários.

O Quadro 13.2 apresenta dados acerca do contexto da pesquisa e dos participantes. As subcategorias e as exemplificações dos escritos revelam aspectos da realidade da comunidade, das famílias e da instituição. A riqueza dos detalhes permite conhecer um pouco mais dos aspectos que caracterizam o cotidiano dos participantes da pesquisa, como, por exemplo: a precariedade da comunidade, as limitações físicas e mentais dos moradores, o número elevado de crianças nas famílias, irmãos mais velhos que precisam fazer a função de pais no cuidado diário. A identificação dessas características e situações é útil para subsidiar o pesquisador nas análises dos dados da pesquisa e auxiliá-lo na compreensão sistêmica dos fatores que podem estar relacionados com o objeto da pesquisa, no caso, a saúde mental. Nas entrevistas familiares foram

Quadro 13.1 Análise da unidade temática "equipe" extraída dos diários de campo.

Unidade temática	Categorias	Subcategorias	Exemplos de registros nos diários
Equipe	Impacto	Realidade social	*"Há uma realidade bastante destoante na vila, onde é possível visualizar casas bem precárias e outras mais estruturadas"*
		Perspectiva de vida	*"falta de informação e negligência da família em relação a uma filha com deficiência mental, esta já engravidou quatro vezes de diferentes namorados e a família assume o cuidado destes netos sem tomar nenhuma atitude de contracepção ou algo assim"*
		Pobreza e precariedade	*"Subindo o morro, encontramos falta de saneamento básico, córregos com lixo, sendo foco de dengue e outras doenças"*
		Famílias extensas	*"Ao total, havia oito pessoas nesta casa, tendo só um quarto com cama de casal e outro com um beliche"*
		Generosidade das famílias	*"Do 'nada' que eles possuíam, nos ofereceram café. A mãe abre o armário e retira um coador contendo pó de café já passado, esquenta água e nos serve"*
		Solidariedade	*"A chuva era intensa e não tínhamos guarda-chuva... essa necessidade foi motivo de sensibilização da primeira família que visitamos que nos emprestou o guarda-chuva para depois voltarmos e devolver"*
		Receptividade, simplicidade e espontaneidade	*"Confesso que achei os meninos encantadores! Essa é a palavra para defini-los, porque conseguiam ser adolescentes, em meio ao caos que parece ser suas vidas. Jogavam e brincavam com a naturalidade de qualquer outro"*
	Impasses	Apoio ao participante	*"Pontuou de forma clara e eficaz os ajustes que poderiam ser feitos pelo casal para que, juntos, pudessem buscar melhores soluções a fim de não perder as características positivas que cada um poderia trazer para contribuir na educação"*

(continua)

(continuação)

Temas	Categorias	Subcategorias	Exemplos de registros nos diários
Equipe		Papel de pesquisadores × psicólogos	*"a mãe era uma pessoa muito limitada, não sabia pedir ajuda, mesmo precisando... Vi-me num impasse entre pesquisador e psicólogo, pois me dei conta de que ela precisava de ajuda, e como eu poderia, depois, vir a ajudar sem pretender que ela fosse uma participante da pesquisa"*
		Sentimento de frustração com a realidade	*"Outra situação frustrante e que me irrita é a dificuldade de adesão de algumas famílias, de conseguir tempo e disponibilidade para aplicar os instrumentos, de se comprometer em responder ao questionário"*
		Questionamentos, revolta, inquietude	*"como o ser humano pode se sujeitar a isso? Como ele consegue viver ou sobreviver em condições tão subumanas... sem grandes perspectivas, contentando-se com o mínimo, que lhes parece o máximo?"*
	Relacionamento	Confiança, vínculo	*"Ela confiou seus problemas, ela tinha vontade, uma necessidade de falar"*
		Percepção das pesquisadoras estrangeiras	*"Nunca vi um povo como este, os brasileiros são tão diferentes, tão humanos, com um grande coração, mas sobretudo estes que encontramos na favela"*
		Atitude dos pesquisadores com os participantes	*"Este tipo de trabalho pede muita paciência, muito respeito, e também certo controle das suas emoções... não é fácil, cada pessoa tem suas expectativas, seus pensamentos, cada caso é único e diferente, não é possível fazer uma generalização e ter uma boa resposta a tudo"*
		Promoção de mudança	*"Contou-me que voltou a falar com a irmã, a qual havia um ano que não falava. Fiquei bem contente com a novidade e com a abertura e confiança dela, mais que isso, perceber que uma única visita quando se está inteira no contexto e busca-se se envolver com a família, é possível ser promotor de mudança"*

identificadas a ocorrência de várias mães com transtorno mental, principalmente depressão. Ao fazer uma interconexão dos dados coletados por instrumentos diferentes, torna-se possível aceder à estereotipia da doença mental e do tratamento farmacológico e entender os multifatores que podem estar relacionados com a doença mental, como a baixa qualidade de vida e níveis de estresse elevado. Se esses aspectos sociais também não forem considerados, o tratamento médico tradicional será pouco eficaz, uma vez que necessidades basilares não são supridas.

Quadro 13.2 Análise da unidade temática "participantes" extraída dos diários de campo.

<table>
<tr><th>Unidade temática</th><th>Categorias</th><th>Subcategorias</th><th>Exemplos de registros nos diários</th></tr>
<tr><td rowspan="5">Participantes/ contexto</td><td rowspan="5">Caracterís-ticas dos participantes durante Inserção Ecológica</td><td>Falta de privacidade nas casas</td><td>"Ao chegarmos ao local não sabíamos ao certo por onde entrar, pois no mesmo número havia três casas que depois vimos que eram famílias distintas e sem parentesco, diferente da maioria que divide terreno com parentes"</td></tr>
<tr><td>Instituição</td><td>"A escola é bem cuidada, limpa e conservada. Fomos bem recebidas pela coordenadora" (referindo-se ao centro profissionalizante)</td></tr>
<tr><td>Problemas mentais</td><td>"Enquanto caminhávamos pelo morro, passamos por muitas pessoas que pareciam ter sequelas neurológicas, transtornos de desenvolvimento, talvez causados pelas privações, desnutrição ou uso de álcool e drogas"</td></tr>
<tr><td>Interação dos pais com os filhos</td><td>"As crianças ficam perto de nós para participar da conversa, ficam no colo da mãe, brincando com o cachorro ou com algo nas proximidades... sua maneira de educar é agressiva com os filhos, ameaça bater, mas ao mesmo tempo ela é afetuosa e se faz respeitada pelos filhos"</td></tr>
<tr><td>Irmãos que cuidam de irmãos</td><td>"A casa é cheia de crianças e o filho mais velho que toma conta com a ajuda do terceiro. São muito parceiros e cuidadores do resto da criançada. Brincam, dão banho, fazem a vitamina para todos, cuidam com o frio"</td></tr>
</table>

No Quadro 13.3 há registros que expressam algumas qualidades da pesquisa, as quais puderam ser percebidas por meio do comportamento expresso pelos participantes. A constatação de um vínculo de confiança representa e caracteriza a constituição de processos proximais que foram sendo estabelecidos entre participantes e equipe de pesquisa. O acolhimento e a receptividade das famílias são expressões de características individuais, familiares e mesmo culturais, uma vez que, pelo diário das pesquisadoras estrangeiras foi possível perceber o impacto positivo dessas características também sobre as pesquisadoras. Além disso, o estabelecimento de uma relação de reciprocidade entre equipe e famílias se deve também à postura das pesquisadoras em se colocarem abertas para o encontro (processo proximal). Essa postura ética, de respeito e escuta viabilizou a construção de uma boa relação a qual é percebida nas análises do diário.

Quadro 13.3 Análise da unidade temática "pontos positivos da pesquisa" extraída dos diários de campo.

Pontos + da pesquisa	Vínculo de confiança	*"Ana nos mostra os presentinhos que comprou para as filhas, comenta que adora vê-las saindo bem arrumadinhas. Convidou para visitar o clube que ela trabalha..."*
	Acolhimento	*"[...] acolhe-nos com um grande sorriso e muita alegria... É com confiança que sua mãe aceita encontrar-nos e falar-nos. A gente aqui é surpreendente: ela é tão calorosa, tão generosa todos beijam-nos como se eles nos conhecessem desde muitos anos"*
	Receptividade das famílias participantes	*"Várias sensações e sentimentos passaram por mim ... a receptividade, isso ficou muito presente, pois todos se mostraram prestativos e receptivos. Queriam ajudar ao máximo. Também demonstraram ser bastante curiosos"*

Conclusão

O referencial teórico-metodológico do modelo bioecológico do desenvolvimento humano (Bronfenbrenner 1979/1996; Bronfenbrenner &

Morris, 1998) e a sua operacionalização por meio do método da Inserção Ecológica são possíveis de serem utilizados em estudos qualitativos, quantitativos e mistos. A visão da equipe de pesquisa durante o processo de Inserção Ecológica foi embasada pelas premissas do modelo bioecológico e norteado pelo objetivo proposto na pesquisa.

O diário de campo pode, portanto, ser considerado como uma ferramenta útil para descrever a Inserção Ecológica, pois viabiliza o registro detalhado dos processos interacionais ocorridos durante a pesquisa entre participantes e pesquisadores, equipe de pesquisa e desta com os contextos investigados. Por meio deste instrumento é possível captar a sutileza do processo de desenvolvimento em nível pessoal, cognitivo, emocional e social dos indivíduos relacionados com a pesquisa durante a execução desta, inclusive da própria equipe.

Além disso, o uso do diário de campo pelos pesquisadores, ao longo do processo de Inserção Ecológica, permitiu o registro de diversos fenômenos que aparentemente ocorreram isolados. Entretanto, ao compor o histórico da pesquisa e sua ligação com cada componente analisado – processo, pessoa, contexto e tempo – observaram-se as interconexões que explicaram e auxiliaram na compreensão do aspecto em estudo. Nesta pesquisa foi possível perceber como os fatores individuais (enfermidade), contextuais (precariedade, violência e drogadição) e sociais (pobreza) estavam influenciando a saúde mental dos adolescentes e das famílias.

Os registros nos diários de campo também possibilitaram identificar os pontos positivos e negativos da pesquisa, ajudando na reformulação das estratégias de inserção no contexto, potencializando a importância do vínculo e a percepção do *timing* das famílias/pessoas. Essas características se mostraram imprescindíveis para a captação de dados fidedignos e de qualidade. Em algumas situações identificaram-se divergências entre os dados informados nos questionários e os colhidos durante a Inserção Ecológica, sendo estes passíveis de confrontação e compreensão mais complexa do fator em questão (ver Aquino Morais, 2008). Ao ser possível identificar aspectos positivos e negativos da pesquisa através do diário de campo, estes podem ser indicados nos estudos que fazem avaliações de processo.

Deste modo, incentiva-se a utilização do diário de campo em pesquisas que utilizam o método da Inserção Ecológica, uma vez que este instrumento pode subsidiar estruturação, análise e confrontação dos dados coletados, inclusive dos demais instrumentos utilizados no estudo. Além disso, com base nos diários de campo das equipes também é possível assinalar ou aprofundar aspectos que não foram previstos no início da pesquisa e que posteriormente foram se revelando importantes. Alguns exemplos destes são: a percepção da sobrecarga das mães; a grande incidência de transtornos mentais entre elas, principalmente depressão; a constatação de menores índices de violência na comunidade nos meses de execução da pesquisa, entre outras situações. Estes são exemplos de aspectos não preconizados no estudo que sugiram ao longo das entrevistas e conversas informais e que estão direta ou indiretamente associados à saúde mental dos indivíduos e das famílias. Portanto, conclui-se que o diário de campo é um instrumento que auxilia a qualidade do dado coletado e favorece a compreensão ecológica destes.

Referências

Aquino Morais, C. (2008). *Saúde, doença mental e serviços de saúde na visão de adolescentes e seus cuidadores.* Dissertação de Mestrado não publicada, Universidade Federal do Rio Grande do Sul, Porto Alegre, Recuperada em 25 fev. 2016, de http://hdl.handle.net/10183/16665

Bardin, L. (1979). *Análise de conteúdo.* Lisboa: Persona.

Bronfenbrenner, U. (1988). Interacting systems in human development. Research paradigms: Present and future. In N. Bolger, A. Caspi, G. Downey & M. Moorehouse (Eds.), *Persons in context: development process* (pp. 25-49). New York: Cambridge Press.

Bronfenbrenner, U. (1993). The ecology of cognitive development: research models and fugitive findings. In R. Worriak & K. Fischer (Eds.),

Development in context: acting and thinking in specific environments (pp. 3-44). Hillsdale, NJ: Erlbawn.

Bronfenbrenner, U. (1995). Developmental ecology: through space and time. In P. Moen, G. H. Elder & K. Luscher (Eds.), *Examining lives in context: perspectives on the ecology of human development* (pp. 619--647). Washington, DC: American Psychological Association.

Bronfenbrenner, U. (1996). *A ecologia do desenvolvimento humano: experimentos naturais e planejados*. Porto Alegre: Artes Médicas. (Original publicado em 1979).

Bronfenbrenner, U. (2005). The bioecological theory of human development. In U. Bronfenbrenner (Ed.), *Making human beings humans* (pp. 3-15). Thousand Oaks: Sage.

Bronfenbrenner, U., & Evans, G. W. (2000). Development science in the 21st century: emerging questions, theoretical models, research designs and empirical findings. *Social Development*, *9*(1), 115-125.

Bronfenbrenner, U., & Morris. P. A. (1998). The ecology of developmental processes. In W. Damon (Ed. Série) & R. M. Lerner (Ed. Volume), *Handbook of child psychology: theoretical models of human development* (Vol.1, pp. 993-1027). New York, NY: John Wiley & Sons.

Cecconello, A. M., & Koller, S. H. (2003). Inserção ecológica na comunidade: uma proposta metodológica para o estudo de famílias em situação de risco. *Psicologia: Reflexão e Crítica, 16*(3), 515-524.

De Antoni, C., & Koller, S. H. (2004). A pesquisa ecológica sobre violência no microssistema familiar. In S. H. Koller (Ed.), *Ecologia do desenvolvimento humano: pesquisa e intervenção no Brasil* (pp. 311--335). São Paulo: Casa do Psicólogo.

Eschiletti-Prati, L., Couto, M. C. P. de P., Moura, A., Poletto, M., & Koller, S. (2008). Revisando a Inserção Ecológica: uma proposta de sistematização. *Psicologia: Reflexão e Crítica, 21*(1), 160-169.

Falkembach, E. M. F. (1987). Diário de campo: um instrumento de reflexão. *Contexto e educação*, 2,(7), 19-24.

Minayo, M. C. S. (2000). O desafio do conhecimento: pesquisa qualitativa em saúde. São Paulo: Hucitec/Rio de Janeiro: Abrasco.

Minayo, M. C. S. (2002). *Pesquisa social: teoria, método e criatividade*. Petrópolis: Vozes.

Morais, N. A. (2005). *Um estudo sobre a saúde de adolescentes em situação de rua: o ponto de vista dos adolescentes, profissionais de saúde e educadores*. Dissertação de Mestrado não publicada, Curso de Pós-Graduação em Psicologia do Desenvolvimento, Universidade Federal do Rio Grande do Sul, Porto Alegre, Recuperado em 25 fev. 2016, de http://hdl.handle.net/10183/7392

Morais, N. A. (2009). *Trajetórias de vida de crianças e adolescentes em situação de vulnerabilidade social: entre o risco e a proteção*. Tese de Doutorado não publicada, Curso de Pós-Graduação em Psicologia do Desenvolvimento, Universidade Federal do Rio Grande do Sul, Porto Alegre, Recuperado em 25 fev. 2016, de http://hdl.handle.net/10183/16660

Neiva-Silva, L. (2003). *Expectativas futuras de adolescentes em situação de rua: um estudo autofotográfico*. Dissertação de Mestrado não publicada, Universidade Federal do Rio Grande do Sul, Porto Alegre, Recuperado em 25 fev. 2016, de http://hdl.handle.net/10183/2898.

Paludo, S. & Koller, S. (2004). Inserção ecológica no contexto da rua. In S. H. Koller (Org.), *Ecologia do desenvolvimento humano: pesquisa e intervenção no Brasil* (pp. 219-244). Porto Alegre: Casa do Psicólogo.

Tudge, J. R. H., Mokrova, I., Hatfield, B., & Karnik, R. B. (2009). Uses and misuses of Bronfenbrenner's bioecological theory of human development. *Journal of Family Theory and Review, 1*(4), 198-210.

Sobre os autores

Alessandra Marques Cecconello: psicóloga pela Universidade do Vale do Rio dos Sinos (1995), mestre em Psicologia do Desenvolvimento pela Universidade Federal do Rio Grande do Sul (UFRGS) (1999) e doutora em Psicologia do Desenvolvimento pela UFRGS (2003). Atualmente, é psicóloga do Centro de Atenção Psicossocial (CAPS), da Prefeitura Municipal de Osório, e professora da Faculdade Cenecista de Osório. Tem experiência na área de prevenção e promoção de saúde mental, com ênfase no atendimento de crianças, adolescentes e famílias em situações de risco, atuando principalmente nos seguintes temas: resiliência, violência, habilidades sociais e competência social.

Airi Macias Sacco: psicóloga e mestre em Psicologia pela Universidade Federal do Rio Grande do Sul (UFRGS). Professora substituta da Universidade Federal de Pelotas (UFPel-RS). Pesquisadora do Centro de Estudos Psicológicos CEP-Rua. Tem experiência com estudos sobre direitos da criança e do adolescente, desenvolvimento em situação de risco e direitos humanos. Atualmente, trabalha na área de cognição social, com foco em desenvolvimento de preconceito automático e medidas implícitas de atitude (por exemplo, *priming* avaliativo e IAT).

Alexandra Borba: psicóloga pela Universidade do Vale do Rio dos Sinos (2007). Atualmente, realiza pesquisa de mestrado na Universidade Federal do Rio Grande do Sul (UFRGS) sobre "Atenção Integral à Infância". Atua na saúde pública, especificamente na área de Estratégia de Saúde da Família.

Aline Cardoso Siqueira: psicóloga pela Universidade Federal de Santa Maria (2003), mestre em Psicologia do Desenvolvimento pela Universidade Federal do Rio Grande do Sul (UFRGS) (2006) e doutora em psicologia pela UFRGS (2009), com participação no Programa de Estágio Doutoral no Exterior (CNPq) em School of Social Work – University of Connecticut (2007/2008). Professora adjunta da Universidade Federal de Santa Maria (UFSM-RS). Tem experiência na área de psicologia, com ênfase em Psicologia do Desenvolvimento Humano e Psicologia Social e Comunitária, atuando principalmente nos seguintes temas: institucionalização, adolescência, rede de apoio social e afetivo, família, políticas públicas e reinserção familiar. Atualmente, executa pesquisa na área de Psicologia Social e do Desenvolvimento Humano em populações em situação de risco.

Ana Paula Lazzaretti de Souza: psicóloga pela Universidade Federal do Rio Grande do Sul (UFRGS) (2004) e mestre (2008) e doutora (2012) em Psicologia pela mesma universidade. Fez estágio de doutorado sanduíche (SWE) na Universitat de Girona (Espanha), financiado pelo CNPq. É membro do Centro de Estudos Psicológicos sobre Meninos e Meninas de Rua (CEP-Rua). Tem experiência na área de psicologia, com ênfase em Psicologia do Desenvolvimento Humano, atuando principalmente nos seguintes temas: adolescência, direitos da criança e do adolescente, intervenção social, participação social e protagonismo juvenil. É professora do curso de Psicologia das Faculdades Integradas de Taquara-RS (FACCAT).

Ana Paula dos Santos: psicóloga pela Universidade Federal do Espírito Santo (UFES).

Camila de Aquino Morais: psicóloga pela Universidade de Fortaleza (Unifor) (2004). Especialista em terapia de casal e família pelo Instituto da Família de Porto Alegre (INFAPA) (2007) e mestre (2008) em Psicologia do Desenvolvimento pelo Programa de Pós-Graduação em Psicologia da Universidade Federal do Rio Grande do Sul (UFRGS) e doutora pela Universidade de Brasília (UnB) (2015). É membro do Centro de Estudos Psicológicos sobre Meninos e Meninas de Rua (CEP-Rua) e do Laboratório de Sistemas Complexos (Lesplexos/Unifor). Tem como principais temas de estudo a saúde mental de crianças, adolescentes e família, serviços de saúde, psicologia da saúde, população em situação de vulnerabilidade, intervenção social, terapia familiar e abordagem sistêmica.

Carla Ramos da Silva Melo: psicóloga pela Universidade Federal do Espírito Santo (UFES) e pós-graduanda em Gestão Estratégica de Pessoas pela Fundação Instituto Capixaba de Pesquisas em Contabilidade, Economia e Finanças (FUCAPE) Business School.

Célia Regina Rangel Nascimento: mestre em Psicologia do Desenvolvimento pela Universidade Federal do Rio Grande do Sul (UFRGS) (1998) e doutora em Psicologia pela Universidade Federal do Espírito Santo (UFES) (2006). É docente do Curso de Psicologia da UFES, atuando principalmente com os seguintes temas: adolescência, família, socialização e gênero.

Celina Maria Colino Magalhães: concluiu o doutorado em Psicologia (Psicologia Experimental) pela Universidade de São Paulo em 1995. Atualmente é professora associada IV da Universidade Federal do Pará, coordenadora do Programa de Pós-Graduação em Teoria e Pesquisa do Comportamento, no período de mar. de 2011 a fev. 2015 e vice-coordenadora do grupo de trabalho Brinquedo, Aprendizagem e Saúde na ANPEPP. Ministra disciplinas na Faculdade de Psicologia e no Programa de Pós-Graduação em Teoria e Pesquisa do Comportamento. Publicou 44 artigos em periódicos especializados e 105 trabalhos em anais de eventos. Possui 17 capítulos de livros e 6 livros publicados. Possui 59 itens de produção técnica. Participou de 24 eventos no Brasil. Orientou 27 dissertações e 6 teses, além de ter orientado 28 trabalhos de iniciação científica e 38 trabalhos de conclusão de curso de graduação na área de Psicologia. Recebeu uma homenagem por orientação de trabalho premiado. Atualmente coordena 2 projetos de pesquisa. Atua na área de Psicologia, com ênfase em Psicologia do Desenvolvimento Humano. Em suas atividades profissionais interagiu com 141 colaboradores em co-autorias de trabalhos científicos. Em seu *Curriculum Lattes* os termos mais frequentes na contextualização da produção científica, tecnológica e artístico-cultural são: brinquedoteca, brincadeiras, desenvolvimento infantil, crianças pré-escolares, creche, interação, crianças, brincadeira de rua, diferença de gênero e educadoras, crianças e idosos em instituições, relação mãe-bebê em situação de cárcere.

Daniele Castro Reis: psicóloga pela Universidade da Amazônia (Unama) (2002), com especialização em Gestão das Organizações e mestre em psicologia pela Universidade Federal do Pará (UFPA) (2007). Executou o Projeto Rede Vitória Régia (Unicef), Fundação Instituto para o Desenvolvimento da Amazônia (FIDESA), com a temática Garantias de Direitos da Criança e do Adolescente no Estado do Pará. Tem experiência como professora de pós-graduação na Faculdade Montenegro e atuação na assistência social pela Prefeitura Municipal de Ananindeua, na área da Proteção Social Básica – CRAS – Bolsa Família e Assessora Técnica da Proteção Social Especial de Média e Alta Complexidade e com o Sistema de Garantia de Direito. Tem, ainda, experiência na área de psicologia nos seguintes temas: criança, adolescente, desenvolvimento e ribeirinho.

Débora Dalbosco Dell'Aglio: psicóloga pela Pontifícia Universidade Católica do Rio Grande do Sul (PUCRS) (1983), mestre em Psicologia do Desenvolvimento pela Universidade Federal do Rio Grande do Sul (UFRGS) (1992) e doutora em Psicologia do Desenvolvimento pela UFRGS (2000). Coordenadora do Programa de Pós-Graduação em Psicologia da UFRGS no período de 2008 a 2010. Atualmente, é professora-associada do Programa de Pós-Graduação em Psicologia da UFRGS, orientadora de mestrado e doutorado e coordenadora do Núcleo de Estudos e Pesquisas em Adolescência (NEPA/UFRGS). Editora associada na área de desenvolvimento da *Revista Psicologia Reflexão e Crítica/Psychology*. Tem experiência na área de psicologia, com ênfase em Psicologia do Desenvolvimento Humano, atuando principalmente nos seguintes temas: adolescentes, institucionalização, crianças, *coping*, abuso sexual, rede de apoio, bem-estar, resiliência, desenvolvimento em situação de risco pessoal e social.

Denise Ruschel Bandeira: psicóloga pela Pontifícia Universidade Católica do Rio Grande do Sul (PUCRS) (1988), mestre (1991) e doutora (2000) em psicologia pela Universidade Federal do Rio Grande do Sul (UFRGS). Atualmente, é professora-associada da UFRGS. Tem experiência na área de psicologia, com ênfase em Construção e Validade de Testes, Escalas e Outras Medidas Psicológicas, atuando principalmente nos seguintes temas: tradução e adaptação de instrumentos de avaliação psicológica, desenho da figura humana, crianças e adolescentes, *stress* e avaliação de programas sociais.

Edinete Maria Rosa: psicóloga pela Universidade Federal do Espírito Santo (UFES) (1993), mestre em psicologia pela UFES (1997), doutora em Psicologia Social pela Universidade de São Paulo (USP) (2003) e pós-doutora em psicologia pela University of North Carolina at Greensboro (UNCG) (2012). Atualmente, é professora adjunta da UFES. Tem experiência na área de psicologia, com ênfase em Psicologia Social, atuando principalmente nos seguintes temas: direitos da criança e do adolescente, política social, adolescentes em conflito com a lei, crianças e sistema de justiça, desenvolvimento infantojuvenil em situações de vulnerabilidade.

Eva Diniz Bensaja Dei Schiró: licenciada em psicologia com formação na área de Clínica pelo Instituto Superior de Psicologia Aplicada (ISPA) (2006), Lisboa, Portugal. Mestre e doutora em psicologia (2014) pela Universidade Federal do Rio Grande do Sul (UFRGS). Estágio doutoral no Departamento de Psicologia do Desenvolvimento da University of Michigan, sob orientação de Brenda Volling (outubro de 2011 a outubro 2012). Colaboradora das atividades de pesquisa do CEP-Rua, da UFRGS. Tem experiência em psicologia, com ênfase nas áreas de gravidez, interação pais-bebê, vinculação, desenvolvimento infantil, parentalidade, gravidez adolescente, codificação de interação mãe-bebê/pais-bebê.

Fernanda Menna Barreto Krum: psicóloga (2001) e mestre em psicologia pela Universidade Federal do Rio Grande do Sul (UFRGS). Tem experiência na área de Psicologia Clínica e Hospitalar, com ênfase em Terapia Sistêmica e Psicologia das Emergências e dos Desastres.

Fernando Augusto Ramos Pontes: psicólogo pela Universidade Federal do Pará (1986), mestre em Teoria e Pesquisa do Comportamento pela Universidade Federal do Pará (UFPA) (1990) e doutor em psicologia (Psicologia Experimental) pela Universidade de São Paulo (USP) (1996). Atualmente, é professor-associado III da UFPA. Coordena, com mais três professoras, o Laboratório de Ecologia do Desenvolvimento. Desenvolve pesquisas na área de Psicologia e Ecoetologia, com ênfase em Ecologia do Desenvolvimento Humano, atuando principalmente nos seguintes temas: relacionamento social, redes de relacionamento, cultura de pares, cultura da brincadeira, brinquedos e brincadeiras tradicionais. Essas temáticas são investigadas preferencialmente em contextos de desenvolvimento na Amazônia, como população ribeirinha, contexto de rua, família, relações de pares em escola de inclusão educacional e instituição de abrigo e brinquedoteca.

Jonathan Tudge: professor titular da University of North Carolina at Greensboro (UNCG) e professor colaborador do Programa de Pós-Graduação em Psicologia (UFRGS).

Júlia Sursis Nobre Ferro Bucher-Maluschke: é professora honorária da Universidade de Brasília e Pesquisadora do CNPq

Leila Said Assef Mendes: professora efetiva da Escola de Aplicação da Universidade Federal do Pará (UFPA) desde 1995. Tem graduação em letras pela UFPA (1986), mestrado em Educação Políticas Públicas pela UFPA (2001) e doutorado em psicologia pela UFPA (2008). Tem experiência na área de letras (português e inglês) e educação, com ênfase em Prática e Metodologia de Ensino. Atualmente, atua na Pró-Reitoria de Relações Internacionais da UFPA.

Luciana Barbosa da Silva Vega: graduada em direito pela Fundação Universidade Federal do Rio Grande (FURG) (1997) e licenciada em pedagogia – Anos Iniciais (2007) pela FURG. Pós-graduação em Psicopedagogia Clínica e Institucional pela Portal Faculdades (2009). Mestre em Educação Ambiental do Programa de Pós-Graduação em Educação Ambiental (PPGEA/FURG) (2011). Doutoranda em Educação Ambiental do Programa de Pós-Graduação em Educação Ambiental (PPGEA/FURG). Atua como tutora do curso de licenciatura em matemática e no curso de pedagogia, modalidade a distância, da Universidade Aberta do Brasil (UAB/FURG).

Luciana Dutra-Thomé: psicóloga, mestre e doutora em psicologia pela Universidade Federal do Rio Grande do Sul (UFRGS). Realizou estágio doutoral no Departamento de Psicologia do Desenvolvimento da Clark University, Massachusetts (2011-2012). Mestre em psicologia pela UFRGS (2009). Graduada em psicologia pela Pontifícia Universidade Católica do Rio Grande do Sul (PUCRS) (2004). Especialista em Psicologia Clínica pelo Instituto Fernando Pessoa (2007). Pesquisadora do Centro de Estudos Psicológicos sobre Meninos e Meninas de Rua (CEP-Rua), no qual desenvolve projetos e pesquisas voltados para populações em situação de risco pessoal e social, desenvolvimento social ao longo do ciclo vital e psicologia do desenvolvimento aplicada e comunitária, com as seguintes ênfases: adultez emergente, juventude e trabalho e abordagem bioecológica do desenvolvimento humano.

Marcela Raffaelli: doutora em Psicologia do Desenvolvimento pela Universidade de Chicago e professora do Departamento Human and Community Development na Universidade de Illinois, em Urbana-Champaign. Áreas de interesse: famílias, adolescentes, crianças em situação de risco, resiliência, imigração, cultura e desenvolvimento humano.

Mônica Rocha de Souza: psicóloga pela Universidade Federal do Espírito Santo (UFES), cursa especialização em Neuropsicologia e Reabilitação Cognitiva pela Universidade de Vila Velha (UVV) e tem experiência na área de Processos Psicossociais e Psicologia do Desenvolvimento.

Normanda Araujo de Morais: psicóloga pela Universidade Federal do Rio Grande do Norte (UFRN) (2002), mestre em psicologia pela Universidade Federal do Rio Grande do Sul (UFRGS) (2005) e doutora nessa mesma instituição (2009). Realizou o seu estágio de doutorado sanduíche na Universidade de Illinois, em Urbana-Champaign (2008). Atualmente, é professora adjunta do Programa de Pós-Graduação em Psicologia da Universidade de Fortaleza (Unifor), onde coordena o Laboratório de Estudos dos Sistemas Complexos: casais, família e comunidade (Lesplexos). Tem experiência na área de psicologia, com ênfase em Psicologia do Desenvolvimento Humano e Psicologia e Saúde, atuando principalmente nos seguintes temas: desenvolvimento humano em contextos de vulnerabilidade, resiliência, promoção de saúde, crianças e adolescentes em situação de rua, exploração sexual comercial e família.

Sarah Daniele Baia da Silva: psicóloga pela Universidade Federal do Pará (UFPA). Atualmente, é professora nos cursos de modalidade a distancia ofertados pela Universidade Aberta do Brasil. Atua como psicóloga junto com organizações não governamentais de defesa dos direitos humanos e educação.

Sílvia Helena Koller: psicóloga e professora da Universidade Federal do Rio Grande do Sul (1990). Atualmente, é professora titular do Programa de Pós-Graduação em Psicologia da Universidade Federal do Rio Grande do Sul (UFRGS), orientadora de mestrado e doutorado e coordenadora do Centro de Estudos Psicológicos sobre Meninos e Meninas de Rua. Também é pesquisadora 1A do CNPq.

Simone dos Santos Paludo: psicóloga pela Universidade Católica de Pelotas (UFPel-RS) (2000), mestre em Psicologia do Desenvolvimento pela Universidade Federal do Rio Grande do Sul (UFRGS) (2004) e doutora em psicologia pela UFRGS (2008). Atualmente, é professora-associada da Universidade Federal do Rio Grande (FURG). Tem experiência na área de psicologia, com ênfase em Psicologia do Desenvolvimento e Psicologia Positiva, atuando principalmente nos seguintes temas: direitos humanos, populações em situação de risco, desenvolvimento moral e emoções positivas.

Simone Souza da Costa Silva: psicóloga pela Universidade Federal do Pará (UFPA) (1994), mestre em psicologia pela mesma instituição (2001) e doutora em psicologia pela Universidade de Brasília (UnB) (2006). Durante o mestrado, investigou a relação mãe-criança na situação de banho. No doutorado, ampliou seu foco e investigou a estrutura e a dinâmica das relações familiares em uma comunidade ribeirinha da Amazônia. Atualmente, é professora do Núcleo de Teoria e Pesquisa do Comportamento (NTPC), na UFPA, onde desenvolve projeto de pesquisa com famílias ribeirinhas e coordena grupo de pesquisa acerca dos impactos gerados pelo Programa Bolsa Família (PBF). É professora credenciada do Programa de Pós-Graduação Teoria e Pesquisa do Comportamento. Seus principais temas de investigação são: desenvolvimento, família, ribeirinho, relação mãe-criança, apego e gênero.